学术名家文丛

学术名家文丛

# 云南抗战时期文学史

蒙树宏　著

雲南人民出版社
雲南大學出版社

# 作者简介

蒙树宏，1929年5月出生，男，广西藤县人。1952年毕业于清华大学中文系，旋入北京大学中文系为研究生。云南大学教授。1990年3月退休。曾任中文系系主任，云南省教授、副教授，任职资格评审委员会委员；中国现代文学研究会理事、常务理事；中国鲁迅研究学会理事。专著有《鲁迅年谱稿》《鲁迅史实研究》《鲁迅论丛》《云南抗战时期文学史》《五十四年集》《浅耕集》《鲁迅年谱稿（修订本）及其他》；参与编著的有《中国现代文学史》（1981年）、《中国现代文学史新编》（1989年）。此外，2006年8月，被云南省文学艺术界联合会授予从事文艺工作五十周年以上的“纪念勋章”；2006年9月，被中共云南省委宣传部等机构授予“云南省哲学社会科学优秀老专家”称号。近年来写了些散文，曾多次获奖：第三届“嘉诚高新化工杯”（南京）文学艺术大奖赛三等奖；2009年全国散文作家征文大赛三等奖；2010年“华夏情”全国诗文书画大赛二等奖；2010年“中华兰亭杯”诗文大赛金奖；第九届“中华颂”全国文学艺术大赛一等奖。

# 总　序

中共云南省委书记 李纪恒

“盖文章，经国之大业，不朽之盛事。”一部承载责任与使命的好作品，必将是一部千古不朽的立言典范，也必将是一部历久弥新的传世教科书。千百年来特别是明代以来，许多贤人君子和名人大家在广袤的云岭大地耕耘、思考和写作，留下了闪光的足迹和丰厚的作品，足以飨及后进，启迪晚辈。在搜集、遴选和整理云南明代以来学术大家、学术名家著作的基础上，由云南宣传部门牵头推出了《云南文库》，这一丛书的面世诚为云南学术研究和出版界之盛事。

编纂《云南文库》是传承云南地域文明、提高云南文化自觉的有益尝试。“七彩云南”这片神奇的土地孕育了对中国乃至世界文明都有重要影响的古人类，造就了云南文化的丰厚积淀，从而构成了博大精深的云南文化艺术宝库。作为中华文化圈、印度文化圈和东南亚文化圈的交汇地，云南自古以来都不缺乏学贯中西的大师和博古通今的大家，从来都不缺乏魅力四射的光辉著作和壮美奇绝的文化遗存。其中，许多学术作品都凝聚了深邃的思想和超凡的智慧，体现了鲜明的地域特色和民族特色，彰显了有云南自身特点的知识谱系和学术传统。今天，我们将历史长河中的明珠拾起，用心记载云南学术史上的灿烂篇章，正是为了守护云南优秀的地域文化，为了汲取进一步繁荣发展云南哲学社会科学的养分和动力，进而筑牢云南文化自信的根基。

编纂《云南文库》是树立云南文化品牌、增强云南文化影响力的重要举措。云南文化是中华文化的有机组成部分，其悠久的历史文化、多彩的民族文化、独特的生态文化、包容的宗教文化，已经成为文化百花园中一枝流光溢彩、香飘四海的奇葩。千百年来，云南学者中英奇瑰伟之士以及众多寓居云南的外省学者念兹在兹，深植于云南沃土，扎根于传统文化，不懈探索、勤奋撰述，留下了一批经得住历史和实践检验的珍贵成果。特别是抗战时期，随着西南联合大学和相关研究机构的到来，昆明一时风云际会，云集了大批我国现代学术史上开宗立派的学术大师和著名专家，云南成为当时中国学术中心之一，诞生了大批学术经典。新中国成立后，云南学术研究取得很大进展，研究队伍空前壮大，学科建设卓有成效，学术成果日益丰硕，推出了一批享誉国内外的学术精品。近年来，《云南史料丛刊》《云南丛书》等一批历史文献和地方文献丛书相继刊印，云南文化的影响力和竞争力不断增强。今天，我们隆重推出《云南文库》，就是要为更多的人了解云南、熟悉云南、研究云南搭建一个平台和载体，为云南的经济社会发展、文化建设、文史学术研究等提供有益的历史借鉴，为在更广领域传播云南文化、打造云南品牌、增强云南软实力创造更好条件。

编纂《云南文库》是保障人民群众的基本文化权益的有效途径。文化建设的根本就是要用健康高雅的艺术、用智慧明辨的思想、用善良温厚的德行启迪人、引导人。编纂《云南文库》一个重要目的是丰富人民群众的精神文化生活、增进人民群众的幸福感。此次收入《云南文库》的著作，涉及哲学、历史、文学、语言、艺术、民族、宗教、政治、军事、外交等诸多方面，包含着丰富的自然、社会和人生哲理知识，体现了高度的人文关怀。阅读这些著作，有助于培育读者自尊自信、理性平和、积极向上的心态，有助于引导人们去发现、享用、珍惜世界和人生之美，能使大众的精神世界得以滋养和美化、人格得以陶冶和熏陶、心灵得以安顿和抚慰、情感得以丰富和升华，从而更好地满足人民群众多层次、多方面、多样性的审美需求。

编纂《云南文库》是推动云南跨越发展的必然要求。云南早在 1996 年就提出了建设“民族文化大省”的目标，是全国最早提出建设民族文化大省的省份之一。2000 年，我省正式确立了“建设绿色经济强省、民族文化大省和中国连接东南亚南亚的国际大通道”的三大目标，把文化事业和文化产业的发展纳入了全省经济社会发展战略的范畴。2009 年召开的中共云南省委八届八次全委会，作出了把云南建设成为“绿色经济强省、民族文化强省、中国面向西南开放的桥头堡”的重大决策，把云南文化建设推向了一个新的阶段。2011 年 11 月，云南省第九次党代会进一步明确了科学发展、和谐发展、跨越发展的发展主题，要求更加自觉、更加主动地推动文化大发展大繁荣。当前，云南人民正豪情满怀地沿着建设民族文化强省的道路阔步前行，具有云南特色的文化模式已经也必将进一步焕发动人而耀眼的光芒。我们将以打造《云南文库》等一批社科品牌和文化精品为契机，继承优良传统，发挥优势，突出特色，以面向现代化、面向世界、面向未来的宏大眼光，锐意进取，积极开展学术研究，努力创造出无愧于时代、无愧于人民、无愧于历史的优秀学术成果和文化产品，更好地弘扬以高远、开放、包容的高原情怀和坚定、担当、务实的大山品质为主要内容的云南精神。

《云南文库》最终得以发行，首先是众位先贤心血和智慧的结晶。在此，我们要对创造了云南学术精品并因此而为中华文化做出杰出贡献的学者们表示崇高的敬意！在《云南文库》的编纂过程中，相关编纂单位、出版单位和参加整理的学者，以高度的责任感和使命感，兢兢业业地做好编校和出版工作，正是有了他们的辛勤劳动和精心工作，才有如今的翰墨流芳。在此，我要诚恳地道一声，大家辛苦了！《云南文库》从构想走向现实，离不开众多读者和社会各界人士的支持，我也一并向你们表示诚挚的谢意！同时，衷心希望同志们一如既往地为云南文化建设献智献策，欢迎更多的同仁志士参与到云南文化建设的伟大事业中来！

谨为序。

# 目 录
Contents

绪 论 …… 1

第一章 综述 …… 13
第一节 “文协”云南分会的成立及其活动 …… 13
第二节 云南省图书杂志审查委员会及其活动 …… 16
第三节 文学副刊、期刊、丛刊 …… 18
第四节 1937—1944 年纪念鲁迅的活动 …… 31
第五节 文艺与抗战 …… 35
第六节 文艺的通俗化、大众化 …… 39
第七节 文学论争 …… 40

第二章 诗歌 …… 45
第一节 概况 …… 45
第二节 彭桂萼及其创作 …… 48
第三节 冯至等西南联大诗作者群 …… 53
第四节 杨明、邱晓崧的诗歌 …… 61
第五节 罗铁鹰、包白痕的诗歌 …… 65
第六节 雷溅波的诗歌 …… 69
第七节 光未然在云南 …… 71
第八节 穆木天在云南 …… 74

第三章 小说 …… 79
第一节 概况 …… 79
第二节 李广田和他的创作 …… 82
第三节 白平阶、宣伯超的小说 …… 89

第四节　西南联大小说作者群 …… 94
第五节　马子华的小说 …… 99
第六节　周辂、李寒谷的小说 …… 103

**第四章　散文** …… 108
第一节　概况 …… 108
第二节　楚图南和他的散文 …… 114
第三节　沈从文在云南 …… 118
第四节　张天虚和他的报告文学 …… 126
第五节　张子斋和他的杂文 …… 130
第六节　王了一及其《龙虫并雕斋琐语》 …… 133
第七节　费孝通及其《鸡足朝山记》 …… 137
第八节　缪崇群及其《石屏随笔》 …… 140
第九节　李乔、张镜秋的散文 …… 142

**第五章　话剧及其他** …… 147
第一节　概况 …… 147
第二节　石凌鹤及其《梦的微笑》 …… 149
第三节　陈铨在云南 …… 151
第四节　徐嘉瑞及其著作 …… 155
第五节　范启新·陈豫源·王秉心 …… 160
第六节　话剧演出 …… 163

**附　录**
云南抗战时期文学大事记 …… 167

**后　记** …… 210

**学术年表** …… 212

# 绪　论

抗日战争时期，沿海地区和大城市相继失守，国际通道被截断。1938年8月通车的滇缅公路（1942年5月因滇西沦陷而停运），成为国际大宗援华物资输入的惟一通道。1945年1月，中印公路通车，又使昆明再次成为国际交通的枢纽。整个云南，是我国抗战的大后方，1942年以后，又成为抗战的前线。

当时，云南地方当局和重庆的中央政府已有矛盾。为了保持自己的地位，龙云以昆明行营主任的身份，不允许中央系统的宪兵、警察在昆明市内执行任务，他们对进步人士的逮捕计划多次被挫败。进步势力利用这种情况展开多方面的活动。抗战后期，随着中央与地方矛盾的加剧以及龙云于1944年底秘密地加入民主同盟，从而更有利于发展进步力量，也使昆明被称之为民主堡垒。

这种地理位置和政治情况，突出了云南地位的重要性；也有利于云南的文学事业的发展，出现了云南现代文学繁荣兴旺的时期。在抗战期间，昆明成为和重庆、桂林鼎足而三的文化中心。

## 一

抗战时期的上下限，有广义和狭义之分。广义的抗战时期，上限为1931年的“九一八”事变；狭义的乃指八年抗战，即从1937年7月7日卢沟桥事变算起，至1945年9月2日日本侵略者在投降书上签字时为止。本书一般采用狭义的上下限，但就云南的具体情况来看，抗战时期文学实际上在1945年9月以后还延续了若干时日，到西南联合大学复员以后，才真正地进入新的历史阶段。因此，某些章节论述的下限就移到了1946年5月。至于评介作家时，把他这段时间的创作和他一生的文学活动联系起来作纵向的考察，这自然就不受抗战八年的时间限制了。

云南这段时期的文学，大致可以分为三个阶段。第一阶段起自“七七”卢沟桥事变而终于1941年1月的皖南事变。从总体来说，这是上升的阶段，文学阵线相当活跃，报告文学和通俗文学蓬勃发展，新诗发出了高昂的呐喊声；特别是在1939年及以前，这一特点十分明显。皖南事变以后则不同：政治压力加剧，白色恐怖严重，作家生活困难，心情苦闷，文学界的活动趋于消沉，连“文协”昆明分会也陷入了“打盹”的状态。报刊所登载的“多半是享乐式的小品或散文”，而鼓吹英雄崇拜、超人哲学的“战国派”文学也猖獗一时。这是云南抗战时期文学发展的第二阶段。从1944年中期开始，至抗日战争胜利时为止，是第三阶段。这一阶段，尽管生活艰辛，政治迫害仍然严重，但民主运动高涨，作家的心态积极，云南文学界开始苏醒。这一变化，楚图南在1944年元旦时已有预感。他说，学术与文艺的“转捩点似乎已经来到了”。从此以后，文艺战线的斗争加剧，作家从消沉、苦闷的气氛中解脱出来；在理论领域，开始自觉地宣传文艺为人民的思想，强调现实主义的革命性；政治讽刺诗和战斗的杂文大量产生；众多的创作，表现了对黑夜的决裂和对黎明的追求，表现了对“山那边”新天地的向往。总之，这时，文学界在奋起，呈现出一股活泼、雄健的朝气！闻一多在《昆明的文艺青年与民主运动》中曾说：“昆明的文艺工作者在民主运动中的贡献，历史将会证明它是不容低估的。”



## 二

自1978年中国共产党十一届三中全会以后，文学艺术从十年动乱的噩梦中觉醒。云南省地方志编纂委员会从1981年起，组织并指导文艺工作者有计划地征集文献、资料，编写出《云南省志·文学志·现代文学》

等；云南大学也成立了抗战文艺研究室，于1987年编印了《昆明抗战文艺研究通讯》。抗战时期文学界的成员，如马子华、李乔、龙显球、包白痕、彭桂蕊等，纷纷撰写回忆录，提供了丰富的史实或者查考的线索；相继出版的《楚图南著译选集》《张子斋文集》《艾思奇文集》《柯仲平诗文集》《徐嘉瑞诗词选》《词与音乐》《滇南散记》等著作，当中均有不少为抗战时期的作品；内部印刷的《留芳集》《磨剑集》《雪之家》《蛾的追求》《雪泥上的鸿爪》等，保存了抗战时期濒于散佚的作品，或把零散的作品集拢起来，便于查找和研究；王琳、杨苏、张维分别为柯仲平、艾思奇、李广田写传；此外，还有一批人对我省抗战时期的文学进行史料发掘、整理或加以综述、研究，如黄茂槐、李生葂、熊朝隽、蓝华增、任兆胜、陈思清等。可以说，云南抗战时期的文学，已引起人们的关注，并取得了初步的研究成果。

但是，我们的工作还有不足之处，这主要表现在下列四个方面。

（一）文学回忆录的严谨性有待于进一步加强。张子斋在《关于党史资料征集工作的一封信》中曾说："同一历史事件或同一革命活动，人殊言异，歧见不少：你一篇，我一篇，他一篇……这样的资料数量愈多，混乱和困难亦愈大……统一思想，端正态度的工作是非常必要的。"关于抗战时期文学的回忆也有与此相类似的情况，如抬高自己，或者同一执笔者对同一事件、人物的回忆，前后出入过大等。又如把《警钟》季刊创刊的时间说成1938年秋（实为1938年冬），把《诗与散文》的诞生时间说成1940年严冬或10月10日（实为8月1日），说《晨暾》只出版了两期（实为5期）等，虽然不是态度、思想的问题，但不够严谨却是事实。我们不应要求回忆者之所述都是信史，那是很难办到的，而且，这样要求容易束缚回忆者的手脚。但是，对记忆有些模糊、拿不实在的地方，应加以说明，或加上"可能""大约""似乎"等字样，这才是对于历史以及对读者的一种严谨、负责的态度。

（二）研究队伍比较小，而且大多数人的研究只能利用业余时间，因此，有些领域和不少问题就没有人研究或研究得比较肤浅。例如：陆晶清、张天虚、桂涛声等，就长期被人们遗忘。鲁迅在《对于左翼作家联盟的意见》中就说："一个人做事不专……既要翻译，又要做小说，还要做批评，并且也要做诗，这怎么弄得好呢？这都因为人太少的缘故……”研究云南抗战时期文学的人，要找资料、阅读资料、抄录资料（因为有些不能复印）、排比卡片、研究资料，从准备、酝酿到执笔为文，事必躬亲，很少依傍，其中的艰辛可想而知；加上不少领域是尚未开垦的处女地，要触类旁通也很不容易。

（三）史料残缺。抗战时期的出版物，多为土纸本，保存困难。所以，报纸、刊物残缺者甚众，书籍也有类似情况。入藏不全的情况就不说了，有些根本就完全缺失（起码是至今还没有发现），如刊物《时代轮》《金碧旬刊》，书籍《火中的缅甸》《缅战随军回忆录》（均属报告文学）和《金丝鸟》（诗歌）、《梦的微笑》[①]（话剧）等。研究者对这些只好略而不谈，或只能根据第二手材料加以介绍，这就可能发生缺陷或出现差错了。

（四）和上述情况有关，有些综述性或研究性的文章，就会出现一些经不起深究、核查的史实和结论。有时，由于辗转引用，似乎多人赞同的史实，也实为以讹传讹，并不足信。回忆文章偶尔出现差错，是可以理解和谅解的，因为回忆者年事已高，对久远之事记忆已经模糊，加上精力不足，不可能一一访查核实，我们不必苛求。但是，我们引用这些回忆材料，就必须认真地辨别，慎重地选择。在抗战时期，张子斋和杨季生都使用过“浪萍”这一笔名，杨东明、张子斋又都曾署名“孤帆”，如不仔细分辨，就会张冠李戴。同时，对纷纭的文学现象要加以分析、归纳，去粗取精，去伪存真，避免一般地铺陈史料；进而要发现若干规律性的东西，使著述具有理论色彩。而这些都是我们的薄弱环节，是需要付出极大劳动才可能获得成效的繁重而困难的任务。

上述任务的完成，有赖于主客观两方面的努力。首先，要重视资料工作。它是研究工作的基础和出发点。没有必要的可靠的资料，研究工作就如沙上建塔，容易倾覆，劳而无功。史料残缺或入手困难，这是事实，但穷搜博采，总会有收获。如《战国策》这一刊物，人们批判它和统治者一鼻孔出气，这自然是对的，但并不全面，因为该刊发表的文章有些也和统



① 后来，发现上海戏剧学院图书馆有入藏，我曾撰文在《楚雄师专学报》2000 年第 4 期上加以介绍。

治者发生矛盾，对他们有所讽刺。因此，云南省图书杂志审查委员会对该刊第五期的送审稿《从大政治看宪政》、第十三期的《政治与幻想》、第十七期的《浮士德游中国》、第十八期（没有出版）的《吏治重于民治》和《猪肉文化》分别“指示修正”“不准刊行”或被查扣。另外，1940 年 7 月，云南省图书杂志审查委员会第 38 次全体委员会议决，对《战国策》“应予警告”。可见，该刊和掌权者之间不完全是一心一德，有其矛盾的一面。有些研究者可能因为掌握的资料不全面，导致立论发生偏颇。其次，要重视宏观的考察。文学现象不是孤立的，相互之间以及与历史、时代之间，有密切的关系。我们研究文学现象、作家、作品时，要注意历史的承传性，将其摆在历史的长河中来认识。就一位作家来说，研究他在抗战时期的作品，也应注意他在抗战以前和以后的情况，作纵向的研究，才能理清其创作发展的轨迹。同时，也应重视文学现象、作家、作品的横的联系，即作家之间的比较以及文学和所反映的社会生活之间，即和经济、政治、军事等的消长起伏的内在关系。譬如说，在 1942 年，昆明的一些刊物大量登载软性的文章，有些编辑还提出唯美主义的口号，这就要联系社会情势加以说明。一方面，这和国内政治的黑暗、气氛的窒息有关，另一方面，也因为日本占领了滇西，滇缅交通中断，“从前活动于滇缅路上的人，需要用适应其需要的文化享受来驱除过去的枯涩……无处安放的资财，也不妨用一部分来作文化投资”——投资者要求刊物为他们服务，这就是作品趋向“唯美”和消遣享乐的重要原因。总之，我们绝对不能鄙薄理论，在注意文学的纵的、横的联系的同时，也注意作家的个性、心理素质、经历和审美情趣等，才能对研究对象作出中肯的评价。

资料工作、宏观考察，这偏重于个人的努力。但是，研究工作的进一步开展和深化，还有赖于各级组织和社会各界的支持。这种支持，一直都是有的，如刊物给发表研究成果，各单位、学校的组织领导，省教委拨给研究经费等。当然，这些支持也还有待加强。我省抗战时期文学的研究，尚有计划性不强、各自为政、重复劳动等弱点；直到现在，还没有出版过关于云南抗战时期文学的专书，这和四川、桂林等地区比较①，差距是相当明显的。

## 三

在卢沟桥事变以后，把民族解放战争进行到底，反对妥协投降，已成为时代的主流。在抗战中，以汪精卫为代表的少数人当了汉奸，为全国人民所不齿；而国民党政府则在抗日、降日之间摇摆（但它的官吏、将领中，有一批人是坚决抗日的），实行两面政策。只有真正代表人民和民族利益的中国共产党，才始终高举抗日的旗帜。因此，在政治、军事、思想上，在文化、文学领域中，就不可避免地发生领导权之争。

国民党云南省党部在一开始就力图控制领导权。他们想把云南学生抗敌后援会据为己有而未如愿，拉拢威迫失效后，就以云南各界抗敌后援会的名义，以统一指挥、集中力量为借口，将云南学生抗敌后援会裁撤。1938 年 5 月中华全国文艺界抗敌协会（简称“文协”）云南分会成立，省党部派张友仁来“指导”，以后又占据了理事职务并和省党部的甘玉霖一起掌管着分会的宣传部。张友仁和省党部委员分别出面组织了云南歌咏协会和中国青年写作协会昆明分会的筹备会。由省党部等党政机关所直接控制的剧团即有国民剧社（国民党）、青年剧社（三青团）、国防剧社（滇黔绥靖公署）等，又有刊物《云南青年》（三青团云南支团部宣传组编辑）。在西南联大，也挂起了“国民党中央直属西南区党部”“三青团中央西南联大直属分团”的招牌，出版《当代评论》（区党部负责人陈雪屏主办，三青团中央团部拨发经费）、《大学论坛》等刊物。更重要的是，1938 年 9 月成立了由国民党云南省党部直接控制的云南省图书杂志审查委



① 四川有《抗战文艺研究》（季刊），出版了《抗战文学概观》和“国统区抗战文学研究丛书”“国统区文艺资料丛编”（含《国统区抗战文学运动史稿》《大后方戏剧论稿》及《“战国派”（一）（二）》等）。桂林出版了《桂林文化大事记》和“抗战时期桂林文化运动资料丛书”（含《文艺期刊索引》《桂林文化城概况》《西南剧展（上、下）》等）。在资料工作的基础上，他们还编著了《桂林抗战文学史》和《桂林抗战文艺概观》。

员会（直到抗战胜利后才被迫结束）。这一组织和省教育厅，乃是云南省掌管书、报、刊的印刷、发行和教育、思想工作的机构。

但是，拥有政权、金钱的国民党的党政机构，并未能牢固地拥有领导权；连省党部和省政府的机关报《民国日报》《云南日报》也有中共党员进入，特别是它们的副刊，基本上由共产党员和进步人士所掌握。进入《民国日报》的共产党员有刘浩、严达夫、侯方岳、王以中，进入《云南日报》的就更多，先后有杨东明、张子斋、姚黎民、李何林、陆光亮、何宏年、李立贤、李立昆；一段时间之内，还由唐登岷（任书记）、刘惠之、杨亚宁、蒋南生、欧根组成党的支部。个旧的《曙光报》和《云南日报》昭通版，实权也掌握在中共地下党手中。此外，昆明版的《中央日报》《扫荡报》以及《正义报》《观察报》《朝报》等，均有中共党员和进步的编辑、记者在其中工作。

中共云南地下党组织，在抗战时期，曾经以昆明支部、云南省特别委员会和云南省工委的名义进行活动。由于当时的环境和特殊情况，工作重点放在统战、军队和工会、青年、妇女方面，但对文化、文学方面的事并没有放松。1937 年 10 月，中共昆明支部创办机关刊物《前哨》，主编即为该支部负责人李群杰（署名揭腐）；同年 10 月问世的《南方》，是以群众的面貌出现的党刊，在呈教育厅文中所署的负责人邱晓崧、龙显寰、李建平均为党员，马子卿参加云南省工委领导工作以后，也进入编辑部，并以冯济民和麻涤非为笔名，为该刊撰写社论和文章。董必武曾对《南方》的办刊方针作了指示。1939 年初，成立了由李剑秋任书记的中共昆明文化支部。它的《工作计划大要》规定了任务、组织、宣传的工作要点，如“要扩大党在云南文化界的影响积极的起领导作用”，“组织文化团体内的党的核心小组”和“推进《文化岗位》，使成为新启蒙文化运动、文艺通俗化运动的刊物”等。此外，中共云南地下党还领导了众多的进步文化团体的组建。如：

1942 年 7 月，由刘浩、欧根为主体发起组织昆明外勤记者联谊会（11 月正式成立）。

1943 年 9 月，滇军第十八师成立文化艺术工作队，由朱家璧（中共中央于 1941 年初把他从延安派回云南）任队长。

1944年春，由南方局派来云南从事统战工作的华岗、周新民组织了西南文化研究会并成立了西南文化研究室。

1944年9月，中共云南地下党负责人刘浩通过张光年等人的关系，酝酿和促进了“文协”昆明分会的改组，从而结束了它的“打盹”状态。

总之，在抗战时期，中共云南地下党是在和违背抗战到底的妥协投降的倾向作斗争的过程中体现自己的领导的。同时，党也对自身的右的和“左”的倾向作斗争，但主要是反“左”。1939年初，马子卿在《巡视云南报告》中就说过：“云南党内的主要危险是‘左’的危险。”该报告所举的例子有：一是安宁学校的历史教师，在历史课中讲中国革命运动史，在德育课上讲《论持久战》，“他们像要把它办成一个抗大，可是事实上比抗大还要‘左’”；二是在批判钱端升、罗隆基的失败情绪时，“没有把真正的汉奸和认识不清的分子分别对待，……态度上失之偏狭和过火”。在文艺上，有人犯“歌咏第一主义”，只是为唱歌而唱歌，这是右，但主要的错误仍是“左”，如粗暴地否定一些作品，把《雷雨》《日出》《原野》等简单地斥之为“纵欲的悲惨结局，沉沦的娼妓命运，报私仇后的恐怖灭亡”，认为是“埋伏在昆明戏剧界里面的毒素”。

## 四

云南，从其社会发展阶段、民族成分和地理环境来看，是颇具特色的。这一特色，在抗战以前即被就读于省外的文学青年，如马子华、李寒谷等所发现。他们通过寓居地和家乡风情的对比而产生强烈的感受，因而鼓起了他们执笔为文的热情。这一特色，也引起省外作家的注意，他们根据在云南的生活体验，写下了富有云南乡土味的《漂泊杂记》《南行记》（艾芜）和《普姬》《爬梯》（蔡希陶）等。这些作品，都成了云南乡土文学的重要组成部分。



抗战开始以后，作者被巨大的爱国热情所鼓舞，民族存亡是人们关心的头号问题。不少文学青年走上街头，走向农村，去发动群众，为抗日战争而呐喊。这时，作者更多考虑的是抗日的共性，至于题材的鲜活、人物心理深层的发掘、语言的个性化、作品的地方特点以至艺术上的成败得失等问题，就不怎样着重考虑了；甚至有人“以想象的远方的轰轰烈烈的战争故事，或传闻和记录下来的惊心动魄的战士生活，作为创作的内容”①。这样写出来的作品，自然显得空泛，存在着公式化的倾向，缺乏感人的力量。

1938年10月开始，武汉等大城市相继失守，人们从战争初期那种亢奋状态逐渐转向深入的思索。作者在思考文学深层次的报国之道。他们不再满足于政治热情赤裸裸的呈露，不再片面追求血光火海的战斗场面；在思考文学思想内容的同时，重视其艺术性，重视文艺的地方性，重视它的乡土特色。

在抗战时期，从理论上强调文学的乡土特色的，在云南，最早是穆木天。他在《南方》第十期上发表了《认识云南，表现云南》一文，说云南的“社会生活，有它的特色，有它的特殊性。一个云南的抗战文艺工作者，就是把握这一种特殊性，而从事他的典型描写”。楚图南也密切注意这一问题，他在《昆明周报》创刊号上的《抗战文艺的战斗性和地方性》一文中就指出：“把握了文艺主题的地方性，不单是可以克服了文艺的公式主义，也更能增加了文艺的真实性，使文艺的内容更其充实，活泼，对于读者有更伟大的效果和影响。”张光年于1943年6月，在《新地文丛》上提出“描写云南”的口号，1944年2月，又在《高原文丛》上发表《云南生活——地方色彩和地方性格》一文，说“地方色彩是通过了对于主题和形象的完满表现以后所自然放射出来的光彩”；“所谓云南性格，是指的复杂多变的云南生活的总和”。此外，杨亚宁、周辂、彭桂萼对这一问题也给予重视。

在创作上，在这个阶段中，最早体现地方特色的是李寒谷主编的《文艺季刊》，它先后发表了《耳朵》《劫》《贩烟土的一群》《石碑山的火》，其中的若干篇，评论者认为“人物有云南本色”，体现了“优美的地方色彩”。彭桂萼的《边地之边地·相机》、微明的《云岭的脉搏》和《云南日报》的“我们怎样开筑滇缅路”特辑等都有浓郁的云南风味。在这方



① 楚图南：（署笔名“高寒”）《刁斗集》，天野社于1943年11月发行，第38页。

面，白平阶、宣伯超、马子华的贡献尤为突出。

在创作中描绘乡土特色是很重要的。1934 年 4 月 19 日，鲁迅在《致陈烟桥》中就说："越是地方的，越是世界的。"但是，作家不能只着眼于"特殊的风土人情"，而应当强调"普遍性的与我们共同的对于命运的挣扎"（茅盾语）；"要能写出人类的爱与憎"（沈从文语）。这就要求作者"注意社会意识，有社会意识，文章才有意义，有价值，不然光写乡土，那不过是些新闻罢了，怎能动人呢?"① 上述种种意见，有关的作者在不同程度上加以注意并取得了可喜的成绩。不足之处在于有些作品注意了地域性、民族性而忽略了时代性，或者对素材提炼不够，没有在概括、集中上下大功夫，因而作品欠缺较强的思想力和透视力。这类缺点，到 1946 年，在马子华的《滇南散记》中才得到了较好的克服。

## 五

"七七"事变以后，从沿海和内地陆续来滇的军民超过了百万人。其中有西南联合大学、中法大学、华中大学、中山大学的师生和中央研究院的成员，包含着一大批专家、学者、教授、作家和文艺青年。他们形成一股浩大的力量，和云南籍的作者一道，推动云南文化的发展，促进文学事业的繁荣兴旺。

但是，在开始，"外来户"和本地人之间，由于经济地位、思想意识、生活习惯的不同等原因而发生矛盾。1938 年 3 月 31 日，《云南日报》发表《为外来同胞进一言》的社论，说"希望由于他们的援助，使云南各方面都有长足的进步"，要求本省人士，对他们应"给与无上的同情……加以优遇"。5 月间，李长之发表《昆明杂记》② 一文引发了轩然大波，爆发了激烈的矛盾。有人认为李在文中对昆明、云南加以讽刺，群起而攻之，甚

① 《孙席珍先生的来信》，见《文艺季刊》创刊号《几封论写作的信》之第二封。

② 《昆明杂记》发表于桂林《宇宙风》第 67 期（南迁纪念特大号）上，共 11 则，所举事例均属实；当中虽有触及病根的讽谏或幽默，但并不是恶意的攻击。对这次风波，上海的《文艺》旬刊曾发表消息，对李长之的被迫离滇表示同情。

至对聘李来滇的云南大学校长熊庆来施加压力，迫使李长之离开了云南。在这群起而攻之者中，也有一些进步作者，这可见地方主义的偏见影响之深。

省内外有识之士为消除这种隔阂、矛盾而努力，1938 年 6 月 2 日，《云南日报》刊出社论《文化人团结起来》，5 日和 12 日，又发表署名文章《学术辩难应有的态度》《云南文化人团结起来》，强调团结的重要性，反对人身攻击和在学术以外施加压力。同年 12 月末，茅盾经昆明前往新疆；在昆明逗留的几天中，工作重点之一就是促进双方面的团结。他在《我走过的道路（下）》里面曾说：到昆明后，感到"'外来户'似乎与当地文化界的朋友联系不多，彼此有些隔膜"，为此，他会晤顾颉刚、朱自清、闻一多、吴晗，主动担任起双方面的联络沟通工作。1939 年元旦，"文协"云南分会的负责人陪茅盾游滇池、西山，茅盾建议邀约吴晗参加（在 12 月 31 日的会晤中，吴晗对团结问题谈得最中肯），虽然他并不是"文协"成员；他们又对"外来户"和本地作者的团结问题交换意见。自此以后，双方开始了较密切的联系，团结也有所增进。如在 1 月 8 日改选的"文协"分会的理事会，就包括省外人士穆木天、朱自清、施蛰存、沈从文和顾颉刚、汪方刚、徐炳昶、吴晗等；1944 年 7 月改选时，在 15 名理事中，"外来户"就有 8 人。

在文学界，"外来户"对工作的促进还体现在为云南新文学的建设而出谋划策，为培养文学新军而乐于贡献自己的力量——更不用说一些著名的作家，以自己的创作业绩，为文学青年作出了示范。

在省外人士中，有一部分人对云南文学界表现出一种当家作主的气概，完全没有客寓的思想，如穆木天、光未然以及后期的闻一多等。穆氏除率先提出"认识云南，表现云南"的命题外，还对云南地方文艺的经验教训进行了多次的总结。他撰写了《对于目前云南地方文艺工作的检讨》《展开地方文艺运动！动员地方文艺壮丁！》《一年来的新云南文艺工作》《对于地方文化工作的要求》等。闻一多的编《现代诗选》，对艾青、田间的评介，对鲁迅的崇敬之情，为云南文学工作者提供了师法的榜样，更不用说他面对反动派拍案而起，血溅南滇大地的英雄壮举是如何激励着一代青年了。在 1946 年 9 月 8 日的《新华日报》上，一位云南作家就表示

“今后出处，该以先生为法”的决心。

云南因山河阻隔、交通不便等原因，文化等方面比沿海和中原各地落后。外省籍的作家言传身教，为培养文学新军做了很多工作。沈从文对青年文学工作者多方面加以辅导扶掖，如对他们强调在创作上要立大志，有深远的追求目标；为他们修改文稿甚至联系发表的地方；编辑刊物或副刊时，明确提出自己有发现新人的任务。穆木天为雷溅波、彭桂萼、罗铁鹰的书作序，为1938年的“九月文艺竞赛”出力甚多。1939年暑假，“文协”昆明分会筹办文艺讲习会，彭慧、施蛰存、朱自清、徐炳昶、顾颉刚、穆木天、曹禺都作了专题讲授；朱自清为讲好鲁迅的《药》，自己动手把《药》刻印出来，发给学员，使大家深受感动。1944年末，闻一多、李何林、李广田、尚钺、章泯等在第一中华职业补习学校开设文艺讲座。1945年3—5月间，在“文协”昆明分会等主办的文艺讲习班上，闻家驷、李广田、田汉、周钢鸣、尚钺、闻一多、李何林均参加讲演。抗战时期，这类活动甚多，不胜枚举。连短期留滇的茅盾和老舍，也作了《统一战线与基本工作》（1938年12月29日）、《抗战文艺的创作与现实》（1939年1月4日）和《抗战以来文艺发展的情况》（1941年9月8—11日）、《谈抗战文艺》的演讲。这些报告及活动，为云南文艺界提供了信息和经验教训。

八年抗战过去后，云南文学界深深地怀念省外作家对云南文艺发展的助力。在1947年11月2日的《复兴晚报》上，丘明（马子华）回顾云南文坛在抗战期间“让一些外来人士扶植起来的文艺风气”，表达了自己的珍视之情。而外来人士在离开云南以后，对云南人民的朴实、热情、好客，对云南的自然风光，对云南文学界，也往往留有美好的回忆。彭慧在离开云南时，曾撰文表达她眷恋寄寓地官渡（昆明市区之一）的感情，说：“别了！我美丽的官渡！……我将永生怀恋着你！愿你平安！愿你前进！”直到20世纪八九十年代，还有不少省外人士到云南“寻旧”，回忆起当时物质上虽然贫困，精神上却相当富有的战时生活，回忆起云南文坛上的风风雨雨——这些事实，说明彭慧的这种眷恋心情是有代表性的。

# 第一章　综　述

## 第一节　“文协”云南分会的成立及其活动

卢沟桥事变以后，云南和全国各地一样，涌起了强劲的抗战怒潮，各种抗日社团如雨后春笋般纷纷成立。7 月末，即成立云南全省各界抗敌后援会；8 月间，学生抗敌后援会、妇女抗敌后援会也接着成立。复由《云南日报》和《民国日报》有关人士和昆明各刊物的编辑共同发起，于 9 月间成立了云南文艺工作者抗敌座谈会筹备会并发表了《为“九一八”六周年纪念告同胞书》。这一座谈会于 12 月得到了批准。在筹备期间，它曾同学生抗敌后援会联合编辑《抗敌》杂志，但直到 1938 年 3 月才得以印出。

1937 年 12 月 31 日，中国戏剧界抗敌协会总会在汉口成立，第二年 3 月 18 日，该协会的云南分会即告诞生，选出陈豫源、王秉心、高竹秋、范启新、沙鸥（沙文良）等为理事。3 月 27 日，在汉口成立了中华全国文艺界抗敌协会（简称“文协”），云南的文艺界深感不能只坐而谈（而且抗敌座谈会被批准以后，“因负责人走散，工作不能展开”，要集中起来座谈大概也困难），必须起而行，乃于 5 月 1 日，把云南文艺工作者抗敌座谈会改组为中华全国文艺界抗敌协会云南分会。又分别于 5 月 12 日、8 月 21 日、1939 年 1 月 8 日召开了三次会员大会，通过简章和工作纲领，选举理事，研究如何开展工作等。从 1939 年 1 月 8 日起，“文协”云南分会改称“文协”昆明分会，先后由张克诚、冯素陶、楚图南、徐嘉瑞等负责领导工作。1945 年 10 月，随着中华全国文艺界抗敌协会改名为中华全国文艺协会，“文协”昆明分会也易名为中华全国文艺协会昆明分会。

在抗战时期，“文协”昆明分会主要做了以下工作：

（一）出版刊物。1938 年 7 月 13 日，分会的机关刊物《文化岗位》面世，1940 年 2 月出版第二卷第二期以后停刊。该刊的编辑工作先后由杨季生、杨东明、穆木天、楚图南等担任。《云南日报》曾刊出《在斗争中成长的〈文化岗位〉》一文，说该刊的特点是：把理论和实践配合起来，重视介绍新作者，重视文艺大众化。

1939 年 10 月，出版《鲁迅先生逝世三周年纪念特刊》（《文化岗位》丛刊之一），编辑工作由杨东明、马子华、杨季生负责。

1941 年 2 月，“文协”昆明分会的《西南文艺》创刊，1942 年 1 月出版第二期后停刊。该刊曾发表微音的《云南文艺运动的后顾与前瞻》，巴金的《火》（第五章）、《废园外》和李广田的《大利西南》等。

“文协”分会出版的书刊不多，这是因为印刷困难（1940 年 10 月，马子华甚至托远在缅宁的彭桂萼代为联系印刷单位）和经费支绌（如在 1938 年内，分会每月只得到省教育厅的补助费 40 元）的缘故。

（二）文艺普及工作。1938 年 10 月，《文化岗位》刊出“九月文艺竞赛特辑”，由楚图南、彭慧、穆木天评选，推出了新人，“成绩十分美满”。1939 年 7 月 25 日至 8 月 14 日，开办暑期文艺讲习班，以“培养青年文艺作者，研究抗战文艺理论及技术问题”为宗旨，共进行 12 讲，分别由楚图南、冯素陶、彭慧、施蛰存、朱自清、张天虚、徐嘉瑞、杨东明、穆木天、马子华、曹禺等主讲。其中有 3 讲的讲稿或讲授大纲（《关于文艺通讯工作》《小说基本教学大纲》《文艺批评讲话》）曾在当时的报刊上发表①。至于分会会员，如张天虚、罗铁鹰、马子华、杨东明、朱自清、常任侠等为推动文艺工作而到各校演讲，次数很多，不能一一列举。1945 年 3 月 31 日至 5 月 27 日，“文协”昆明分会还和银行业同仁福利会合办了一次文艺讲习会。总之，文艺普及工作是分会很重要的工作内容。

（三）纪念活动。由“文协”昆明分会单独组织或和其他单位联合举行的比较重要的纪念活动有：



① 这三讲的讲稿或大纲分别发表于《民国日报·驼铃》，时间为 7 月 18 日；7 月 27、28、29 日；8 月 3、4、7、9 日。

1939 年、1940 年、1944 年的鲁迅忌日，分会均召集纪念鲁迅的大型或小型集会。

1944 年 4 月 16 日，举行庆祝老舍创作 20 周年茶话会。

1945 年的活动最多，计有：玛耶可夫斯基逝世 15 周年纪念会（4 月 21 日）、追悼罗曼·罗兰和阿·托尔斯泰集会（4 月 22 日）、第一届“五四”文艺节纪念大会（5 月 5 日）、诗人节晚会（6 月 14 日）、高尔基逝世 9 周年纪念晚会（6 月 18 日）、庆祝茅盾 50 寿辰集会（6 月 25 日）等。

（四）响应“文协”总会的号召，开展筹募援助贫病作家基金活动。1944 年 7 月 15 日，“文协”总会鉴于作家“或呻吟于病榻，或惨死于异乡”的悲惨事实，在《新华日报》上刊登启事，发起筹集基金活动。“文协”昆明分会响应号召，于 9 月 17 日至 12 月 10 日组织募捐。为此，昆明各报刊纷纷发表社论或文章，出版特辑；分会理事长撰文，呼吁社会各界加以重视；“文协”分会通过各种渠道，发动社会的各方力量来募集资金，并亲自举办音乐大会，筹集到约 60 万元。至 12 月 10 日止，云南共募集到援助贫病作家基金 406.4644 万元，占总会所募集的全部基金的七分之四。老舍在《文协七岁》中说：“文协”昆明分会“去年为贫病作家募集基金，它的成绩比重庆总会还好”。这一筹集基金运动不但解决了贫病作家的部分困难，同时在思想上提高了人们的认识：（1）使人们从感情上接近作家，认识到他们处境的可悯和创作活动的可敬；（2）从理论上阐述文化建设运动、精神总动员和作家之间的关系。有人指出，救济贫病作家不能仅出于怜悯而施舍，应和“尊文运动”结合起来并进而扩展到“文化建设运动”；“不含尊重成分的高级报酬，会只收买了唯物是图的小人，而排除了真正能当巨任的贤者；没有报酬的尊重，会饿死贤者，实际就等于杀害他们”。这对社会、对作家均提出要求，把救济贫病作家运动提到理论的高度上来认识。（3）强调群众所捐的钱不仅能买回贫病作家的健康，也提高了人们的思想觉悟：“我们知道你们为什么贫，为什么病，你们的贫病正是人民痛苦的结晶呀！”这就不仅是理论的阐发，而且也是战斗的呐喊了。

## 第二节 云南省图书杂志审查委员会及其活动

国民党为了加强思想统制，也为了适应抗战以来新形势的需要，于1938年7月间决定在中央和地方成立图书杂志的审查机构（按：在30年代，他们为了“围剿”左翼文艺，于1934年5月成立了中央宣传委员会图书杂志审查处，1935年5月，因发生《新生·闲话皇帝》事件而被撤销）。云南省于1938年8月奉命进行筹备，9月1日，在国民党云南省党部内成立了云南省图书杂志审查委员会。该委员会由国民党省党部、省政府、滇黔绥靖公署政治训练处、民政厅、教育厅、警察局的代表组成，推定常委三人，为甘汝棠（省党部）、陈善初（教育厅）和傅宅安（警察局），而“由甘汝棠代表对外，统筹全局”。后来，因为委员会组织较为松散，乃于1940年6月改为主任委员制，“推（国民党云南省党部）执行委员赵澍为本会主任委员使事权集中”。1941年3月，复奉命将图书杂志审查委员会改组为云南省图书杂志审查处，由陈保泰任处长。

该委员会（审查处）的工作，是针对新闻和出版事业的。现将其有关文学的活动综述如下。

（一）审查演出的戏剧和书刊的原稿与书店出售之书刊。戏剧演出之前，需领准演证。书刊出版之前，需将原稿送审，凡通过者，即发“滇审字第×号”的审查证。如未送审而出版者，轻则饬令“补送审查”（如《飞鹰旗》），重则“去函警告”（如《南方月刊》第三卷第四期），甚至“依法取缔”（如《边塞的军笳》）。承印该书之印刷单位，则被“严重警告”。如认为某些内容不妥、有问题，审查机构便“予以删削”（如《文艺季刊》第四期的《回祖国途中》，据说“有妨碍中英邦交之言词”），或“予查扣”（如《西南文艺》第二期上的新诗《开荒的人》和《成都》）。

对书店出售之书刊，凡认为不妥、有问题者，即予查禁（如华汉的《两个女性》、艾思奇的《国防总动员》等；《民主周刊》《新华日报》等，则于1945年8月作为异党刊物查禁），或加以焚毁（如于1939年10月13日和1940年5月27日曾两次焚书）；书店亦有被查封者，如1941年5月查封了昆明的生活书店、读书生活出版社和新知书店。至于书店的经理，如昆明华侨书店之马扬生，因“所编《集体创作》，（被认为是）内容诸多欠妥之处”而由审查处处长约见，“加以劝诫，盼其早知觉悟，步入正轨”。

（二）文化界基本情况调查。该委员会（审查处）所进行的调查，有“昆明市印刷所、厂调查”、“腾冲的书店、印社调查”和“昆明市杂志负责人之调查及其概况”等。后者强调背景和倾向，如《战国策》是“以大政治相标榜（彼辈新创名词）……销路颇佳”；而《联大青年》月刊和《当代评论》周刊的“经费则由三青团中央团部发给”，《荡寇志》月刊的编辑人王某，乃“西南联大学生，三青团团员”等。

（三）文化情报。除一般的事务处理外，该委员会（审查处）还重视情报工作。在其工作报告中，有“重要作家之行踪及活动情况”和“言论动向摘要”等内容，当中谈及有教授“恒喜写作带有讽刺性之小说，多半对现实表示不满”，而他们的对策则是“一面采用私人感情上之积极联络”以影响其态度，“一面严格采用原稿审查办法”，凡是他们视之为“不利于抗战建国之言论，一律不予通过”。此外，他们还根据国民党中央宣传部、中央图书杂志审查委员会的要求，于1943年进行了省内著作家著作状况的调查。不过，他们对著作并不重视，表内的“著作状况”栏大半语焉不详，而是强调“思想一栏尤应精密考察”。在所调查的90名著作家中，被列为思想“左”倾的本省籍著作家就有楚图南、徐绳祖、罗铁鹰、范义田、杨季生、彭桂萼、范启新等12人，外省籍著作家有李广田、冯至、刘思慕等15人；被列为思想倾向混乱者有沈从文等2人。

云南省图书杂志审查委员会（审查处）正式活动时间为7年左右，从它的“工作报告”中可以看出，它的主要职责是加强思想文化统治。它在审查时扣下的文章，被扣的理由不外乎“含有挑拨阶级斗争之嫌”“阶级意识颇浓”和“批评政府政治设施”等；至于讽刺审查制度的《文网杂谈》（《诗与散文》第九期送审稿），因为“讽刺现行检政制度”，被查扣就毫不奇怪了。

当然，该委员会（审查处）也做了一些有益的工作，如对“赞美色情”“提倡肉欲主义”的文章不准登载。1943年3月，它还因昆明有些刊物以风花雪月之文字来招徕读者而发布“取缔刊物登载软性文字”的指令。另外，它们的工作报告和调查等，客观上也提供了某些背景材料和可供我们现在利用的史实。但是总的说来，它是过大于功的。因此，在公众反对的情况下（云南的新闻文化团体和全国的步调一致，先后自动取消审查制度，实行自动停止送检的办法并公开发表《昆明文化界争取出版自由宣言》①），加上出现了新的历史因素，云南省图书杂志审查处于1945年10月末被迫宣告结束。

## 第三节　文学副刊、期刊、丛刊

### 一、报纸的文学副刊

抗日战争时期，云南的报纸几乎都有文学副刊或以文学为重要内容的副刊，如《个旧曙光报》的《熔炉》副刊，昭通《东声间日报》的《东声》和《笔垒》，《腾越日报》的《边声》；在昆明，《益世报》有《烽火圈中》副刊，《暹华日报》（曾改名《侨光报》）有《火炬》，《中南报》（三日刊）有《夜光》《南风》《中南文艺》，《云南晚报》有《夜莺》，《观察报》有《小观察》《新希望》《昆明湖》。这些副刊，或出版的期数比较少，或影响不大，或因资料残缺，不再一一评介。下面着重介绍《民国日报》等五种报纸的副刊。

（一）云南《民国日报》的副刊。该报创刊于1930年4月6日，为国民党云南省党务指导委员会的机关报。在抗日战争以前，它有《杜鹃》《大观》《云南民国日报副刊》《副刊》。抗战胜利后，该报于1946年4月改名《民意日报》，有副刊《人生》《文艺》等。

抗战爆发后，《民国日报》的《副刊》继续刊出；1937年12月13日发刊的《号角》，强调来稿的“朴实无华”“简劲有力”，认为“要有最明晰的最坚强的民族意识注入在里面方切合战时的需要”。1938年2月15

① 1945年9月30日，刊于《民主周刊》第2卷第11期。

日，《号角》出新第1期，但编辑方针并无大的变化。1939年元旦，重出《大观》副刊，《〈大观〉的再生》一文说，《大观》要“做时代的号角……高唱着‘铁马金戈’，高唱着民族复兴，歌颂反抗，歌颂战斗！”4月10日，《大观》改版为《驼铃》。以后，又发刊《文艺》（周刊）、《煦光》和《西南前哨》。

在这些副刊中，出版时间较长、影响较大的是《驼铃》，它一直出至1940年年中，共出版约400期。从创刊至第105期，由马子华编辑，以后各期由周辂编辑。在创刊号上，有人撰文说：“骆驼是最能任重致远的动物，必要的时候它不惜为它所服役的主人牺牲；它底工作很苦，在漫漫长途中，只有它颈下的铃子是它底慰音？”这大体可以用来说明副刊以“驼铃”命名的含义。

《驼铃》的主要作者有张天虚、杨东明、李乔、施蛰存、沈从文、朱枋等。该副刊曾对“抗战时期能产生伟大的作品吗?”“批评与谩骂”《“文协”与“同业公会”》《前进病》等问题或文章进行讨论或批判。

《驼铃》为文艺副刊，登载1500字以内的短文。编者要求来稿“言之有物”“与抗战有关”“修辞立其诚”。它刊登的较重要的理论文章、创作和具有史料价值的文字有：施蛰存的《客座臆谈》，周正仪的《抗战文艺与写实文艺》，马子华的《小说基本教学大纲》，秋帆的《文艺批评讲话》，远夷的《需要革命的浪漫主义》，杨启虞、蒋敬之的《生产建设与文艺》，欧小牧的长诗《黄天荡》，丁东的《西南联大壁报巡礼》和朱枋的《“文协”与“同业公会”》《前进病》等。

（二）《云南日报》的副刊《南风》。该报创刊于1935年5月4日，为云南省政府的机关报，一开始即有《南风》。1941—1942年间，又先后增加副刊《读者园地》和《文化堡垒》。1947年10月10日，该报更名为《平民日报》，有副刊《驼峰》《大观》《每周文艺》。

在上述副刊中，《南风》是贯彻始终的，在云南文艺界有颇大的影响。在抗战期间，它曾办成周刊、日刊或双日刊，篇幅也不一致。它一贯重视文艺稿件。编者先后为杨季生、唐登岷、张子斋、宣伯超、李何林等。

在抗战之初，“《南风》三分之二的篇幅，充满了抗战的呼声”。它刊登了大量抨击日本侵略者，激励民气的简论、诗歌和地方戏剧等，在征稿启事中特别指明“旧瓶装新酒之‘弹词’、‘大鼓’词亦所欢迎”，因为用这些艺术形式来宣传新思想易于为群众所接受。1940 年 7 月 22 日，《南风》刊出《殒灭和希望》，宣告因报社经费困难而停止副刊的出版。1944 年 5 月 7 日，《南风》新一号见报，以后断断续续，但一直出至 1949 年 11 月末。

这个副刊，给人突出的印象首先是重视杂文并积极宣传鲁迅精神。《南风第一声》即强调文风的泼辣。不久，又根据鲁迅、瞿秋白的观点来组织杂文稿件并就杂文的有关问题和《民国日报》的一批作者展开论争。这种精神，在《云南日报》的所有副刊中，也可以说是一贯的。在八年中，它们发表《关于杂文》《鲁迅式杂文的时代意义》《洗去喷在鲁迅身上的狗血》《先驱者鲁迅》《颂歌——记一个人》等文。在每年鲁迅的忌日，它们大都刊出诗文或组织特辑以纪念鲁迅。

其次，对重大问题积极地组织讨论。如 1937 年 11 月，讨论街头文艺和把话剧搬到街头去的有关问题；12 月至翌年 1 月，讨论话剧用语问题。这都很紧密地配合抗战的新形势，关注着文艺如何更好地为当时的任务出力等。对《昆明杂记》的过火的批判和“抗战时期能产生伟大的作品吗?”的讨论，均发端于《民国日报》，但《云南日报》的《南风》也介入，而且在批判李长之时也流露出地方宗派倾向，虽然在程度上不如《民国日报》陷入那么深。

第三，重视批评不正确的文艺观点。1938 年 12 月 1 日，梁实秋在重庆《中央日报》上发表《编者的话》，对抗战文学表现出若干偏见。在这前后，“与抗战无关”论在昆明也有所表现。例如在文化人和大学生中，有一些人看不起抗战文学，认为文学是永久的，抗战只是短期的事，永久性的文学不必迁就短期的抗战等。《南风》先后发表了《〈略谈抗战文学〉质疑》《抗战与文学》《谈谈“抗战八股”》《杂谈“与抗战无关”》《“抗战诗”论》等，批判不合时宜的文艺观点。1940 年，有人说“全文坛占满了公式化的抗战文章”，并把这斥之为“前进病”，《南风》也刊发了批判这种论调的文章。

此外，《南风》发表了不少有较高质量的创作、评论和比较重要的文学史料。从创作来说，小说有陈铨的《蓝蛱蝶》；诗歌的优秀之作则有

《大家听》《出征记》《我是放出了一星燃烧世界的火种》《恋战场》《山滚动了》等。文学理论、评论和其他重要文章有：《文艺工作者怎样充实和武装自己》《昆明文艺工作者的任务》和《昆明的笔垒》《有关修筑滇缅公路的征文》《我们怎样开筑滇缅路特辑》《记叶紫》《给贫病作家的一封慰问信》《怀巴金先生》等，它们或者作了理论的阐发，或者是较好的散文，或者保留了珍贵的史料，都是值得重视的文字。

（三）《中央日报》（昆明版）的副刊《平明》及其他。《中央日报》于 1939 年 5 月 15 日发行昆明版，一开始即有《平明》副刊。1940 年 10 月 16 日，改出综合性质的《中央副刊》。1941 年，有副刊《人生》《文艺》《语文》等。1942 年，出副刊《文丛》；同年 7 月 7 日，复出《中央副刊》，其任务是给予青年“精神上的训练和陶冶”，“知识上的启示和充实”，并把“反映抗战之文艺创作及漫画木刻”列为征稿内容之一。1944 年有《星期增刊》，5 月 14 日，该增刊出革新号，由王了一编辑至年末，5 月 16 日，出《文林周刊》。日本投降后，该报有副刊《新天地》《艺文》《妇女文艺》《新垦》等。

《平明》副刊的《编者话》说：“我们并不需要个个人都喊口号，或者写点抗战故事，因为口号不寄托在实际的东西上面就变成空洞的名词。”还说该副刊的目标是“忠实于自己的笔，写出自己要说的话”。1939 年 7 月 7 日，《平明》有编者所撰的《七七两周年》，文章反对“许多人”的“杜撰……许多抗战的小说或戏剧，以沽名赢利”。从这里可以看出，他们和梁实秋《编者的话》中的意见完全一致。

《平明》是文学副刊；在 1939 年 5 月 18 日刊登《启事》，说拟征求“地方性的文艺”“文艺情报”“战区服务的通讯”“边区生活描写”等，但实际上，它的地方特色并不显著。到 1940 年下半年，该刊不再单独选稿，而是“将投来稿件转寄重庆中央日报副刊编辑室……重庆发表以后本副刊再行转载”。

在抗战时期，《平明》等副刊的主要作者有沈从文、赵萝蕤、卢静、朱自清、黎舒里、李霖灿、王了一、李广田、闻一多、马尔俄、马子华等。沈从文的散文，王了一的杂感（《棕榈轩詹言》），闻一多的专论以及马子华的《布鞋》，白平阶的《神女》，卢静的《呜咽的扬子江》等，都是较有特色的作品。由于《平明》等副刊的作者文化层次都比较高，所以稿件的艺术质量一般地说就比较好。

（四）《正义报》的副刊《大千》。《正义报》创刊于1943年10月10日，以民办报纸的面目出现，实际上它是由地方财团支持的，其正刊的政治态度和《民国日报》《云南日报》相接近。

《正义报》的副刊，基本上只有《大千》一种（抗战胜利后，则有《文艺》《影与剧》等）。它是以文艺为中心的副刊，编者杨东明（吴闵）在《大千四年》中曾说：该刊"'四开'出过，'八开'出过，'十六开'也出过"。1945年5月31日，《大千》出了末期后停刊，8月2日复刊，《稿约》中说："各种稿件均需现实性较强，与抗战有关，不收毫无'正义'感言之无物的作品。"在5月末停刊前，杨东明写了《告别读者——并谈我与〈大千〉的始终》，说副刊中"没有什么'伟大的作品'……但这些涓涓细流，也许会助长了长江大河的水位吧？诚然《大千》刊出的许多作品，是青年的习作，有些人也许会嫌幼稚……谁能否认成功不是从幼稚起步？"

八年间，在《大千》上发表文章较多的作者为李乔、包白痕、罗铁鹰、林士诒、白浪、常枫、海涛、溅波等。它的作者绝大多数是云南的青年，好多还是刚开始执笔者。这说明《大千》确乎有"作为文艺青年自己写作的园地"的意图。在写作园地上，幼稚就说不上是什么大的缺点了。并且，上面也有不少较好的富有现实意义的文章，如李乔的关于民族地区的系列通讯，又如《人民的鲁迅》《边疆文艺工作的路标》（均为论文）、《如果真爱聂耳》（杂文）和关于《海滨夜歌》《无花果》《诗论集》《后方的岗卫》以及关于《孔雀胆》演出的评介、后记等。

（五）《扫荡报》的副刊。《扫荡报》是国民党军事系统的报纸，1931年创刊于南昌。昆明版《扫荡报》于1943年11月1日开始出版，有副刊《现代文艺》《戏剧·电影》，但主要的为《扫荡副刊》（综合性质）。1945年11月12日，该报易名为《和平日报》，所出副刊为《鸽铃》。

《现代文艺》的《一点希望——致读者》（1943年11月6日）强调刊登与抗战有关的诗文，"让我们也嗅些火药气息"。《扫荡副刊》的《作者·编者·读者》（1944年6月9日）说："文艺是反映现实（人生），指导现实（人生）的，每为一文，必求其有社会意义，无病呻吟的，不要，风花雪月的，不要，自然，也并非天天都板着死面目。”同时，编者又宣告对投稿者一视同仁，但对无名作者有所倾斜：“‘名字’对读者比较‘面熟’而并无深刻内容者，不登。无名作者们的稿子，只要有内容而技巧就算‘还差一把火’也登。”

《扫荡报》副刊旗帜鲜明，编辑态度较为严肃。它没有刊发意气用事、无原则地论争的文稿；对援助贫病作家运动，副刊极力呼吁，认真投入。

该报副刊发表的重要创作有话剧《梦的微笑》，诗歌《心・开会》《我的歌是眼泪和朝霞》，杂文《借镜与忌镜》，理论、评介《昆明文化界今日的课题》《后方的岗卫序》《海滨夜歌自序》和“孔雀胆公演特辑”等。

在抗战期间，云南报纸的文学副刊，不再只是刊发茶余饭后的消遣品，而是反映人民的抗战激情、民族的义愤和生活的严峻。它们所刊载的文章，一般都比较简短，约在1000字左右，类乎手执匕首、投枪的轻骑兵；简论、通讯、杂感、短诗是常见的文学体裁。它们起到了文学为抗战服务的作用，而且在不少的征稿启事中，就指明来稿应和抗战有关。我们现在翻阅那些发黄变黑的报纸，在副刊中，还可以感受到在那个特定的历史时期，人民的叹息、呻吟、挣扎、奋起和战斗的呐喊。

这些副刊还有一个特点，就是在政治态度上和正刊有区别。虽然这些大报，都是国民党党办、官办的，或者以地方财团、军队等为后台，因而在政治上是右倾的。但是，副刊的编者，如张子斋、吕剑、马子华、周辂、杨季生、李何林、王了一、杨东明、韩北屏等，或是中共党员，或是进步的学者、文艺工作者，所以，就连《中央日报》也刊发了不少有进步倾向的文章，例如《棕榈轩詹言》，就以“文词犀利，痛斥时弊”而获得好评。《扫荡报》的副刊，则以“你扫荡你的，我扫荡我的”为特色，保持自己的独立倾向。宋云彬在《沈雁冰》一文中曾说：抗战期间，“昆明《扫荡报》总编辑高紫榆，副刊编辑吕剑，都是前进青年，所以昆明《扫荡报》作风和各地的《扫荡报》不同”。对正刊如何评论，这不属我们的研讨范围，至于他对副刊的评价，那是完全符合实际的。

各报的副刊，在培养文学青年上也有成绩。云南的文学青年，绝大多数都首先在副刊上露面。《云南日报》的副刊，组织过有关修筑滇缅公路的征文；《中央日报》的副刊，强调面向青年；《正义报》则有意为文艺青年提供写作园地。当然，从客观效果来看，这一工作也有不尽如人意之处。沈从文在《五四节谈谈报纸副刊》《怎样办好一份报纸》中，曾强调副刊应为培养青年作家一事出力，说如果报刊“出版一年半载，发现三五个有希望的作者，发表几篇有价值作品，不失其为‘成功’”；他进而指出云南报纸的副刊在这方面重视不够。从有希望的作者不多，成长不快这一角度来看，他的这一批评也是有根据的。

如果说，对一般的文学副刊的编辑，提出有计划地、从战略的高度来培养文学青年，是太高要求的话，那么，要求编者在组织讨论或论争时，做到有序地、对事不对人地开展，则是理所当然的事。编辑完全可以把好这个关。譬如说，对出格的人身攻击和对人不对事的来稿，可以进行必要的删改，也可以不采用。总之，应让讨论或论争向健康的方向发展，不要旁生枝蔓。可是，报上的有些文章，竟会发出“催泪瓦斯”的威胁（1939年9月12日《民国日报》）和多次出现“把火力集中到攻击个人身上去”（1939年4月25日《云南日报·一封读者的信》批评论争中的这种偏向）的现象，往往使矛盾复杂化而无助于问题的解决或讨论的深入，最终是不欢而散。这一点，确乎反映出某些副刊编辑工作中所存在的弱点。

### 二、文学期刊

《中国现代文学期刊目录汇编》一书，所收云南的刊物，仅《战国策》一种。它是综合性的文化刊物，因“与中国现代文学关系密切”而收入的。抗战时期，各方面的困难比较大，云南的文学期刊不多，特别是因经费支绌和人员流动等原因，刊物很难定期出版，寿命一般也不长。加上岁月流逝，书刊资料散失，有些刊物如《黎明》（李何林等编辑）、《微波》（江新苇编辑）、《金碧旬刊》（罗铁鹰编辑）等，或严重残缺，或尚未发现。这里仅根据现存资料，对《文艺季刊》等有较大影响的文学刊物或以文学为主要内容的刊物加以介绍。

（一）《文艺季刊》。创刊于1937年11月，李寒谷主编，特约编辑为杨光洁、周辂。后来，李因病回丽江，杨投笔从戎，自第三期起由周一人负责（刊物上仍署主编人李寒谷、周辂）。

该刊之“目的，是在希望把外边朋友的稿子拉到云南来，把云南作家的稿子，介绍到外边去，使文艺上，作一种沟通对流，而把云南文艺界弄得活跃些”（《第一期编后》）；主编者还说刊物要作“祖国的喇叭”，“枪筒里的弹簧”（《献诗》）。

它刊登了直接服务于抗战的大量通讯、诗歌（曾设“抗敌诗歌”栏目）和《抗战诗歌的特质及途径》等论文。它的另一特色则是发表了《劫》《变》《耳朵》《贩烟土的一群》《石碑山的火》等乡土文学性质的小说。

《文艺季刊》的作者有沈从文、徐梦麟、彭桂萼、马子华、李长之、施蛰存、萧乾、李乔等；在第三期上，还发表了工人迎风（周寿明）的生活实录《开炉》。据统计，它共发表小说10篇，论著9篇，杂文5篇，散文6篇，通讯7篇，剧本1种和诗歌33首。它在云南文艺界有较大的影响。

该刊每期得到省教育厅的补助费30元。后因物价暴涨，纸币贬值，这点补助费已无济于事；1939年7月出了第四期后就无法继续了。

（二）专县的刊物。除各地旅省学会出版的《腾冲旅省学会会刊》《丽江旅省学会会刊》《大盈江》《新缅宁》《堂琅》《建学》等以外，在专县上则有《怒江》《怒江旬刊》《晨暾》《警钟》等。它们均刊登文艺稿件。其中影响最大，以文艺稿件为主的是《晨暾》和《警钟》。

李生庄编辑的《晨暾》，是腾越简易师范学校出版的综合性杂志。该刊说，需要火与热的文字和“斗争、愤怒、斫杀、钢的意志、铁的事实”，强调内容要“不悖于时代精神，并能适应抗战需要为主”。

它创刊于1938年5月1日，共发行5期。第二、三两期分别出版于该年的11月和12月；第四、五两期为合刊，于1939年12月出版。该刊登载了较多的文学作品，为繁荣云南特别是边地的文学事业作出了贡献。其中重要的文章有徐嘉瑞的《中国民众文学概论》《划时代的音乐家聂耳碑》《东方的火把举起来了》；白平阶的《没有刊出的新闻》《路工》《蛮荒》；此外，还有李生庄、彭桂萼、李根源、李芷谷、刘尧民、彭桂蕊等人的作品。

《晨暾》还保留了一批文化史料，如介绍 1937 年 10 月《雷雨》在腾冲演出的情况，关于地方出版物如《腾越日报》《抗敌月刊》《怒江》的介绍及其他有关边地的文史资料。

《晨暾》为专县办刊提供了经验。它很重视面向当地的实际，还专门设置了“边地问题研究”栏目；在第三期的《编后记》中还指出：“为切合于特殊立场计，我们宁肯偏于实际问题：因为必须如此才足以见出本刊之特色。”该刊由于内容丰富，具有地区性特点，颇受欢迎，例如创刊号“分寄昆明、缅甸、暹罗、星加坡，不几天通通卖完了”。

《警钟》季刊于 1938 年 12 月创刊，由缅宁（今临沧）警钟社出版。该社的社务主任为邱振声，编辑主任为彭桂萼。创刊号共58 页，约6 万余字；由彭桂萼主编，虞际唐、彭述先为编辑。从编辑方针、栏目设置来看，明显地受到《晨暾》的启发。据《编辑室播音》说，《警钟》的作者“多在缅宁，编辑则在双江（按：彭桂萼当时在省立双江简易师范任教），而印刷又在腾冲（按：托腾越简师校长李生庄交华光印社印刷）”。《警钟》共出版 6 期，从第二期起，出版时间分别为：1939 年秋，1940 年春，1940 年夏，1941 年 10 月，1945 年春。第五、六两期，是在昆明印刷的，彭耀秋有《未爆发的火种——送〈警钟〉季刊至昆明付印有感写此》。

《警钟》为着重文艺的综合性刊物，欢迎各种文体的作品，但内容以“有关抗战及边地者为最需要”。《我们的警钟》一文说：在抗战大业中，“有钱出钱，有力出力，有知识出知识”；《警钟》则是“以出知识的姿态出现于抗战建国的场面上”。它所载的重要文章有《风暴中的号角》《我怎样走向诗歌之路》《绿云下的汀旗》《认识边疆表现边疆》《赠澜沧江畔的歌者》等；此外，还有艾芜、朱自清、沈从文、郭沫若、李广田等的书简。

警钟社还打算出“警钟丛书”10 册，结果只出了 4 册，即彭桂萼的《边塞的军笳》《怒山的风啸》和罗铁鹰的《海滨夜歌》《诗论集》。

（三）《文化岗位》。这是“文协”云南分会主编的刊物，1938 年 7 月 13 日创刊，1940 年 2 月出了第二卷第二期后停刊。

该刊重视联系云南的抗战实际，发表过《加强团结加强我们后方的文艺建设工作》《抗战文学的现实主义与云南文艺》《发展边疆文艺工作的提议》《展开地方文艺运动！动员地方文艺壮丁！》《文抗会是怎样成立的》等重要文章。其次，“文协”分会重视文艺青年培养工作，这一方针也体现在《文化岗位》当中。该刊曾组织“九月文艺竞赛”，目的就在于造就文艺的新军。

（四）《战歌》。救亡诗歌社编辑，实际编辑者为徐嘉瑞、罗铁鹰、雷溅波三人；罗铁鹰出力尤多。《战歌》挂靠在“文协”云南分会，徐嘉瑞等三人均为分会的成员。但是，分会只是挂名，具体工作均由罗铁鹰等独立负责。

《战歌》为“抗战诗歌刊物”，欢迎“与抗战有关之诗，歌，小调，歌谣，鼓词，剧诗，歌剧以及有关诗歌之论文，批评，介绍翻译等”。它于1938年8月创刊，共出版9期。第一卷第二期内含“九一八特辑”，第一卷第六期为“通俗诗歌专号”。

《战歌》的作者，除省内的以外，还包括茅盾、汪铭竹、锡金、征军、蒲风、陶行知等，还有延安、晋察冀边区的作者，覆盖了全国各地。茅盾把这个刊物誉之为“闪耀在西南天角的诗星”。《文艺阵地》第四卷第七期上《诗刊一束》一文也说《战歌》是“一个非常充实的诗刊，一个全国集中性的诗刊”。

除刊物外，救亡诗歌社还出版“战歌丛书”，已经出版的诗歌集子有《战火》《原野之歌》《无声的炸弹》《澜沧江畔的歌》和《火之歌》。

（五）《诗与散文》。创刊于1940年8月1日，由天野社发行，编辑为龙显球、刘光武、王燕南等；开头为月刊，以后有时隔月，有时半年才出一期，有时甚至隔年：基本上无固定的出版时间。1946年6月4日曾出8开2版的《诗人节特刊》。所见末期为1946年10月出版的第三卷第五期。1950年8月1日复刊，刊名改为《诗歌与散文》，由普梅夫主编。

《诗与散文》在开始阶段只登载“诗歌，散文及其理论”，后来也刊登其他作品，如巴金的小说《文淑》，杨光洁的抗战悲喜剧《海阔天空》和欧小牧的历史小说《捉月》等。

《诗与散文》存在时间较长，作者的面相当广。第一卷第三期至第九期的刊名由闻一多题签。它刊载的重要作品有高寒的《悲剧及其他》《流矢之歌》，寒谷的《撕包谷》《倮㑩火山》，杨百达的《史迪威》，落繁的

《聂耳颂歌》等。它曾设“学习园地”栏目，发表过“速写习作”“散文习作”，有意于培养文学青年，只是没能坚持下去。

（六）《文聚》。1942 年 2 月 16 日，为打破“皖南事变”后“昆明的文坛太沉寂”的局面，西南联大文聚社创办了纯文艺刊物《文聚》，由林元、马尔俄编辑。创刊号标明为半月刊，以后就不再标出，其出版间隔一般在两个月左右。1943 年 12 月 8 日第二卷第一期出版后停刊；1945 年元旦复刊，6 月出版的第二卷第三期为末期。林元在《四十年代的一枝文艺之花》中说：〔1945 年 11 月 4 日〕，“我和马尔俄办《独立周报》（4 开本）时，便成为该报副刊，刊头仍沿用期刊‘文聚’二字的字体”。另外，文聚社还有编辑“文聚丛书”的计划，含小说 5 本，散文 3 本，诗 2 本，但只出版了 3 册，即卞之琳译的《〈亨利第三〉与〈旗手〉》，穆旦的《探险队》和沈从文的《长河》。

《文聚》宣称为纯文艺刊物，言外之意是不过问政治。其实，这是在白色恐怖下的一种自我保护的措施。当然，编者也不满意抗战前期某些作品的口号化、概念化的倾向，有意在艺术上加以追求。完全脱离政治自然是不可能的，也不是他们的本意，如刊物上的长诗《我怀念你呀，莫斯科》和副刊上的《招魂》等都有很强的政治性。这正如林元所说的：“政治性与艺术性的统一，则是我们追求的目标。”

为《文聚》执笔者，除西南联大的师生外，还有校外和省外（含解放区）的作者，如楚图南、何其芳、杨刚、袁水拍等。该刊所登载的重要作品，有沈从文的小说《王嫂》《秋》（《长河》第二章），朱自清的《新诗杂话》，李广田的《日边随笔》，辛代的《红豆》，以及诗歌《赞美》（穆旦）、《滇缅公路》（杜运燮）、《十四行六首》（冯至）等。《文聚》和《战歌》，是云南在全国有较大影响的文学刊物。



## 三、文学丛刊

期刊和丛刊，有下列两点区别：期刊要定期出版，或半月，或一月、两月、一季出一期，丛刊的出版时间或视集稿等情况而定，比较宽松；期刊要向内政部申请，领取杂志登记证，同时，还要逐期由云南省图书杂志审查委员会（处）审批，领取许可印行的凭证，丛刊则不必经过内政部。

但是，这些区别并不是绝对的，例如不少期刊，出版并不能定期，而有些丛刊的出版周期则颇有规律，如《孩子们》就基本上是一月或两月出一集；李公朴说：以后“打算改为正式的期刊”——我们在这里就以丛刊看待了。

（一）枫林文艺丛刊。以刊登诗和散文为主，由邱晓崧、魏荒弩编辑，枫社出版。1943 年 5 月 17 日，枫社在给昆明市市长的呈文中说，他们拟出《枫叶文艺》（月刊）。据回忆，“枫叶”二字，“是由唐人杜牧的诗句‘停车坐爱枫林晚，霜叶红于二月花’所想起的……最后终以‘枫叶’比较单薄，独木也难蔚为大观，还是‘枫林’较为丰富……”。

枫林丛刊共出 6 辑。1943 年出版 4 辑，即《辽阔的歌》《生活与苦杯》《云的童话》《浪子谣》；1944 年所出的两辑为《灯及希望》《致波多尔莱》。后因负责人前去重庆筹备“诗文学社”和出版诗文学丛刊，枫林文艺丛刊就没再继续出版。

枫林文艺丛刊的思想内容，进步倾向很明显。《辽阔的歌》缅怀那“遥远的北方/穿着草鞋/站在山顶沉思的歌者”，诗人“向黑色的世界/呵呵的狂笑”；《不知名的花朵》礼赞“红岩嘴上的那一枝花……是多么严肃、美丽和亲切”；《什么是“生活”?》鼓舞青年人的战斗热情，希望活得“像骆驼”“像海燕”“像苍鹰”。正因为如此，他们被攻击、威胁，寄来的恐吓信在“后面画了一个骷髅、两根交叉的骨头和一把鲜血淋漓的刀子”。该丛刊的艺术质量也较高，总是努力把思想、倾向性融化在形象中。谷风（牛汉）的《长剑，留给我们》就以其气魄之雄浑和诗句的刚健有力而获得人们的好评。在当时的文学丛刊中，枫林文艺丛刊的影响颇为广泛。

（二）《孩子们》。这是 32 开本的儿童读物，由夏风主编，王吟青发行，北门书屋印行。

在 1944 年 9 月 22 日出版的《孩子们》第一集中，李公朴在《写给贤明的家长和教师》一文里说：孩子们面对“内容单独的课本和贫乏的学校生活”，便企图从课外阅读中得到充实，但市面上不好的武侠小说之类，给孩子们的是“荒唐的故事、怪诞的思想和封建的毒素”。因此，他们决心编辑一套儿童读物，为的是“使孩子们在优良的课外读物中发现课本以外的新天地”。

该丛刊的文章，大体可分为两类：“一部分是大孩子写给小孩子看的，题材新颖美丽，含意深而文体通俗……还有一部分是小孩子写给小孩子看的，题材纯洁天真，生气蓬勃。”（杨光洁：《介绍〈孩子们〉》）编者的态度严肃认真，力求稿件“内容的多样性，进步性，现实性和健康性”，因而颇受欢迎，如第一集曾于1945年4月再版。丛刊上夏风的《先生和学生》，包白痕的《春天》，光未然的《我的第一个师父》等都是较好的作品。丛刊设有《小辞典》栏目，对“民主”“法西斯”“寄生虫”“奴隶”“军阀”等加以解释，在叙述、说明文字中也透露出丛刊的倾向性。另外，在第二至四集中，还积极响应援助贫病作家运动，发起并组织募捐。

《孩子们》第六集出版于1945年5月。该丛刊共出版8集，但后2集未见。

（三）白鸥文丛。白鸥出版社编辑（具体负责者为王运生、赵汉章），缪光宇发行，大中印刷厂印刷，共出版两辑。

第一辑题名《人的工匠》（用彭燕郊的散文题为辑名），于1943年11月1日由人文书店编辑部出版，除翻译外，收入诗歌（姚奔的《当我沉默的时候》等）、小说（周正仪的《未婚妻的消息》、刘北汜的《昏暗里》、予林的《宝绿皇帝》、石镔的《王教头》）、戏剧（海莱的《春夜》）和散文。

第二辑为《未完的梦》（用卢飞白——笔名张冬宇的散文题为辑名），于1944年3月23日出版，近5万字。收入郭风的《开窗的人》，姚奔的《爱》，刘北汜的《尘烟》和刘澍德的颇有特色的小说《被遗忘的人》等。

据说，第三辑已编好，有中篇《晚餐》和《消长》，但未能出版。

（四）民主文艺丛刊。该丛刊之一是《文艺的民主问题》，以群、光未然任主编，由北门出版社于1945年3月31日出版。两位主编分处昆明、重庆两地。光未然主持昆明的座谈会，出席者有楚图南、李何林、杨东明、赵沨、吕剑、李公朴等，就民主运动与文艺运动的问题进行座谈。座谈会记录即以《文艺的民主问题》为题发表。闻一多因病没有出席，但他事后补述了看法，也纳入座谈会记录刊出。以群则在重庆主持座谈会，出席者有茅盾、胡风、沙汀、艾芜、臧克家、何其芳等，座谈记录即以《今日文艺工作者的切身问题》为题发表。该丛刊主要是结合现实，从理论的角度谈文艺工作者怎样实践民主运动的任务（尚钺即以此为题写了论文）的有关问题。此外，还刊登了楚图南的散文《记杨保堃》；诗歌有何其芳的《神兵的故事》，张帆的《我们是老百姓的女儿》；还登载了光未然的《评〈云岭牧歌〉》和《我怎样整理〈阿细的先鸡〉》等。上述理论文章或创作，都努力体现中国共产党的文艺思想。这一点，和其他文学丛刊有所不同。据说，民主文艺丛刊还有一辑名为《艺术与人民》，但未见。

抗战时期云南出版的文学丛刊还有《云南生活》（高原文丛之一），于1944年2月1日出版。刊载有光未然的《镇魂曲》和整理的《阿细的先鸡》；华山（光未然）的《云南生活——地方色彩和地方性格》，强调文学工作者要着重描写云南的现实生活，还说云南青年的特点是朴素、诚恳、热情内蕴并富于坚持性，但“忠实而缺少机警，诚恳而缺少辩才，缺少组织性和计划性……表现为散漫和迟缓”。除高原文丛外，还有新地文丛（1943年6月13日出版）和缅云师范辅导丛刊，后者所刊除《后方的岗卫》外，不属纯文学的范围。

## 第四节 1937—1944年纪念鲁迅的活动

鲁迅的思想、创作和战斗精神，对云南文化界、文学界有广泛的影响。早在20年代中期，鲁迅的呐喊声，就在南滇的上空回荡。楚图南、柯仲平、艾思奇、马子华、张子斋等云南作家，都曾从鲁迅那里受到教益。

鲁迅逝世时，云南籍人士参加送殡者有张天虚、马子华等。在省内，报纸上曾刊出“鲁迅先生逝世特刊”，但未能举行群众性的悼念活动。1937年至1944年，每逢鲁迅忌日，云南都有纪念活动。

（一）1937年。在鲁迅逝世周年时，昆明仍无纪念集会，但《云南日报》出版了“鲁迅先生逝世一周年纪念特辑”，在10月19、20日，刊载了张子斋的《鲁迅先生永远和我们活在一起》以及晓阳、初明、海燕、醉秋的诗文。在本年内，发表有关纪念鲁迅的较重要的文章还有：

1月5日，有署“滇圃”笔名者，在《纪念在我们的心里》一文中说：1936年鲁迅逝世时，昆明未开追悼会，乃是因为我们“处在这样的环境里”，“连说说宋哲元也认为是破坏‘和平统一’哩!”但是，“永久在心里纪念着鲁迅先生是胜过于暂时在形式上纪念他万万倍的”（见《鲁迅先生纪念集》）。

1月16日，《云南民国日报》发表尧民的《周作人论鲁迅》，批评周作人在《关于鲁迅》中对鲁迅的歪曲，指出：“周作人所叙述的鲁迅，是周作人眼里的鲁迅，是染上了周作人色彩的鲁迅。“因为是弟兄的关系，相知的太多了，倒反不相知起来，由不相知便进而操戈，可胜叹哉!”

3月12、13日，《云南民国日报》登载马子华的《灵光的仰望》。文章回忆会见鲁迅的情况，记述把《他的子民们》等送给鲁迅的经过，以及《文学丛报》和鲁迅的关系等。

（二）1938年。《文化岗位》拟出纪念鲁迅特辑，但计划未能兑现，只刊登了部分鲁迅语录和《嘉陵江畔祭鲁迅》一文，报道重庆的鲁迅逝世二周年祭。10月23日，《云南日报》刊登了一组诗文以纪念鲁迅，有高寒的《学习鲁迅的战斗精神》，记述鲁迅逝世时在上海参加吊唁和1937年在沪参加鲁迅逝世周年纪念会的情况。这组诗文的作者还有穆木天、金华、健平等。

（三）1939年。昆明第一次举行纪念鲁迅的集会，并举办鲁迅遗著展览，出版纪念特刊。这些活动，均由中华全国文艺界抗敌协会昆明分会组织。

纪念会于10月19日午后在绥靖路（现长春路）省教育会礼堂举行。先由冯素陶致开会词，次由孙伏园报告鲁迅生平事迹（20日，孙还在昆华南院讲《鲁迅先生之作品及其生平》），然后由张天虚等演说，由陈豹燮朗诵诗歌《永远忘不了的老人》。据说，有“两个不三不四的人”，把纪念会的签名簿当中“签名的部分撕到手里……逃走了”（《鲁迅诞辰百年纪念集》，第35页）。

鲁迅遗著展览以及木刻展览，于10月19日上午开始，各书店同时将鲁迅遗著特价发售。原拟展览一天，后延至20日下午5时才结束。

《鲁迅先生逝世三周年纪念特刊》，为文化岗位丛刊之一，由“文协”

昆明分会编。该特刊收入高寒、穆木天、徐嘉瑞、立明、杨亚宁、彭慧等的论文和张天虚、马子华的散文《雪风中》《秋的葬仪》。张文记述1932年11月27日鲁迅在北京师范大学的演讲和作者在1936年10月从东京回上海，适遇鲁迅逝世以及参加送葬的情况；马文则记述1936年和鲁迅的接触以及鲁迅的葬仪。

除上述三项活动外，《云南日报》《云南民国日报》的副刊均刊出鲁迅先生逝世三周年特辑，载有孙伏园、杨亚宁、沈沉、伏根、迟生、一得、周辂、秋子、华玲等人的文章；《朝报》《新动向》等也有纪念鲁迅的文字。此外，西南联大的壁报《热风》上，曾发表过魏建功所刻的鲁迅先生头像。

（四）1940年。从9月25日起，昆明学生救济委员会和西南联大戏剧研究会联合公演《阿Q正传》，历时一周。郑婴导演，林抡元负责舞台设计，黄辉实饰阿Q。据《公演特刊》以及报上的文章记载，“此次《阿Q正传》的演出，这不仅是为了募集贫苦学生的救济金，同时还有它更重大的意义”。当时，《民国日报》有文章对公演持否定态度，说：“《阿Q正传》公演，不是演员不卖力，而是‘阿Q’本身太复杂。”两天以后，态度发生改变，说这次公演，“观众日愈踊跃……自然是演员卖力成绩良好的原故”。这一变化颇值得寻味。

10月19日晚，“文协”昆明分会召开小型纪念会，由郑婴报告鲁迅生平及工作情况；西南联大冬青文艺社也召开纪念鲁迅逝世四周年晚会，由冯至讲演鲁迅的精神。

（五）1941年。1月，“皖南事变”爆发，白色恐怖十分严重。鲁迅纪念无法正常进行；报刊萧条，评介以及宣传鲁迅的文章也不多见。10月15日《民国日报》（云南版）刊载《南京的汉奸文化线》一文，第一节即为《鲁迅笔下的败类》，表明鲁迅的抗日反汉奸的精神仍在激励着人们。《诗与散文》杂志12月号为纪念鲁迅发表了三篇文章和一幅木刻。文章发扬鲁迅的反“费厄泼赖”精神，批判“战国派”的超人哲学，揭露汪精卫的汉奸嘴脸，给纪念鲁迅增添了新的内容。

（六）1942年。1941年12月，太平洋战争爆发。1942年5月，滇缅公路被切断。战争动乱加上从上年开始的政治压迫，整个文化思想界处于低潮，纪念鲁迅的文章几乎没有。李何林在10月19日《云南日报》上发表的《理论创作与现实》一文，多次提及鲁迅，这可能寄寓着纪念鲁迅的含意。

但是，在反动势力薄弱的地方，人们却召开了鲁迅纪念会。10月19日，在滇南开远小龙潭布召坝，滇军一旅二团三营，在中共地下党员、营长朱家璧的领导下，邀请附近的农民和学校师生，联合举行纪念鲁迅晚会。“会场上陈列着几十本鲁迅先生的著作和《阿Q正传漫画集》。壁报特刊登载了十多篇纪念鲁迅的诗文”。在晚会上，朱家璧讲鲁迅对民族的伟大贡献，然后借题发挥，指出决定战争胜负的是使用武器的人。刚从印尼回来的刘思慕驳斥了有些人对鲁迅的污蔑，用事实说明鲁迅是真正的民族主义者和坚决的抗日战士。最后，演出了以鲁迅生平为题材的活报剧。[①]这可说是十分富有特色的鲁迅纪念了。

（七）1943年。革命形势和鲁迅纪念继续处于低潮。邢楚均在《文学评论》创刊号上发表《鲁迅及其风格》，说鲁迅“见‘道’极明，所以生死利害之私，不足以动其心……他一生……完整如一首谨严的诗”。白小松在《文坛杂咏·咏鲁迅二首》中写道：“谁说莽原翁独战，试看来者正如潮。”这正表明在反动势力的压迫下，人们仍然“永久在心里纪念着鲁迅先生”。

（八）1944年。这一年，世界反法西斯力量发动大规模反击。8月，苏军攻入华沙。我国在滇西战场挺进。云南的民主气氛高涨。在这种政治气氛下，纪念鲁迅的活动也空前活跃。关于纪念鲁迅的文章主要有：

10月15日《真报》第十五期刊载尚健庵（尚钺）的《论新时期文艺工作者的创造生活——1944年纪念鲁迅先生》；

10月19日《云南日报》发表张樾（张子斋）的《先驱者鲁迅》；

10月19日《正义报》刊载王训明（王子近）的《人民的鲁迅》；

12月30日《民主周刊》第一卷第四期发表了尚钺的《抗战文艺任务的新发展（上）》，重点是谈论鲁迅。（按：此文的下篇，大概即发表在《民主周刊》第二卷第十一期上的《新文学的发生，发展及今日——胜利

---

① 参见朱家璧：《抗战时期我在滇军中荫蔽工作的回忆》。

年纪念鲁迅先生》一文）

在鲁迅逝世八周年的忌日，云南大学学生自治会和西南联大各壁报联合会共同在云大至公堂召开纪念鲁迅晚会，到会者四千余人。据《云南日报》报道，晚会“首由徐梦麟代表昆明文协分会致辞，继由尚钺、楚图南、姜亮夫、李何林、朱自清……诸氏讲演（按：上述五人的讲题分别为：《鲁迅生平》《我所知道的鲁迅》《鲁迅在上海生活点滴》《鲁迅与中国新文艺》《鲁迅对写作的态度》），对鲁迅生平、作品及精神等，均有极精到的阐述，尤其对认识鲁迅的战斗精神，特别着重……最后由联大五文艺壁报朗诵纪念鲁迅的诗……及田汉改编的《阿Q正传》剧本第五幕”。在晚会上，“姜亮夫独持另一种论调，他认为鲁迅也不是什么了不得”。闻一多对姜的说法作了批驳，说：“过去我们认为鲁迅是海派，我们都错了。毛泽东说鲁迅是中国的圣人。”（《云南文史资料（七）》）他“忽然转过身去，向大会挂的鲁迅像鞠了一个躬，然后说：‘现在我向鲁迅忏悔……当鲁迅受苦受难的时候，我们正在享福。当时如果我们都有鲁迅那样的硬骨头精神，那怕只有一点，中国也不至于现在这样了。’”（《清华校友通讯》复三期第63页）郭沫若说，闻一多的演讲，“是把生命拿来做了抵押品的严烈的自我批判”（《郭沫若文集（十三）·鲁迅和我们同在》）。这是很有见地的言论，同时也说明鲁迅精神感人之深。此外，5月21日，张子斋在《云南日报》上刊出《鲁迅》一诗，他写道：“地动惊雷天外落，人间鬼脸笔尖勾。……血写文章如烈焰，光芒四射耀千秋。”这些诗句，表达了云南各族人民对鲁迅的崇敬心情。

## 第五节 文艺与抗战

“七七”卢沟桥事变的爆发，日本帝国主义者企图灭亡我国家、民族的野心暴露无遗。1937年11月，上海陷落；12月，发生了惨绝人寰的南京大屠杀；1938年10月，广州、武汉先后失守，国家、民族的存亡已处于最后关头。大敌当前，全国人民同仇敌忾，奔向抗日战争的神圣岗位。1937年10月，云南派出四万余人的第六十军，经长沙、武昌前往鲁南参加徐州大会战。高涨的抗战热潮，极大地鼓舞了文艺界。不少人走出书斋，走出思想中的象牙之塔，意气风发地走上街头，走向农村，或投笔从戎，奔向民族解放斗争的第一线，如张天虚、张子斋、李乔、孟田等。

云南文艺界为了适应新的形势，于1938年5月1日成立了“文协”云南分会。而在这之前，戏剧界已经动员起来：云南学生抗敌后援会在街头演出抗日戏剧，金马剧社组织巡回剧团，往滇西演出《打倒日本》《血洒卢沟桥》等话剧，救亡花灯团改组为农民救亡灯剧团，演出新花灯剧《茶山配》。同时，新的杂志也纷纷创刊，1937年有《南方》《文艺季刊》，1938年有《怒江》《晨暾》《战时知识》《新动向》《文化岗位》《战歌》和《警钟》等。它们都把动员群众抗战作为自己的神圣任务。《南方》主张“以‘抗日’为第一”，《晨暾》表示稿件要“能适应抗战需要为主”。1937年11月，《云南日报》发表有关“街头文艺”“战地剧团”“街头剧团”的文章以及《抗战时期的艺术运动》等，探讨文艺如何才能更好地为抗战服务。各种刊物和报纸副刊，都不愧是屹立在云南文化战线上的堡垒。

文艺工作者以前所未有的昂扬精神，以文艺为武器来宣传抗日，张子斋、杨季生、杨亚宁等写了众多的“简论”和通俗文学，张天虚、李乔写了系列报告文学，马子华的小说《福地》和陈铨的短篇小说《蓝蛱蝶》[①]、独幕剧《自卫》都回荡着抗战风云，是“与抗战有关”的作品。诗歌更是鼓吹民族奋起的喇叭。彭桂萼在《抗战诗歌的性质及途径》中指出：“翻身搏斗的中华民族，需要奋亢的怒吼狂呼”；“新阶段的诗歌的灵魂，确系经了卢沟桥的醒炮的轰鸣才彻底昭苏”。他和柯仲平、罗铁鹰、雷溅波等吹奏起诗歌界抗日的强音。

总之，在抗战初期，云南文艺界是万众一心支持抗日战争，思想和精神面貌发生了巨大的变化。李寒谷在《云南的刊物联合起来》中，建议各刊物不登与抗战步调（广义的）不相配合的文章。楚图南的《在抗战建国过程中的中国文艺》一文也说：“文艺不再是翱翔在天国的美妙的幻影，



① 陈铨短篇小说《蓝蛱蝶》，刊于1938年4月24日《云南日报》。陈铨四幕浪漫悲剧则为《蓝蝴蝶》，于1943年4月由青年书店初版。

也不是个人享乐的陶醉的和催眠的歌声。现在它赤裸裸地和我们站立在地上，血淋淋地和我们在斗争。”这说明抗战形势和作家新的思想使创作发生了可喜的变化。张天虚在《为争取彻底的解放而奋斗》一文里曾说，1938 年，在汉口遇郭沫若，他在东京时的“沉郁苍老的面容，已换改成一副英俊的生气勃勃的脸相”；而以前在上海、东京的朋友，都变得年轻起来了。全国（包括云南）的文学工作者在抗战初期都共同感到抗战形势给他们带来了活力！

后来，沿海各地和众多的大城市相继失守，战争进入了持久战阶段，速胜论者产生了厌战情绪。同时，由于侵略者的诱降，国民党政府热衷于所谓“和平谈判”，进行卖国活动；“战必败”的亡国论思想在国统区大为滋长。在这种形势的影响下，昆明一度弥漫着颓废和追求享受的风气；对抗战漠不关心的诗词唱和，表现低级情调、色情内容的软性文学有所泛滥。特别是在“皖南事变”之后，有一部分作者回避火热的生活，沉湎于幻想的象牙之塔中，向往于写风花雪月，歌吟小我的喜怒哀乐感情的倾向，引起了人们的不满。另外，不少作家虽有巨大的政治热情，但由于战争带来的生活不安定，加上对积累的素材来不及消化，又没有充分的时间来构思和精雕细刻，因此颇有一部分作品比较粗疏草率，质量不高。这就使一些人对文艺为抗战服务的使命发生了疑虑。在梁实秋的《编者的话》发表以前，或者在被批判以后，这类似的认识、情绪在云南也有反映。例如 1939 年 3 月的《谈抗战诗》，就说抗战诗歌“没有好作品”，“我不承认诗能大众化”。当时为抗战服务的作品，缺点自然有，但是次要的，而且，文学工作者也正在逐步地加以克服。如针对脱离现实的创作倾向，有人就强调写实文学；楚图南则主张题材的广泛性，说不要硬写战争、前线，如果自己没有这方面的生活体验，而后方也有很有意义的题材，也可以起到为抗战服务的作用。彭桂萼在《配合通俗化运动与通讯员运动去展开抗战文艺的战斗》一文里，也有较全面的认识。他说：“抗战文艺，是应该反映前线，也反映后方，暴露黑暗，也歌颂光明，注重宣传性，也注重艺术性，顾及时代化，也顾及地方化。”应该说，从文艺与生活的紧密联系、文艺完成其社会使命来看，在抗战中、后期，文学比之初期有了长足的进步。因此，从整个倾向来看，在抗战时期，文艺与抗战的关系可谓密不可分。如果说，1939 年 5 月 15 日，昆明《中央日报·平明·编者话》还和梁实秋的《编者的话》持相同的态度，那么，到 1942 年 7 月 7 日，该报副刊在《稿约》中，就正而八经列入“抗战文艺”。该报 12 月 19 日的社论《昆明文化的低潮》更旗帜鲜明地指出：“清算抗战八股”“提倡反差不多主义”，“用意若在提倡抗战文化的艺术水准”，自然无可非议，“如果是在抹视抗战而去迎合一般人的生活享受上的低级趣味，那就是今天昆明文化低潮的出现的理论根据”。此外，刊物《荡寇志》规定稿件“必需配合着当前的民族抗战，必需具有激发性、批判性和建设性，否则恕不能用”；《扫荡报》则希望收到让我们嗅到火药味的与抗战有关的诗文。可见，文艺与抗战密不可分，几乎是人们的共识。

从创作实践来看，利用文艺来宣传抗战，虽然有人反对，有人又理解得过于片面、机械，但总的来说，是有利于抗战大业，也有利于创作的繁荣和发展的。在抗日战争后期的我国文坛上，“一批短篇小说趋于深沉、厚实，大批长篇小说竞相涌现，创作质量又开始回升到战前三十年代的水平”①。连把抗战时期中国新文学史说成是处于凋零期的司马长风，在《中国新文学史》下卷里也承认，从数量和质量来看，“与收获期的杰作相比，有过之而无不及”。至于在云南新文学史上，抗战时期的文学，远比 20 世纪 30 年代以前的文学呈现出丰富多彩的风貌，如彭桂萼、光未然、罗铁鹰的诗歌，楚图南、沈从文、张子斋的散文、杂文，李广田、白平阶、宣伯超的小说，徐嘉瑞的学术研究，都有颇高的成就。此外，费孝通的游记，陈铨的戏剧，都可说是成绩卓著。稍后，还有马子华的《滇南散记》，艺术成就超过了他在 20 世纪 30 年代所写的《他的子民们》《沉重的脚》。可见，抗战时期的文学把云南现代文学推进到了一个新的阶段。这说明作家以自己的笔为抗战服务，对文学的成长也起到了促进作用。



① 杨义：《中国现代小说史》第三卷，第 37 页。

## 第六节 文艺的通俗化、大众化

抗战爆发后，不少文化人从大城市走向中、小城市甚至乡村，和广大群众有了较为密切的接触；为了发动群众抗战，为了让宣传深入人心，文艺的通俗化、大众化成为一时的风尚。“文章下乡”“文章入伍”的口号召唤着作家。中华全国文艺界抗敌协会和教育部在提倡通俗文学上都做了不少工作，创办了《抗到底》《大众报》等报刊，成立了通俗读物编刊社。在这样的形势影响下，云南文艺界的创作风气也发生了明显的变化。1937 年 8 月初，张子斋的救国弹词《大家听》在《云南日报》上发表，他希望执笔者多写这一类群众容易接受的文字来宣传抗日，“把救亡的火焰很广泛地在大众里面燃烧起来”。11 月 24 日，亦文（沈沉）在《南风》上发出“我们需要着大众读物”的呼吁。1937 年 11 至 12 月，报刊上展开舞台语言问题的讨论，或强调用国语，或强调用云南方言，目的都为了便于大众接受，是围绕着文艺通俗化和大众化来立论的。1938 年，“文协”云南分会成立以后，曾成立通俗文艺运动委员会，楚图南、穆木天等为文艺的通俗化、大众化多次撰文，顾颉刚曾以通俗文学为题发表演讲，着重谈文学为什么要通俗等问题。

在创作上，除前面提及的《大家听》以外，还有弹词开篇《战卢沟》《世代仇》（又名《日寇侵华记》），街头戏《志愿兵》，鼓词短剧《休妻杀敌》（又名《投军记》）。1938 年 5 月演出的新花灯剧《茶山配》，被誉为“一个通俗化的宝贵收获”。在抗战的前期，举凡诗歌、简论、通讯等，都极为注意语言的通俗易懂和群众的接受习惯。例如，一向很重视艺术性的作者陆晶清，甚至曾主张不为任何目的而写作（见《流浪集·序》），可是在决定民族生死存亡的抗战烽火中，她也一改自己的诗风，站出来为抗战呐喊。她的《汉奸叹五更》《妇女抗战十二月》（《抗到底》）就为了更好地为民众所接受而采用旧的文艺形式；她的《醒来，酣睡着的人们》（《云南日报》），直白地喊出：“鼓起奋勇，冲上前——参加到抗战队伍中！”也不再讲究艺术的优美和含蓄。这可以看出，时代的任务、战斗的风云，对作家产生了多么大的影响。

在抗战的中、后期，文艺的通俗化、大众化始终为文学家们所坚持，并且打破了单纯利用旧形式的格局，强调推陈出新，创造“新鲜活泼的、为中国老百姓所喜闻乐见的中国作风和中国气派”。楚图南在《抗战以来的文艺及民族形式问题》一文中就指出：不能仅仅以“旧形式去迎合世俗”，通俗化、大众化必须和新的民族形式的创造结合起来，“它是民族的，但时间上可以接受了中国过去，人类过去的优良传统；空间上可以容纳和吸收了一切的外来的经验”。这里所关注的问题，自然比抗战时期更为深入了。

从创作来说，通俗化、大众化的实践也有所深入，取得了较大的成绩。例如颇重视墙头小说的周辂（他在所编《文艺季刊》第三期上曾刊登广告“墙头小说特辑”征稿），后又大力从事于通俗小说的写作，所作《齐天大圣》等很受读者欢迎。如《讲民主天国办大选》写孙悟空不当弼马温，返出南天门时，太白金星劝他：“官职大小不必太认真，现在天国要讲民主了，不日举办大选，竞选天皇……争取选票，我可以从中帮你的忙。”这联系到当时的社会现实，往往会使读者发出会心的微笑。又如欧小牧的《包局长歪传》，用昆明话来写，从内容到形式都通俗易懂。1947年，《正义报》就学习马凡陀山歌的风格问题展开讨论。从中可以看出，毛泽东《在延安文艺座谈会上的讲话》在云南文艺界产生了影响，人们已经把文艺的通俗化、大众化的问题和文艺的工农兵方向、文艺的普及与提高的辩证关系联系起来加以思考了。



## 第七节　文学论争

抗战时期，云南思想界是比较活跃的，特别是不少学术机关、团体、人士从京、沪等地迁至昆明，给学术领域带来了勃勃生机。但是，这一时期文学界的论争并不多。

### 一、关于话剧演出用国语或土话的争论

具有直观性的话剧，是宣传抗战，发动文化水准较低的民众投入抗日斗

争的很适宜的艺术形式。抗战开始以后，话剧工作者从舞台走向街头，从城市走向乡村。于是，话剧如何接近群众，如何贯彻大众化精神，成了大家关心的问题。而演出是用国语还是用方言，又是其中比较重要的一个问题。

从1937年9月开始，云南学生抗敌后援会采用云南方言演出《仁丹胡子》《难民曲》《死亡线上》。张子斋的《把话剧搬到街头去》一文对此给予肯定，说希望以后坚持用方言演出而不动摇，不要使街头剧“葬送在‘京话拜物狂’者的手里”。基本上赞同张子斋的观点者，先后有王道、蔡司镜、季生、老农等。不赞同上述观点者则有云苍、正之、杨其庄等人。云苍在《话剧用语问题》中说：由于方言种类繁多，要求多数观众能接受，“不能不使用一种比较普遍的语言”，即“以国语为标准，而国语中云南人不习用或不易懂的字音，无防把它改成方音”。正之等还举例说，《死亡线上》用土语演出，“引起观众的高兴而大笑……把一个悲剧的情调”破坏了。对这点，老农提出异议，说《死亡线上》的演出，群众有时大笑，这并不因为用土语，而是因为“舞台空气的太不调和”；还说艺术师范学校用“京话”演出《放下你的鞭子》，观众也在不该笑的地方“哄堂大笑”了。

这个问题，在过去已经争论过两次：一次在1936年4月，一次在1937年1月。这次争论，对“京话”和“国语”作了明确的区分。杨其庄等人在1937年12月17日的《云南日报》上撰文指出：“‘京话’是‘北京’的‘土话’，而‘国语’是经过一番提炼，去掉渣滓的‘京话’。”另外，争论是结合话剧上街、下乡的实践活动来进行的，讨论的问题就更为具体。但是，题外话、意气之争妨碍了讨论的展开和深入。《云南日报·南风》的编者提出，争辩时应该“废除一切不必要的议论（如谩骂和攻击），抓住问题的本质”，而不应该陷入“横扯直拉，量多质少”的局面中去。其实，为了让话剧更好地为观众所接受，为了文艺大众化而勇敢地进行尝试，不论是成功还是失败，都是有意义的。至少有一部分人是这样认识的，例如，1938年1月下旬，南菁中学就一面用方言演出《烙痕》，一面又用国语演出《察东之夜》。让实践来检验哪一种办法更合适，不失为明智之举。

## 二、“与抗战无关”的论争在昆明

1938年12月1日，重庆《中央日报》的《平明》副刊登载梁实秋的《编者的话》，说什么“所谓‘文坛’我就根本不知其坐落何处，至于‘文坛’上谁是盟主，谁是大将，我更是茫然”。同时还强调组稿、选稿的态度为：“于抗战有关的材料，我们最为欢迎，但是与抗战无关的材料，只要真实流畅，不必勉强把抗战截搭上去。至于空洞的‘抗战八股’，那是对谁都没有益处的。”关于“抗战八股”这类意见颇有代表性，在《编者的话》发表的前后，相同或相似的意见在各报刊上曾多次出现。但是，由于历史原因、现实背景、思想认识和感情倾向等因素，《编者的话》却引发了关于“与抗战无关”问题的论争。在昆明，也可以看到这一论争的征兆及其结果的回响。

抗战期间，文学界曾出现这样或那样的偏颇。例如有些人由于生活的局限和认识的错误，产生了闭门造车，虚构前方的抗日故事，描写想象中的战士风采（自然写得不真实）的缺点。这是缺乏实际生活内容、违反创作规律的抗战八股。文学上的抗战八股，乃是党八股、洋八股的一种表现形式。大家批评这些缺点，是从赞成抗战文艺的角度出发而希望克服这种缺点，对抗战文艺乃是一种补台的态度。另外一些人则对抗战文学抱着冷眼旁观甚至是失望、反对的态度，说它是下流作品。这不是积极地解决矛盾，促进抗战文学的健康发展，而是偏重于拆台。在昆明，持后一种观点的，主要是大学里为数不多的知识分子。他们的观点的实质，不在于批判抗战八股，不在于指出抗战文学有这样那样的缺点，而在于对抗战文学的厌倦和抵触。

梁实秋的《编者的话》发表以后，从重庆到“孤岛”上海都展开批判。昆明也不例外，一方面批判“与抗战无关”的创作倾向，一方面指出“我们应该抓住抗战的现实，产生抗战的文学，用这力量以抗战”。不少报刊的编者都表示，要求来稿反映民族解放战争的现实，所写的一切都应该直接或间接地与抗战有关。

需要特别提及的是，昆明文学界还展开过“抗战会使文艺低劣下去吗?”的讨论。参加这一讨论的有丁淇、何首、丁卒、李荣生、马子华、施蛰存和立明等。

认为抗战会使文艺低劣下去的思想，在梁实秋的《编者的话》发表以前已经出现。如在《略谈抗战文学》中，有人认为已出现粗制滥造的倾向，产生了悲观失望情绪。但在昆明正式展开这一争论，却是在1939年4月，即《编者的话》发表以后。这一争论，可以看做是对梁文的批判的回响。概括起来，主要有下列三种意见。

（一）认为抗战以来的文艺作品粉饰现实，远离生活，盲目乐观，表现出一种架空的浪漫情绪；说如果抗战继续下去，文艺作品会愈来愈低劣。态度是悲观的。

（二）认为抗战只能使文艺“暂时低劣下去”，但抗战也是“伟大作品的孕育时代”；抗战以后，就可能出现《铁流》《毁灭》那样的好作品。

（三）认为在抗战时期，低劣的只是没落阶级的文艺，伟大的作品不一定要到抗战以后才会产生；还说，如果鲁迅活着，他绝不会容许任何人说“抗战会给文艺低劣下去”的。

上述意见，含义比较复杂。其中既有认识问题（如对于现实主义、浪漫主义的认识）、具体问题（如在战乱的环境中，作家生活的不安定和出版界的诸多困难等），也有喜恶的感情因素在内；不能仅从文字的表面意义来理解这些意见。

在主张第一种意见的人当中，有些人因为念念不忘封闭式的小我，要求不受抗战制约的自由。他们宁愿孤芳自赏，“藏起来不一定发表”，也不愿写些“适宜于今日的读者”的作品。有这种观点的人，在1939年11月和1940年6月，还写了《“文协”与“同业公会”》《前进病》等文章，把矛头直接指向中华全国文艺界抗敌协会，说什么“文坛被关了门”，“抗战文学……最名利双收”；指斥老舍等“‘文协’诸公……都是文坛宿霸”。文章的作者不指斥中央图书杂志审查委员会等机构扼杀创作自由而责难中华全国文艺界抗敌协会，这当然是错误的。

主张第二种意见的人，看见抗战期间的生活动荡等对创作的不利影响，这是对的，但看不到有利的一面（如推动作家更密切地联系人民群众，更好地深入生活），恐怕也认识不到抗战的长期性。他们主张抗战期间只能孕育而不能产生优秀的作品，这也经不起实践的检验。

主张第三种意见的人，反对逃避现实的所谓清高、超然的态度，认为文学艺术总有其宣传作用，说“著名的法国的《马赛曲》，拜伦的《哀希腊》，有谁说他们……没有带着一点宣传性质”（《新动向》第三卷第五期），这都是对的。但是，这些人当中，有的论述比较简单，说理不透彻，有些观点有明显的偏颇。如有人把“与抗战有关”理解得非常狭窄，说曹禺剧作反映的“时代毁灭了”，它们是“‘为艺术而艺术’的话剧”，“不应再演出了”。

梁实秋的《编者的话》发表到现在，已经半个世纪多了。但是，人们对于“与抗战无关”问题的论争，一直到当前还在继续，意见并没有统一。当年昆明的论争，只是总的论争的一个局部。局部虽然比较细小，但注视这一局部，就如同用放大镜观察事物，会看得更加清楚、明白，可以对总的论争的评价，提供有益的佐证。

# 第二章 诗 歌

## 第一节 概 况

从"九一八"以来，特别是从"七七"卢沟桥事变以后，云南和全国一样，诗歌的呐喊声陡然昂扬了起来。1937 年 7 月 13 日，《云南日报》刊出了《卢沟桥之歌》，它表示了进行民族解放战争的决心，宣称要像黑龙江、黄河、扬子江等一样，"浩浩荡荡向东流。/冲溃了敌人/所有的铁闸/争回我们的自由"。以写情诗见长，格调偏于纤细、自然、和谐的梅绍农也大声疾呼："要为民族而生，为民族而死；泪也要为民族而流！"写出了激昂慷慨、爆发出愤怒火花的《战歌》和《呐喊》。1937 年创刊的《文艺季刊》，除有《诗歌》栏目外，还特设《抗战诗歌》专栏。1938 年有《战歌》《晨暾》《警钟》的出版。前者为诗歌月刊，后两者虽为综合刊物，但均着重刊登抗战诗歌。

在抗战八年中，诗歌是一个丰收的部门，拥有众多的作者。他们活跃在杂志和报纸上，吹奏起战斗的号角，抒发出激越的情怀；或者表现了生活的严峻，揭露了旧社会的黑暗和腐朽；或者面向未来，唱出了希望之歌。徐嘉瑞、刘尧民、张子斋、普梅夫等的旧体诗也注入新的内容。八年间，虽然条件很困难，仍出版了诗集三十余册。除将另作重点论述者外，从事诗歌创作并作出贡献的作者还有：海燕、张子斋、醉秋、杨亚宁、欧小牧、梅之、普梅夫、江鹭、彭桂蕊、杨南生、常任侠、吕剑、赵萝蕤、杨百达、彭慧、卢静等。此外，在边区的云南籍诗人，还有柯仲平、刘御和桂涛声。柯仲平为广南人，有《边区自卫军》（战时知识社 1938 年出版）和《平汉路工人破坏大队》（重庆读书生活出版社 1940 年出版）。刘御为临沧人，有诗集《新歌谣》和《儿童歌谣》等。桂涛声为曲靖人，回族，是《在太行山上》歌词的作者，有诗集《金丝鸟》。

抗战时期，诗歌的发展，大体上也和其他文学样式一致，约可分为三个阶段。

（一）抗战初期，诗歌是战斗的喇叭和号角。民族的命运，时代的使命，令诗人抛弃了狭窄的个人天地，疏远了唯美的或颓废的诗风，开始更贴近生活现实，和广大群众站在一起，去迎接那翻滚的、凌厉的风云、雷暴！徐嘉瑞在《从桥上走了过去》一诗中写道："自从七七以后，中国的诗歌里，没有杜鹃，没有凤凰，没有翡翠，只有血，只有机关枪和大炮。"这确乎真实地反映了全国和云南的基本情况。

在抗战初期，为了诗歌更好地接近群众，诗人较多地采用了民歌体裁（如小调、叹五更、弹词等），或者变低吟浅唱为激昂的具有强烈感情色彩的朗诵。如张子斋、杨季生采用弹词的形式分别写了《大家听》《战卢沟》，徐嘉瑞的《新从军行》属小调，他的《无声的炸弹》和柯仲平的《边区自卫军》等为朗诵诗。可见，这些已蔚为一时之风尚。

这个阶段的诗歌，虽然也有长诗，如张子斋的《救亡弹词》和邱晓崧的《出征记》，但一般均为短诗，它们以感情强烈、通俗易懂为特色，对宣传抗战、发动群众产生了巨大的效果。但是，也存在着形象不够生动，思想感情过于外露的缺点，有流于概念化的毛病。如有一首题为《全国总动员》的诗，其结尾就是："四万万个喉咙，高声呐喊：/打倒日本帝国主义，/胜利是我们的！"

（二）自从武汉失守以后，特别是经历了 1941 年的"皖南事变"，诗歌的情况发生明显的变化。长期的抗战，白色恐怖的加剧，带给人们以生活的煎熬和政治上的高压，诗人的歌喉变得沉重起来。另外，诗作者不满于抗战初期的激越而浮躁的心态，对现实的态度趋于冷静，认识开始变得较为深刻。他们在诗歌中固然不放弃自己的神圣职责，但认识的层次有所深入并且重视艺术上的追求。同时，和抗战初期的形式短小不同，开始有了较多的长诗，如光未然的《午夜雷声》、杨百达的《史迪威》等。

在这个阶段，西南联合大学产生了新的作者群：杜运燮、穆旦、郑敏等。他们在冯至、卞之琳、闻一多等老一辈诗人和外籍教师的影响下，学习外国文学的创作经验，采用现代派的一些表现手法，写出了具有新的形象、新的语言风格的《赞美》《滇缅公路》等诗篇。他们用西欧的现代派手法来表现抗战的现实生活，又避免了西欧现代派诗歌的形象过于朦胧和含意晦涩的缺点。

但是，在抗战中期，诗歌在思想内容和艺术性上有所深化和提高的同时，也出现了情绪比较低沉的缺点。如《山城诗帖》的创刊号，“装饰了一层淡淡的哀愁”，“意志的本质是消沉的”（《文艺阵地》等四卷第七期的《诗刊一束》中的评论）。该刊第六期上所刊的《自君之行》《乡愁》《赠别》《烟雨》《百合家的墓碑》，评论者说在它们的字里行间，荡漾的“都是：愁怅、哀怨、悲观、颓废的色彩”（1939 年 6 月 28 日《云南日报》上杨亚宁的《诗人，海燕，牛角尖》的评论）。张子斋在《“你的笔尖是枪尖”》中，指出诗歌偏向的特点是：“以个人的伤感或爱情的陶醉，代替了现实生活的发掘和黑暗的暴露，以扶乩式的神秘枯燥的词句，代替了有血有肉的活的形象。”

（三）约从 1944 年起，进入抗日战争的后期。重庆国民党政府越来越腐败，人民的苦难更为深重。随着民主运动的高涨，诗歌作为匕首和投枪，对反动派进行了嘲讽与鞭挞，讽刺诗盛行一时。同时，诗人们还表达了对明天的信念，把人们的视线引向“山那边”（解放区）。

讽刺诗的出现，自然不是从 1944 年才开始的。早在 1939 年，彭桂萼就比较重视写讽刺诗，先后有《征兵委员》《禁烟委员》《野鸭塘边开野宴》等。《禁烟委员》揭露了禁烟委员自己就是鸦片烟鬼，而县长还以“三口洋烟可以避瘴气”为他开脱。《野鸭塘边开野宴》则明显地采用了杂文笔法，具有讽刺因素。1945 年，李广田、光未然分别写了《我们的歌》《两条腿》《市侩颂》《我嘲笑》等著名的讽刺诗。讽刺诗的出现和流行，是因为社会上有产生讽刺的基础和必要性。同时，袁水拍在 1944 年至 1945 年所写的“山歌”，也对讽刺诗的兴盛起了促进作用。不过，在云南现代文学中，讽刺诗的丰收则在抗战胜利之后。那时，不仅对如何看待《马凡陀的山歌》的影响进行了讨论，加深了对讽刺诗的认识，还出版了讽刺诗集《向民主，进军!》（海涛）、《原形毕露》（罗铁鹰）和《火山的爆炸》(包白痕)。

在对旧社会表示绝望，从而加以嘲笑、讽刺的同时，诗人们也对新社会表示向往，进行赞颂。《山那边哟好地方》虽然是1948年谱写的一首歌，但是，把“山那边”当做“好地方”而不息追求，在抗战后期就有了充分的表现。吕剑所写的以《山那边》为题的诗篇，就对比地表现了“那边和这边有啥不同”：“那边快乐”，“这边痛苦”。可是，云封雾锁、关山万重，去“山那边”并不容易。纳西族的女作家赵银棠向往陕北，虽到了重庆，但由于当时的“一些形势”和“交通的特殊困难”只好回滇。当不能“奔去”时，诗人就转而采取“向往”“迎接”的态度。吕剑和雷溅波都写过以《迎接》为题的诗篇。罗铁鹰的《北方》、光未然的《午夜雷声》都以“北方”来暗喻新的天地而加以歌颂。雷溅波的《前进！中国兵》的第二部分为“彼岸篇”，颂扬彼岸的光明、幸福。吕剑则说：“我们迎接你——/用那久困在冬天里/期待你早日飞临的一片心呀！”

朱自清在《新诗杂话》中说，抗战以来新诗的发展趋向之一是诗人情绪昂扬，乐观地展望胜利。这是确实的。诗人和人民一道，在寒冷、昏暗的长夜中不懈追求，或隐或显地看见民族解放、人民翻身的黎明曙色，唱出了讴歌“山那边”的乐章。

## 第二节　彭桂萼及其创作

彭桂萼（1908—1952），字小圃，临沧人。1931年毕业于东陆大学预科第八班，即任缅宁（今临沧）初级中学教员。1936年任教于双江县的省立简易师范。1940年，简易师范移至临沧，并升格为缅云师范学校，彭任该校校长。

1938年，彭桂萼参加广州的中国诗坛社。1939年1月，被选为中华全国文艺界抗敌协会昆明分会理事。在此之前，从1930年开始，曾和李景森、蔡国铭一道主编《缅宁旅省学会会刊》三期（有两期易名为《新缅宁》)，其《发刊宣言》即由彭桂萼执笔。他还主编过“边城丛书”（收入他的著述《西南边城缅宁》《边地之边地》等）和“警钟丛书”，并主编

《警钟》杂志，共出版六期。

除用本名写作外，彭桂萼使用的名字还有震声、丁屹、长戈、号兵、彭鹏。他勤于写作，“半世生涯，投掷在边疆文教的拓荒与地方自治的启蒙上”（引自《〈天海萍踪〉发端》），有著述多种（有些可以作为散文来看待）。此外，还出版了以下五种新诗集（1991 年 5 月内部印刷的《儿歌集》不算在内）。

（一）《震声》。由郭沫若题签，马子华作序（以《风暴中的号角》为题），1938 年出版。所收为抗战前后的诗作，主要有：《算还这盘血账》《用血写满这篇伟大的史诗》《咬紧牙关吧》《叫他吞下炸弹》《投进大时代铁流中去》《加强抗战笔枪》《在后方》和《野火》。

（二）《澜沧江畔的歌声》。穆木天题签并写序诗《赠澜沧江畔的歌者》，属“战歌丛书”之一，出版时间不详。[①] 诗集所收的新诗主要有：《我们是》《流亡之群》《送郎出征》《暴风雨中悼海燕》《咆哮起来吧故乡》《悼东方高尔基》《云南持久抗战的营盘》和《通过了严冬》。

（三）《边塞的军笳》。为“警钟丛书”之一，老舍题诗集名，雷石榆作序（题为《吹响了军笳》），警钟社 1941 年 10 月 10 日出版。[②] 诗集原收诗 13 首，审查时被扣下《这群人在途中》《碧绿了茶园》和《法币到山街》三首。据说这三首后来收入《怒山的风啸》一书中。这 13 首诗均写于 1939 年至 1941 年间。

（四）《怒山的风啸》。未见原书，据说由闻一多题签，属“警钟丛书”之四，1945 年由缅宁长城书店出版。诗集收入《禁烟委员》《炼狱》等诗。

---

① 罗铁鹰说这诗集于 1940 年出版，属“战歌丛书之四”；马子华则说出版于 1943 年，是彭的第三本诗集。但是，据《边塞的军笳》所载的“战歌丛书”目录，《澜沧江畔的歌声》为该丛书的第六本；该书第 30 页，标明《澜沧江畔的歌声》为“著者诗集之二”。因此，它的出版时间当在《边塞的军笳》之前，但未见原书，无法确指其出版日期。后据《民国时期总书目》，才知这诗集于 1942 年冬出版，属该丛书之第六种，为 64 开本，共 87 页。

② 该诗集出版后，于 1941 年 12 月被云南省图书杂志审查处查禁，“将所发审查证注销并没收在昆销售之成书”。所见的《边塞的军笳》似为以后的重印本，出版时间当在 1945 年或以后，因为书中所列的“本书著者诗集”，包括后来的《怒山的风啸》等在内。

（五）《后方的岗卫》。属“缅云师范辅导丛刊”（彭桂蕊主编）之四，由臧克家题签并写序（题为《后卫的前奏》），1945 年春由缅宁长城书店出版。书中所收作品为《后方的岗卫》等诗 18 首和《后卫的尾声》，均写于 1940 年至 1942 年间。

彭桂萼在抗战以前即开始诗歌创作，如 1933 年写了《假如我们的世界没有太阳》和《家庭》。前一首中有这样的诗句：

我愿我们的世界没有太阳，
大家一同黑暗一同寒，
我恨我们的世界虽有太阳，
整个光热全被小众所独占，
太阳光热应归大家享，
大家快把新的太阳来手创！

（转引自《留芳集》）

这里有对“小众”的不满，主张人人平等；含有创造新生活的热切希望，思想倾向健康、进步。但是，作者对自己有更高的要求。他说，那些诗是“在沉闷的气压下，零星逼迸出来的火花，而且完全是由个人的观点出发”。抗日战争的爆发，时代风云激荡着作者的心灵，使他逐步远离“个人的观点”，而从民族的、人民的角度来看问题，因而创作思想和诗歌都发生了新的变化。他强调诗歌应该是“精神战斗的一种最最尖锐的榴弹匕首”，“需要有集团的精神，雄健的气魄，烈火的热情，钢铁的韵律，具象的描述，通俗的形式”。他的创作是朝这个方向努力的。

彭桂萼从新文学的先辈那里广泛地接受影响，多方面去汲取营养。他曾说，“革命诗人蒋光慈，格律诗人朱湘，突围诗人臧克家，朗诵诗人高兰”都是他学习的对象，只不过这四人“一则曾影响过我的过去，一则正滋养着我的目前”。更重要的是，他追踪创造社的步伐，受郭沫若的影响很深。他在论文中说，“轰倒毒龙的魔宫”；诗句中有“先火化了旧的尸骸，凤凰才能够再生”，这明显是受到郭沫若的《我们的文学新运动》和《女神·凤凰涅槃》的影响。他说，郭沫若“那种怒马奔驰，长江冲流的浩气，他那种反抗毒龙，痛剿恶魔的精神”等，“不论过去现在未来都鼓荡着我的笔锋”（《我怎样走向诗歌之路》，原载《警钟》第一期）。

彭桂萼是伴着战鼓，挟着风雷，出现在抗战时期云南的诗坛上的。他的诗歌具有下列鲜明的特点。

第一，紧贴时代脉搏，调子激越高昂。这是诗人受抗日战争现实鼓舞的结果。抗战初期，民心愤激，人人激情满怀，彭桂萼也在《军笳》中发出了这样的时代强音："它的墨汁是大众的血汗，/自卫的列枪是他的笔杆，/它的句读是战士的头颅，/锦绣的山河是它的纸张。/它的旋律，/是长江黄河的呼啸，/它的音调，/是机关枪和大炮。"更难能可贵的是，当抗战进入第三个年头时，环境恶化，前途艰险异常，如同航道上出现"暗礁夹逆流"。这时，彭桂萼仍一往无前，愿意"掷出生命来作抵押"！"决不胆怯"。他说："我们并不怕血雨腥风，/新生命正要（一作'爱'）血雨腥风来播种。"

第二，立足云南，立足边地，内容富于地方特色。抗战时期，穆木天、楚图南、张光年都提出云南的文艺工作者要面向现实，认识云南，表现云南。彭桂萼在理论上也这样主张，在创作实践上则身体力行。他的诗歌的题目，不少就很具地方色彩，如《怅望着高黎贡山》《烟花开遍阿佤山》《秋到横断山头》《爬上飞龙高峰》《蛮荒夜景》等。臧克家曾指出：从彭桂萼的笔下，"我看到了一幅幅的边疆抗战图，我看到了一片片山川的风色"。另有评论者指出，诗人使我们"嗅到蛮烟瘴雨的气息……在字里行间"①。

在抗战时期，云南的文学工作者绝大多数集中在昆明。像彭桂萼这样长期在边疆并且专心致志地歌颂边疆各族人民的新觉醒，反映他们所深受的痛苦，抒写自己对边地一山一水一草一木的深情厚谊，是绝无仅有的。因此，彭桂萼的诗作不仅有艺术的价值，还具有历史价值。这种成就，是诗人自觉追求的结果。他在《边疆文艺工作的路标》一文中就明确地提出，要"将抗战中的边地风光，涂上时代的色彩……用我们原人的粗腔，发出震撼山岳的壮吼"。他在《我是一个号兵》一诗中也写道："我是一个号兵，/大时代的军团派定我，/踏稳云贵高原，/守住天南的壮野山岗，/……/站在铁军前列，/为新中国战取明天！"



① 见1941年12月15日《云南日报》上的评介文章。

第三，在艺术上有明确的追求。诗人虽然师法众家，但他并不是亦步亦趋，没有自己的主见。他说："对于诗歌的写作，也有我自己的信念。我觉得诗歌根本是口的文学……如象征派诗样的弄到连眼也难得看懂固然根本不足取，就是格律派那种太过于诗人式了的诗，也不是当前的我们所需要！当前这大时代所需要的诗歌，必须容易由口头上朗诵出来，容易从大众的耳朵里听了进去；就是，要有正确的意识，强烈的感情，艺术的手法，通俗的形式，越能和音乐接近越好，越能和口语接近越好！"（《我怎样走向诗歌之路》）。《后卫的尾声》也说过类似的话："我执着一个信念，就是，诗歌必须均有响亮和谐的音乐性，具象鲜明的绘画性，生动曲折的戏剧性；而且，要经得住朗诵……"这些论点全面与否、深刻与否姑且不论，但他能长期坚持并在创作实践中贯彻自己的主张，这种精神是值得赞许的。同时，他在艺术上也确实有成就。就是在抗战初期，诗歌的标语口号毛病较明显的时候，他也极力回避感情的过分直接宣泄，而是努力追求那"热辣辣的战斗力"，强调要感染读者。他的诗歌，如《后方的岗卫》的结构，《踏上天海路线》的感染力，《炼狱》的构思都具有特色。又如下面的诗句：

挟着风沙，/撕破云霞，/震动昆明湖，/震动堪察加，/震动大江东，/震动天山下。/这是/大时代的诗歌呀，/大时代的大军团里/战斗的军笳。

（《军笳》第一段）

时间是一枝无情的火箭/发一下亮，/它又滑走了四个春天。/它摆出冷酷的面庞，/用暴力推你们，/这一群出窝的乳燕，/从温暖的母怀里，/推向那遥远的天边，/推向那原始的莽原。……

（《踏上天海路线》的开头）

这些诗句气魄雄浑，感情真挚，语言奔放而流畅，有较强的节奏感。马子华在《风暴中的号角》里指出：彭桂萼"带得有山野的气质，是那样穆然的风格。他几乎可以说是异于其他的生活在天南山国中的人"。正因为他具有这些优点和特质，郭沫若、穆木天、臧克家、雷石榆等人曾给他的诗歌以好评。

彭桂萼在创作上有追求，有成就，但他也明确地感到自己的不足。例如有些诗的形象不够丰满，语言欠精练（如《加强抗战笔枪》）；有些诗句“因力求调协易诵反而间有不大自然处”，如“它的句读是战士的头颅”等。这一方面或因时间匆促，构思还不成熟便动笔；另一方面也可能是在成长过程中难以完全避免的缺点。作家不可能没有缺点，要紧的是能正视它并“已在陆续矫正中”。

## 第三节　冯至等西南联大诗作者群

西南联合大学拥有众多的诗作者，如闻一多、冯至、卞之琳、李广田、薛沉之、何达（何孝达）、穆旦（查良铮）、卢静（卢福庠）、戈扬（杨百达）、罗寄一（江瑞熙）、杜运燮、郑敏、闻山（沈季平）等。这是一群闪耀在南国的诗星。闻一多、卞之琳在云南时期，很少或没有写诗，但他们分别领导着南湖诗社、冬青社、新诗社的活动。闻一多编辑了《现代诗抄》，撰写过不少评论诗歌的文章；卞之琳于1940年在昆明明日社出版了他在延安及太行山区所写的《慰劳信集》。他们在新诗界有巨大的影响。

在西南联大的诗歌群星中，除李广田将在本书第三章第二节论及外，成就突出的还有以下几位。

冯至（1905—1993），河北人，在云南期间，先后在同济大学和西南联大任教。他的《十四行集》收了1941年创作的商籁体诗27首，1942年由桂林明日社出版。作者在该书的《序》里说：“从历史上不朽的人物到无名的村童农妇，从远方的千古的名城到山坡上的飞虫小草，从个人的一小段生活到许多人的共同的遭遇，凡是和我的生命发生深切的关联的，对于每件事物我都写出一首诗。”他善于从平凡的事物中发现它蕴涵的不平凡意义：对有加利树在秋风里萧萧作响，诗人便联想到它“是那插入晴空的高塔，升华了全城市的喧哗”；看见母狗衔小狗晒太阳，作者便浮想联翩，说“这一次的经验/会融入将来的吠声，/你们在深夜吠出光明”；在

《鼠曲草》中，诗人寄托以人生理想，主张舍弃虚名，“过一个渺小的生活，/不辜负高贵和洁白”；等等。冯至曾说：里尔克观察万事万物，重在发现物体的灵魂，如他主张“对着每个我们真实地观察的物体，我们不是第一个人吗?”这就是强调要发现别人没有发现的东西，作者应有新的认识和感受。冯至的《十四行集》，从思想内容来看，有自己的独特的切入事物的角度，具有哲理性。另外，冯至利用外来的诗歌形式表现自己的内心感受和对周围事物的认识，相当得心应手，为“洋为中用”提供了有益的经验。

《十四行集》是艺术上比较成熟的作品，但冯至认为还有不足之处，他说：1945 年所写的《招魂》和 1947 年所写的《那时》才超越了“依恋旧词里狭窄的境界”等缺陷。这是和作者当时的思想发展关联着的。1940 年所写的十四行诗，体现出冯至已转向现代主义。虽说它们能以小见大，有其价值和意义，但与现实贴得并不那么紧。后来，战争的形势越来越严峻，社会的黑暗显得更突出。从此，冯至的思想发生了变化。他的《放牛的老人》《楚国的亡臣》，就把笔触转向“无名的人”，表现“近年来中国人的痛苦”。1945 年的《招魂》与《十四行集》中的诗作比较起来，已达到了一个新的高度：思想性和艺术性比较和谐地统一起来了。

薛沉之为西南联大的教师，他所著的《三盘鼓》，为“百合文艺丛书”之五，含《五月的引力》《三盘鼓》等短诗。其中的《仙人掌》有这样的句子：“高举着一丛绿手/像千万个/战斗的拳头，/……我们手上有的是刺！/不怕死的小毛虫，/可来试一试！/你敢捏一捏仙人掌，/准教你毛脚毛手地爬上来，/血淋淋地缩回去！”这正如闻一多为该书写的《序》所说：诗集并不符合具有血腥气的“温柔敦厚”的传统诗教，它对“失掉挣扎的勇气”的人能起到药石和鞭策的作用。

像《三盘鼓》这样鼓舞人的诗，在西南联大诗作者的笔下并不鲜见。例如何达的《我们开会》《老鞋匠》，卢静的《呜咽的扬子江》，新诗社的《我们的歌》，沈季平的《山，滚动了!》，杨百达的《史迪威》，都是优秀之作。杨百达在 1946 年还出版了长诗《抢火者》，属浪花文艺丛书第二种，是献给“一二·一”死难四烈士的歌，它的基本倾向和艺术特征（虽然诗句排列是“楼梯”式的）和上述诸诗相一致或相接近。方之中在贺新诗社半岁的文章中说：和“编排美丽晶莹的字眼”“抒写自己的病态的春花秋月之感”的逃避现实的诗人不同，新诗社同人是“把现实提举到和诗一般高”。上述这些诗人或者就是新诗社的成员，或者其文艺思想和新诗社相接近。他们的诗以思想的深刻、气势的雄大、感情的昂扬而激动读者。

和上述诸诗作者（冯至除外）在艺术特征等方面有明显区别的，是杜运燮、穆旦、郑敏、袁可嘉、王佐良等。他们都在不同程度上接近现代主义的创作倾向。

杜运燮（1918—2002），福建人，生于马来亚并在那里读中学。1939年进西南联大外文系，中途参军，曾在缅甸、印度任盟军翻译；后复学，于1945年毕业。他在抗战时期的诗作，多收入《诗四十首》（1946年初版）中，含《草鞋兵》《命令》等；《滇缅公路》《马来亚》《恒河》是他的力作。

抗战时期，随着沿海城市的陷落，海路交通堵塞，滇缅公路成为中国和国际反法西斯力量相联结的大动脉。杜运燮在《滇缅公路》一诗中歌颂这条公路，说它“穿过高寿的森林，经过万千年风霜/与期待的山岭，蛮横如野兽的激流，/以及神秘如地狱的疟蚊大本营，……/踩过一切阻碍，走出来，/走出来，/给战斗疲倦的中国送鲜美的海风”；“整个民族在等待，需要它的负载”。歌颂公路也是歌颂筑路的人，因为路是筑路者“不朽的化身”。

《马来亚》《恒河》是对两个民族的礼赞。马来亚有自由而富庶的过去，华人曾在开拓这块土地中作出了巨大的贡献。但如今它是城市战栗、妇孺号泣；同时，马来亚人民也开始从苦难中觉醒起来：

不理会外国绅士的诺言和法治，
“保护”是欺骗，一切要靠自己，
突然间，大家都成熟、聪明了许多，
和唐人、吉宁人坐在一起讨论
　相信屠杀要终止，明晨的太阳总要出来，

富饶要繁殖富饶，马来亚要永在。

恒河是印度人民的母亲河。在那里，如今，“不息的呻吟穿越到四方，/在戮杀着的黑暗中那固执的呻吟”。诗人坚信，恒河所哺育的人民，总会有美好的未来。

杜运燮的诗，有两个特点：（一）主题的广大、深刻。《滇缅公路》一诗，诗人的眼光长久地停留在筑路工人的身上。《民众夜校》着眼于群众，说学习使你们明白人民做奴隶、沦入地狱的悲痛，就会“怀着几千年的仇恨”，“像大蛾，面着生命的牺牲也要夺取”光明。《恒河》一诗的不足是结束处较弱，但它的立意，往往使我们联想到《黄河大合唱》。总之，杜运燮的主要注意力是面向广大的世界，而不囿于个人感情的一隅。(二)在轻松的格调中闪耀着讽刺的光芒。杜运燮把《一个有名字的兵》《阿Q》说成是轻松诗。在《追物价的人》中把物价称之为“抗战的红人”。作者用反语、用讽刺的语言说自己要舍弃一切，包括书籍和一家人的身上肉，轻装追赶，不能落在物价之后，哪怕是死。这种表现手法，使我们发出会心的微笑；也使我们感到心头的重压，从而更好地发挥出政治讽刺诗的力度。

穆旦（1918—1977），浙江人，生于天津。1940年西南联大外语系毕业后留校任教；在云南时期的作品，收入《探险队》《穆旦诗选》两书中。

穆旦留下来的最早的诗，是1937年11月的《野兽》。它以野兽来暗喻和侵略者搏斗的中国人民，写得简练而有力。他的代表作《赞美》，把《野兽》中对人民的感情表现得更深厚，展现了中华民族所受的苦难和污辱。它每段均以“一个民族已经起来”作结，表现了作者对民族解放的坚强信念，心中激荡着抗战的风云。现录其末段以见一斑：“我有太多的话语，太悠久的感情，/我要以荒凉的沙漠，坎坷的小路，骡子车，/我要以槽子船，漫山的野花，阴雨的天气，/我要以一切拥抱你，你/我到处看见的人民呵，/在耻辱里生活的人民，佝偻的人民/我要以带血的手和你们一一拥抱。/因为一个民族已经起来。”

穆旦的诗有下列特点：(一）着重写内心的感受和冲突，向思想感情的纵深发掘。《旗》一诗中写道：“四方的风暴，由你最先感受。”其实，敏感的作者，也痛切地感到四方的雷雨风云的袭来。因此，他写了《控诉》，控诉“冬天的寒冷”，宣泄“怀乡的痛楚”。他的内心世界自然不是封闭式的冥想，而是在现实世界的冲击、影响下所产生的感情激荡。(二)意境、用语、设譬都比较新鲜，有浓郁的艺术感染力。《园》所写的情景是：“水彩未干的深蓝的天穹/紧接着蔓绿的低矮的石墙，/静静兜住了一个凉夏的清晨。”《玫瑰之歌》里有句是“一片新绿从大地的旧根里熊熊燃烧”。这些诗句似把自然风光从远处推向读者的眼前，图像清新优美并给人以动态的感受。他的《合唱》写全民的奋起，其表现方式和当时颇流行的呐喊式的诗作很不一样，如：“让我们歌唱帕米尔的荒原，/用它峰顶静穆的声音，/混然的倾泻如远古的溶岩，/缓缓迸涌出坚强的骨干，/像钢铁编织起亚洲的海棠。”

郑敏（1920—　），福建人，1943 年西南联大哲学系毕业。她在抗战时期的诗，编入《诗集 1942—1947》。《寂寞》和《人力车夫》是其中的优秀之作。试看《人力车夫》的开头和结尾：

举起，永远地举起，他的腿，/在这痛苦的世界上奔跑，好像不会停留的水，/用那没有痛苦的姿态，痛苦早已昏睡，/在时间里，仍能屹立的人，/他是这古老土地的坚忍的化身。

举起，永远地举起，他的腿/奔跑，一条与生命同始终的漫长道路，/寒冷的风，饥饿的雨，死亡的雷电里，/举起，永远地举起，他的腿。

这首诗，把人力车夫的奔跑，比做“生命的马拉松赛”，但其结果乃是：“输了，就为死亡所掳”；“赢了，也听不见凯歌”。作者以对比的手法，展现出对人力车夫的同情，如“路人的希望支配着他，他的希望被掷在路旁”；车夫的手、肌肤是污秽的，但“污秽的肌肤下流着清洁的血”；车夫天天在路上不停地奔跑，但在人生之路上，他却几乎无路可走。作者为车夫设想了一条路：“它需要我们全体的手，全体的足，/无论饥饿的，或是满足的，去拔除/蔓生的野草，踏出一条坦途。”这首诗思想明朗、积极，韵律优美，语言简练，是一首上乘之作。但是，她为车夫设想的路，寄希望于“满足的”　“所有的人”都参加开拓，这是不可能的。因此，这

“路”就带有空想的性质，从而使作者感到只能“在遥远的朦胧里等候”而已。

郑敏的诗，和杜运燮、穆旦的一样，形象、比喻都相当新颖。她的《树》，说树的声音是“封锁在血里的声音”，树高大到“在它的手臂间星斗转移”。这树，乃是“失去民族自由的人民”的象征。她在《春天》里，把春天比做“展开的轴画”，又像乐曲，又像舞蹈，着力写春天的颜色、声音和姿态，充分展示了春到人间的优美情景。

郑敏的诗，表现出在思想上、艺术上严肃认真的求索，提供的意象比较完整，内容含有人生哲理，对读者富于启发性。《人力车夫》不断重复地写“举起，永远地举起，他的腿”，从表面上看，车夫似乎“没有痛苦的姿态”，其实是“痛苦早已昏睡”，人已经被压榨得麻木了。《寂寞》一诗则写“我”在无边的寂寞中寻求“‘生命’最严肃的意义”，发现它“原来是一条滚滚的河流”。郑敏和杜、穆一样，他们的优秀之作，正如里尔克所说的，均善于从平凡的事物中发掘出“生活的宝藏”。

此外，袁可嘉有《多岛海》《夜航机》《寄远》和《抒情短笺》等。这些诗形象新颖，只是联系现实不紧密，属于低吟浅唱型，显得“空灵飘忽”，所写“或是内省的体验，或是对生命的沉思”（1995 年 8 月 23 日《中华读书报》第 1 版）。王佐良在《扫荡报》上，则有《存在》《分裂》等诗作。

杜运燮、穆旦等后来被人们归入“九叶”诗派中，因为他们的诗歌有基本相同或相似的特色：

（一）反映社会生活和反映心理矛盾相结合。他们都立足于现实，同情下层老百姓，为人们的不幸而不平和抗争；对抗战中的阴暗面和不合理的人生现象，感到愤懑，并加以抨击。王佐良说，穆旦“是从长沙步行到昆明的，看到了中国内地的真相，……他的诗里有了一点泥土气，语言也硬朗起来”。穆旦在《五月》里表现出反叛精神，说社会中的“杀戮，无尽的阴谋”，使他懂得了鲁迅的杂文。杜运燮的《滇缅公路》《追物价的人》等，反映了时代的重要事件，带有史诗的性质。他们又重视自我剖析，突入心灵深处，勇于表现自己的“忧郁”“痛楚”“寂寞”的感情。里尔克认为，“哪有寂寞而不是广大的呢”。郑敏的《寂寞》就写由无边寂寞所引发的个人的感觉。在“我”看来，海里的两块岩石，庭院里“手臂搭着手臂，头发缠着头发”的两棵大树也是寂寞的。这就和冯延巳的“泪眼问花花不语”一样，花因人而悲戚，石、树因人而寂寞。他们重视内心感受的表现，追求对心理活动的深层次的发掘。在这当中，因景生情，往往表现出社会现实在心灵上清晰的或朦胧的投影。例如穆旦的《一个战士需要温柔的时候》，颂扬“梦幻的青春”“纯洁的欢欣”，不正因为“现在”弥漫着“残酷的哲理”和“战争”“燃烧的寒冷”（面对敌人烧起的战火，人们感受到战争的凛冽气氛）么？

（二）在重视战斗性的同时，不懈地追求艺术上的完美。抗日战争初期的诗歌，为了结合民族解放战争的现实，在“赶任务”时往往来不及仔细琢磨，有时会出现草率的痕迹。从 20 世纪 40 年代开始，人们开始更重视诗歌的艺术感染力。杜运燮等重视对现实的真实而新颖的感受，力求创造的艺术形象具有真实性、清晰性、独创性，开始形成自己的创作个性：杜运燮把宏大的主题和轻快的调子，带有讽刺、幽默因素的抒情风格结合起来；穆旦以“展现自己心灵的搏斗和内层的思想感情”（《穆旦诗选·后记》）著称，在艺术追求上勇于“探险”；郑敏的诗则以深厚、凝练为特色，哲学意蕴和艺术形象较好地融合起来。他们都力求艺术性和战斗性的统一，摒弃艺术至上、颓废消极的错误。例如穆旦就说他写《探险队》，是根源于“那颗不甘变冷的心”，诗中有“尚未灭的火焰，斑斑点点的灼炭，闪闪地、散播在吞蚀一切的黑暗中”。但是，在 20 世纪 40 年代初以及稍后的一段时间里，他们还没有被人们充分认识。如王佐良和林元所说，穆旦虽然具有“新的诗歌主题和新的诗歌语言”，但“批评家和文学史家迟迟地不来接近”，“诗人的才华当时还被埋在泥土里”。

（三）现代派表现方法的借鉴。杜运燮等人的诗，言志抒情，继承了我国诗歌的现实主义传统，但在艺术上则借鉴现代派的若干表现方法并有所创新。现代派，或称现代主义，是 19 世纪和 20 世纪之交出现的一股反叛艺术传统的思潮。因为它所包含的派别甚多，各人对现代派的艺术特征、表现手法的理解和运用也就有所不同。大致说来，在诗歌领域就是主张节奏的跳跃性，在结构上不强调连贯，喜欢使用突兀的对比；重韵律、意象、警句，强调形象思维的作用等。杜运燮等人对上述种种手法均根据需要而择取。他们“充分发挥形象的力量，并把官能感觉的形象和抽象的观念、炽烈的情绪密切结合在一起……使诗人说理时不陷于枯燥，抒情时不陷于显露，写景时不陷于静态”（袁可嘉：《（九叶集）序》）。这当然是从整体上来说的，在具体的诗作中，也可能有这样或那样的不足。例如杜运燮的《民众夜校》，理念就大于形象；郑敏用“树”象征“失去民族自由的人民”，有些地方给人以牵强之感。

在云南现代文学界，从20世纪20年代开始，就有作家介绍现代主义的文艺理论，并在诗歌等领域中加以实践，如徐嘉瑞、刘尧民、张叔良、普梅夫等。他们受日本横光利一（新感觉派）、法国诗人保尔·瓦雷里（唯美派）和李金发（象征派）等人的影响，给云南现代文学带来了新的因素。这一股思潮从1933年末开始低落。抗战时期，西南联大的一部分师生，在云南现代文学界第二次推动现代派的潮流。但是，郑敏、穆旦、杜运燮等和徐嘉瑞、刘尧民等之间大概没有关系，他们是受老师（如冯至、卞之琳和英籍教师威廉·燕卜荪）的影响。在这些老师的引导下，他们直接阅读现代派的诗歌，包括奥地利的里尔克、英国的奥登、法国的瓦雷里等。但是，他们和抗战以前的先行者一样，舍弃了国外现代主义者的艺术形象过于飘忽、朦胧因而含义不清的缺点，更贴近于国人的欣赏习惯。这在杜、郑两人的诗中表现得更为明显。穆旦的诗，也不乏明白晓畅之作，但和杜、郑相比，就显得不易看懂。袁可嘉在《〈九叶集〉序》中说过：“九叶”派诸诗人，“有不同程度的欧化倾向……化得较好的，与要表达的内容结合得较紧密，能增强语言的表达能力；……化得不太好的，与要表达的内容有隔阂，就造成了一些晦涩难解”。采用现代派表现手法所写的诗，不一定晦涩，这有杜、穆、郑的诗为证。冯至的《十四行集》在艺术表现上也倾向现代派，但都很好懂，它们在艺术上是成熟的。冯至在《诗文自选琐记》里说过，我国的有些新诗，“沾染上矫揉造作、搔首弄姿的习气，这是一个很大的不幸。追溯病源，一部分由于模拟西方象征派诗的皮毛，一部分由于依恋旧词里狭窄的境界”。这种分析是中肯的。穆旦等的某些诗，艺术形象缺乏比较明确的含义，这可能是艺术构思、艺术表现不够成熟的结果。（穆旦于1976年所写的《冬》，情况就有所不同。它的思想深刻、艺术功底厚实；虽然讲究含蓄，但不再有晦涩难解的缺陷了！）

## 第四节　杨明、邱晓崧的诗歌

杨明（1919—2005），大理人，白族；1936年从家乡到昆明读书，后入中法大学。他曾加入西南联合大学的“新诗社”，参加过《中国周报》和《民主周刊》的编辑工作。解放后，从事地方戏剧的创作、整理和改编，有滇戏《牛皋扯旨》（整理）和白剧《望夫云》（改编）等。他用过的笔名有丁奂、杨光明、柳映光等。

杨明20世纪40年代的作品有小说（如《月琴回来了，弹琴的人呢?》）、散文（如《黄昏祭》）、论文（如《诗人疯子・个性解放的殉道者》），但主要是写诗。除短诗外，有约400行的长诗《死在战场以外的中国兵》。他说：在白色恐怖下，“暴力勒住我们的喉咙，要喊，就不要命！而事实上，我们也还有一些投鼠忌器，不便作声”。因此，长诗的写作颇拖了一些日子，迟迟不能完稿。一直到1945年8月16日，才“提起笔一口气写完”。

《死在战场以外的中国兵》于1946年5月4日出版，由李广田题签，西南联大新诗社发行。全诗共11节，如《被绑出来了》《你终生信持的功课》《人不如猪》《结算，我们要结算》等。前面有何达的《我们不是“诗人”》（代序），书末有《后记》。

长诗写一个爱国的农民，不明不白地被抓去顶替豪绅子弟当兵。当官的克扣粮饷和凶狠毒打，士兵忍饥挨饿，遍体鳞伤，气息奄奄。由于国民党政府消极抗战，拥兵以伺机发动内战，所以“一心打国仗的人离战场的路竟这么远”，并且最后倒毙在陌生的都市里。

这不是个人的悲剧，而是千千万万贫苦农民共同的命运。长诗在开头就写道：“被绑出来了，/从茅屋里；/被抓出来了，/从田地上；/被拖出来了，/从祖国的每一个村庄：/千万个忠实的农民。”在结尾处，提出要向“发了国难财”“发了国难权”的人算账，而债权人包括“死在战场”和“死在战场以外的中国兵”，包括全体“没死的人民”。为被虐杀的抗日士兵鸣不平，向虐杀他们的统治者抗争，这是不少作家共同关注的主题。楚图南的《旅尘余记·死在路边的战士》写战士在路边悲惨、寂寞地死去；李乔的《饥寒褴褛的一群》、罗铁鹰的《饥疥化部队》令读者流下同情而愤怒的眼泪。这长诗的特点，在于主题的深化。它是长期以来，在白色恐怖下积累起来的深重、窒息的心灵痛苦的总爆发；指出战士“把生命向祖国投资”而“国家却没有收到你贡献的一份力量”。长诗多方面、多层次地描写中国士兵的不幸，最后归结到“结算，我们要结算！/我们是股东，/我们是主人”，提出对“那些政治上的市侩和奸商”算总账。长诗内容层层深入，有力地把矛头指向反动派。

为了突出这一主题，长诗采用了对比和强调的手法，加深人们对事物本质的认识。

（一）报国有心和报国无门的对比。这个士兵是有民族感的农民，他愿意当兵，但对“抓壮丁”不满，怒斥“拉拉扯扯干哪样”；他对家人的号啕大哭生气，说：“国仗是要大家打……为啥子眼泪郎当！”家破人亡、挨骂挨打的遭遇也没有消磨他“打国仗”的雄心壮志。但是他报国无门：“战场的路，于你这样远”，到死也“没有摸索到火线的边沿”。如果说，为祖国而战的士兵沙场流血，马革裹尸，青山埋骨，这是悲壮，会激励后人，那么，战士因被剥削、压迫和惨无人道的凌辱而死在战场之外，这就具有极大的悲剧性，更能点燃人们心头愤怒的火焰。

（二）被虐杀的战士和“发国难财”“发国难权”的人相对比。长诗写士兵类乎“两脚兽”，甚至吃的还“人不如猪”；他们被毒打以至被活埋。而“在你们累累的白骨上，他们建起了高高的纪念碑，华丽的洋房！”长诗的这些对比描写，悲惨处令人心痛，凶残处令人发指。

此外，长诗的构思比较成熟，锤炼认真，语言简约。如“抓壮丁”时的“绑”“抓”“拖”的动作，准确而传神；又如一些鲜明的对比：“打国仗的人，家里没有人管”，“死亡的影子晃在眼前，战场的烽火却远在天边！”“你志在前线，却死在后方”。这给读者留下深刻的印象，产生了很好的艺术效果。长诗中的一些描写，如“蚊子，跳蚤/因为你身上没有血/只得使劲叮你的骨头”，“背上的鞭痕，/连起来/长过你们走来的路”等，虽极为夸张，却使人感到很真实。

杨明说，不应把《死在战场以外的中国兵》当做“诗”来看待，应把它当做“生存斗争的武器”。和讲究“永恒的价值”“清高”的所谓诗人相比，他反感于“诗人”这一称呼。他在论屈原的文章中说过：“人生的苦闷，羊一样驯服的生活里没有。人生的苦闷，狗一样贪婪的生活里没有。人生的苦闷，蛆一样污秽的生活里没有。人生的苦闷，只有存在于伟大的斗争生活之中。苦闷的蒸发，就是艺术，就是诗，也就是屈原的《离骚》。”他把诗和伟大的斗争联系起来，认识是深刻的。长诗融进了政论的因素，有雄辩的说服力。作者摒弃了诗的“温柔敦厚”，诗句或剑拔弩张，或冷嘲热讽，又颇接近杂文的表现手法，在思想和艺术上都有较高的成就。从思想的深邃和尖锐，视野的广阔这一角度来看，在云南现代文学史上，它和光未然的《雷》颇有相接近的地方。

有人认为，长诗对国民党政府发动内战的阴谋没有揭露，这自然是事实。不过，我们应注意到它写在抗日战争结束之前。再说，从长诗的主题考虑，也不一定要和内战问题联系起来，虽然他对反动派发动内战是反对的。杨明在《八年啦》一诗中曾明确地说：“警告你们快快放下枪杆，/不能再打内战”了；还斥责反动派：“联敌伪进攻人民，你们的心上生了疔。”

邱晓崧（1913—2002），云南建水人。1928 年加入中国共产党，1938 年 3 月从昆明到延安，入抗日军政大学第四期。从 20 世纪 30 年代开始，他和新诗结下了不解之缘；其文学活动，可分为编辑、出版和创作两个方面。

1937 年底，根据中共云南省工委领导人的通知，邱晓崧负责为省工委的公开刊物《南方月刊》筹款。刊物以他的名义办理登记手续，他还任发行人。但当时他在蒙自，只负责筹款、写稿，其他工作均没有参加。40 年代，邱晓崧与党组织失去联系。在那艰难的岁月里，他积极投入刊物的编辑、出版工作。1943 年 5 月，他以《枫叶文艺》月刊（后改为《枫林文艺》丛刊）发行人的身份申请备案并任该丛刊的主编（和魏荒弩共同负责）。丛刊出版了六期后，他往重庆筹组“诗文学社”，出版了《诗文学》两期和“诗文学丛书”五册。在《枫林文艺》和“诗文学社”的活动中，邱晓崧筚路蓝缕，全心全力，几乎是独力支撑。他“一心扑在刊物出版事业上。既出钱、又出力，而同时也迎来了他自己诗歌创作的高潮”（魏荒弩:《枫红似火》）。

邱晓崧写诗，态度比较严谨。加上为生活奔波等原因，所以作品不很多。1944 年，在“诗文学丛书”广告中，列有他的诗集《雪之家》，因抗战胜利，单位、人员大量复员分散，丛书未能继续出版。一直到 1993 年 5 月，《雪之家》才印出，共收入新诗 29 题，写于抗战时期的有 11 题。这 11 题经过增删，从题目到内容，和原刊稿不完全相同。

他的诗，爱憎感情相当强烈，有较强的时代感，奏出了爱国主义的旋律，善于把“小我”和“大我”结合起来。《苦杯》写离愁别恨之缠绵悱恻，但“我”却立誓：“举起投枪，/戳穿鬼子的胸膛，/踏着殷红的血迹，/回到你温暖的怀抱来。”《在爱与死的废墟上》写一个经过“八个月的囚徒生活”的女战士，在临刑前给异国的情人（也是战士）写信，说：“你的快乐全被我带走了，/留给你的只是一把长剑和寂寞。”她期望两个抗争的民族，“一齐迸射出那高强度的复仇的烈火吧！/最后，将敌人海葬到太平洋里去”。他的《出征记》也有这样的特点。总之，笔触所描述的爱情、亲情，无一不和民族的存亡、人民的欢乐与哀戚紧密地结合在一起。他的诗，以感情真挚、语言朴实、不尚雕琢为其特色。

《出征记》为诗剧，这使我们想起梅绍农的《平行线的悲哀》和柯仲平的《风火山》。这三部诗剧产生的时代不同，各有其特殊的意义。但后出的《出征记》，比之《平行线的悲哀》，眼界显得较宽阔；比之《风火山》，它所反映的生活较为实在。当然，《出征记》也有弱点：诗句不够精练，如“心中一点希和望”就是败笔；小儿子送别时唱给父亲的歌，内容有“大人化”的倾向，不完全符合小儿子的特点。

邱晓崧的诗，激荡着时代的风云，表露出作者忧国忧民的滚烫情怀。因此，一直到现在还活在人们的记忆中。如《苦杯》《弃婴》《什么是“生活”》就分别被选入《中国抗日战争大后方文学书系》《中国四十年代诗选》和《遗忘的脚印》等书。

## 第五节 罗铁鹰、包白痕的诗歌

罗铁鹰（1917—1985），原名罗树藩，云南洱源人，白族。在上海大同大学和云南大学读书时即开始创作活动。先后用过的笔名有骆驼英、莱士、周比德等。他曾任“文协”昆明分会的常务理事兼编辑室主任。1938—1939年间，与徐嘉瑞等合编诗刊《战歌》；以后，还主编过《金碧旬刊》等。他著有诗集四册①、诗论一册，但现在已很难看到。据说，他的“一箱遗著遗稿，则为他住在外县的侄辈严密保藏，秘不示人，倚为奇货。省志办想借罗著复印存档，并编入省志，为此曾与之办过多次交涉，均未获一阅。”（魏荒弩：《罗铁鹰同志五年祭》）这当然是很令人遗憾的事。罗在去世前，曾把抗战爆发后至新中国成立之前诸诗人在云南报刊上发表的诗歌加以编选，名为《天南诗星》，可惜未能出版。

罗铁鹰所编的《战歌》，本书第一章第三节已有评介。他的另五种著作，也从省内外的图书馆和档案馆中一一找到。其中《原形毕露》是讽刺诗集，署骆驼英著，为抗战胜利后之作。现就所见，对他的另外四种著作加以述评。

（一）《原野之歌》。为“战歌丛书”之二，由茅盾题签，救亡诗歌社1939年2月10日出版。诗集除《序诗》和《后记》外，分为四辑：《原野之歌》（十一首）、《黄帝的子孙》（三首）、《战士礼赞》（六首）和《卢沟桥》（二首）。穆木天为诗集写了题为《写在〈原野之歌〉的前边》的序言。他说：“这些诗歌，是资本主义没落期的次殖民地的产物。成为铁鹰的这些诗歌的一个显著的特征的，就是他的诗歌中的工业的要素。”“他……咒骂着次殖民地的腐烂社会，咒骂工厂，咒骂都市罪恶。”而对乡村，对“没落了的农业社会”，则有“感到怀恋”的一面，这反映出“他在人生观世界观上不大健全”。但他的诗“有电火，有血印，有风暴，有



① 据《火之歌》后所附之书目，罗铁鹰还有《解放交响曲》（诗集）、《战争的影像》（译诗集）和《一个骡马主任》（通俗诗集），当时“或已出”、或在“印刷中”、或在“编辑中”。这三种书均未见，可能是未发现，也可能是没有出版。

新生”，从当中“看见一个伟大的雏型”。由此可见穆木天对作者充满了期待。

罗铁鹰在《给诗人》一诗中说：诗人不应把自己困“在这小小的孤屋里”，赞美云彩或为之而感到忧悒；不应紧锁自己的大门，无视“手执屠刀的魔鬼”和“呻吟的众生”以及二者之间血淋淋的搏斗；诗人应该扯掉“那蒙住眼睛的幕纱！/将它扯得粉碎！/看，到处已跳跃着/真理的火星！/去吧，/执一束火炬，/在黑暗之原野中呐喊，狂奔！”——这种入世的战斗的强烈愿望和激情，反映了时代的精神，反映出作者对现实的执著和灼热的情怀！这也就是《原野之歌》鲜明的特点和优点！

（二）《火之歌》。为“战歌丛书”第七种，救亡诗歌社1943年5月30日出版。诗集除《自序》《后记》外，共分四辑：第一辑含《菜油灯》等五题；第二辑含《你　火种的盗取者》等五题；第三辑含《北方》等六题；第四辑含《他埋下一粒种子》等五题。《自序》中说：《火之歌》虽然生活不够充实，但情绪比较强烈，“诗中的‘我’……是与时代统一起来的‘我’；同时主观与客观也是统一起来的”。诗集中不乏较优秀之作，如《他埋下一粒种子》写对侵略者的深仇大恨：把被敌机炸死的独子亲手埋在乱葬岗上，然后“长啸一声/举起粗大的拳头/对着青天宣誓”。《北方》用北方暗喻共产党领导的边区。诗中写道：“很快了呀/我要投向你的怀抱里/我憧憬的北方。”《菜油灯》为作者的代表作，这灯代表着“中国可爱的农民/我有着炽热的心灯/如你用黄色的菜油/我用自己的血液/燃烧着我的心”。这首诗层次明晰，构思、结构都比较完整，思想内容较深厚。

（三）《海滨夜歌》。罗铁鹰的第三本诗集，为“警钟丛书”之二。由彭桂萼编辑，缅宁警钟书店1944年10月出版。所谓“海滨”，是指滇池之滨。由于日机的狂轰滥炸，昆华女中曾疏散到呈贡县的海晏镇，校址在镇北之石龙寺。寺前的滇池，学生们称之为“小太平洋”。1941年罗铁鹰在该校任教，《海滨夜歌》就是他为“那逝去的海滨的生活”所留下的“生活的烙印”。诗集分五辑，即《海涛集》（写海晏镇的风光，五题）、《家书集》《稼穑集》（写农民劳动的悲苦和欢悦，五题）、《锻冶集》（四题，写昆华女中学生的活动，如《神像》写她们的无神论表现，颇有新时代的气象）和《号角集》（赞美“叛逆的灵魂”等，四题）。在这五辑中，《家书集》的感情比较浓郁、强烈。这一辑含《给母亲》《寄鸽儿》和《情书》。第一题中写道：“为了你/为了千万人的母亲”，我将把一切“交给祖国解放的战斗了/……/我将踏进/陌生的劫后的村庄/慰问别人的母亲/如我每次从远方归来/慰问着你呀。”这表现了作者的思想认识所达到的高度。

（四）《诗论集》。为“警钟丛书”之三，警钟书店1944年11月出版。该书分16个专题，论述了作为反映社会生活的特殊意识形态的诗歌，与生活、思想的关系；论述了诗的内容和形式以及诗歌的种类和体裁等。最后一个专题为《新写实主义的诗歌（结论）》。全书以新写实主义即社会主义现实主义的理论为纲来论述诗歌诸问题。作者反对“现代派”的某些诗歌，认为那种用眼睛看不懂的诗，并“不是诗！那只是一种狂人的呓语！”他根据当时社会的现实，强调“黑暗的暴露”，说中国有“产生讽刺的社会基础……我们要打开‘讽刺的窗’”。作者还针对“与抗战无关论”说：“中国的每一个角落里的人的生活都与抗建有关……只有在‘一切服从抗日’这一个最高的原则（条件）下才能得到最后的胜利。”

罗铁鹰曾说，从1938年10月起，他就“加紧学习马克思主义和马克思主义文艺理论”。在《回首话〈战歌〉》中，他说：“我能在1939年至1941年间写出系统的诗歌论文集《诗论集》，在很大程度上就是1939年间进行过非常认真的钻研的成果。”该书初稿于1941年写成，搁置了一段时间，到1944年5月才整理完毕。作者的主观意图，“在于说明诗歌的阅读与写作的基本原理。至于指示具体的方法，则非本书主要的任务”（《自序》）。虽然在理论阐述的同时，作者举了若干诗歌作例子，说明应该怎样写和不应该怎样写，但重点是谈基本原理。论述是正确的，只是给人以不够具体和一般化的感觉。

穆木天认为，罗铁鹰的诗包含着“一个粗野倔强的青年追求者的热情”（《写在（原野之歌）的前边》）。罗铁鹰也说：“我生着一颗硬朗的心，苦难与不幸颠踬不了我的灵魂。……我感到一种新的痛苦。这种痛苦遂使我更强烈地渴望着暴风雨的日子。”（《生命的烙印》）在抗战时期，他是云南诗歌园地中不懈的耕耘者之一。以后，“在国民党豢养的黑眼镜和无声手枪的跟踪追捕下”，罗铁鹰逃离昆明；解放后，又“被卷进不能自拔的漩涡中”，但他始终没有忘情于诗歌事业。

包白痕（1917—?），浙江人，原名包崇章，曾使用过子呆、苦丁、辛茹、包谷、白谷等笔名。1936—1938年，他在南京中央军校十三期工兵科学习。毕业后，在武汉前线“工兵指挥部”当见习官，后经湖南、贵州，于1939年5月到达昆明，在滇缅公路运输大队和交通部第四区局运输处工作。

他曾任“文协”昆明分会的监事。1944年，和常任侠、葛白晚、魏荒弩等组成“百合诗社”，出版“百合文艺丛书”。在抗战时期，他曾以《海滨故乡》为题，写了系列散文10篇。此外，还有《生日吟》《第三个秋天》《白沙的一幕》《跌倒的马》等。但他主要是写诗。在抗战期间，出版了诗集《无花果》；抗战以后，则有《布谷鸟》（1946）、《惨痛的世纪》（1948）、《火山的爆炸》（1949）；1992年还印行了长篇叙事诗《抱砖之歌》。

《无花果》属“百合文艺丛书”，百合出版社1944年9月初版，含《煤的告白》《无花果》等20题。这两首诗和《无声的琴弦》《寄北方》等颇获好评。

包白痕的诗，朴实、平淡而又带有哲理性。如《无声的琴弦》所写的爱情犹如橄榄，平淡而有回味：“望着星光闪闪的天空/望着湖畔簇簇的灯火/不说一句话也不唱一支歌/悄悄地谛听着土地的呼吸；//心的琴弦是无声的/无声的琴弦却是最响的/知音的人自会听见/它向你倾诉些什么消息。”诗中“既没有死呀活呀的热情，也没有花呀月呀的佳句”（鲁迅：《两地书·序言》），但它却感人至深。难怪评论者指出：在诗里，“作者显示了异样的平静，然而在平静中充满了爱的喜悦，爱的闪光”（魏荒弩）。《煤的告白》一诗说：“我的混身是焦黑的/我的表面是冰凉的/但我的内心正蕴藏着/高度的熊熊烈焰；//用得着我的就拿去吧/我是不会吝惜自己的力量的/能为人类的希望发一分光一分热/我愿意焚化掉整个的肢体。”这告白里面，自然包含着作者的人生态度。他当时未收集的《春天》，也是一首含意深刻、形象新颖的好诗。

包白痕对现实十分投入，如《花红》哀悼美的毁灭，愤怒地鞭挞“贪婪无厌”者；《兵车行》颂扬走上征途的战士，其火热的时代气息扑人眉宇。但他的诗，也有某些不足之处，有些写得过于直露，缺乏深度，如《工厂里》和《我们要活》等。

## 第六节　雷溅波的诗歌

雷溅波（1909—1999），又名雷同、雷必兴。祖籍云南思茅，长于昆明。1930 年 2 月到上海，把中共云南地下省委的文件交给中共中央；1935 年从沪赴日本求学，1937 年底回国，1938 年从杭州回到云南。

从 1938 年起，他和徐嘉瑞、罗铁鹰等合编《战歌》诗刊。1939 年，编辑云南留日同学归国战地服务团出版的《歼倭》半月刊。抗战胜利后，任《新云南周刊》社副社长。

雷溅波是到达上海以后才开始创作活动的。1930 年 5 月，他在《萌芽月刊》上发表新诗《军事会议》和《退出以后》。同年，经艾芜介绍，加入中国左翼作家联盟。他先后用过的笔名有赞庭、碧星、李明、田雨、三弟。他在 1937 年以前结集的诗作有：《夜哨》《前哨》《熔合》（据《文学新辑》第一辑和《文学丛报》第五期的介绍）。另有长诗《新流之歌》，已排出清样而被焚，未能面世。抗日战争发生后，有诗集《群众的队伍》《黎明之歌》《冬天的乡巴老》（据《前进！中国兵》书后的介绍），但现在均未发现。现存者有《战火》和《前进！中国兵》两书。

《战火》由救亡诗歌社于 1938 年出版，连《诗序》共收诗歌 32 首。其中《异国拖木头的劳动朋友》《写在百灵庙前》等 11 首写于抗战爆发之前；大多数则写于卢沟桥事变至 1938 年 11 月之间。这些作品为了和平而歌颂正义的战争，歌颂枪杆子和执枪卫国的战士。《诗序》写道：“无边的战火烧着，/战士们唱着战歌。/去！/拿起锐利的武器，/去解放伟大的中国。”“等战争一天罢手，/大陆上熄了烽火，/呵！/我又吹灭我心头战争的火苗，/为人类唱甜蜜的恋歌。”穆木天为诗集写了题为《青春的气息》的序言，说“在溅波身上，牧歌的要素和战歌的要素，浪漫主义的要素和现实主义的要素，大地的要素和人的要素”已坚固地浑融为一体了。

《前进！中国兵》由昆明华南书店于1945年2月25日发行。诗集共收诗22首，分为三篇：喇叭篇，含《前进，中国兵》《怒江》等八首；彼岸篇，含《彼岸》《向春天开放》等五首；乡村篇，含《秋天的乡村》《窃贼》等九首。这些诗的共同主题是歌颂为祖国的独立和自由而战斗的士兵，向往彼岸的光明，赞美乡亲以及乡土风光。

这两本分别写于抗战初期和后期的诗集各具特色，而且从中可以看出雷溅波诗歌的发展变化。

穆木天在《青春的气息》中指出：抗战以前，雷溅波以一个浪漫主义者的姿态出现，他的热情被“周围的那一种阴澹的氛围气”笼罩着，而抗日战争的烽火，使他“在意识上，在感情上，起了一个大的突变”。虽然他1937年以后写的诗，也还有幼稚、欠成熟之处，但他总的倾向，是执著于现实主义，热情歌颂全民抗战怒潮中的光明面。诗句像“铁流一样地有力，小孩子一样地活泼，瀑布一样地奔放，火山一样地有爆发性”。

《战火》中写于卢沟桥事变以后的诗篇，表现出作者密切结合斗争任务，重视作家的社会职责，执笔的目的十分明确。他把这场民族存亡的生死搏斗，概括为“你要我的命/我要你的头！”（《最后关头》）当中没有任何妥协调和的余地。《守住我们的岗位》写道：“圆月，/映在血中，/创伤的尸体，/倒在炮口，/我们要把守住我们的岗位。”这就把“视死如归”“与阵地同在”的誓言化为活生生的图像了。

当然，《战火》中的某些诗篇，如《九一八》等，写得较一般化，缺乏浓郁的诗情。但这是抗战初期诗歌的通病，有其普遍性。

随着兵燹的加剧、战争的长时期延续，抗战的形势越来越严峻，加上蒋介石政权的消极抗战、积极反共，社会上的诸多矛盾尖锐地表现出来。这时，雷溅波对现实的认识深化了。他发现：“我们的村里迂回着污浊的河流/我们的城市浮晃着虚伪的虹光/我们的脸上全是假意的微笑。”面对这些阴暗面，有人冷漠地说：“管它！”有人麻木地说：“怕吗呢！”而诗人则向往那“有清洁的河流，自由的飞鸟，友善的人类”的“彼岸”。为了离此而往彼，“人们不顾隔离着无尽的凶恶的海波，和海上狂作的大雨，他们一只一只的，一群一群的到彼岸去的小舟，仍然奋斗于艰苦辽远的行程”。

《前进！中国兵》“彼岸篇”的五首诗，着力歌颂彼岸的光明、幸福，《迎接》《向春天开放》对新天地表现出一片欢欣鼓舞之情。这和抗战初期歌颂身边的光明面有不同的内涵，是不少进步知识分子的共同感受。光未然、李广田、吕剑、罗铁鹰等都涉及这方面，形成了云南现代文学的主题之一。

另外，在语言上，《战火》比较一般化，缺乏鲜明的特色。《流亡曲》中的“疲倦的车辆擒住了杭江的铁轨”，《火车头歌》的“我擒住了两条钢轨”，《睡狮》的“巨爪擒住，顽强的大地”——这里三次使用“擒”字，留下了受徐志摩的《火车噙住轨》影响的鲜明痕迹。但是，《前进！中国兵》就不同了，如《窃贼》这样写押送：“一群盲目的小孩像一条尾巴/摇摇摆摆地拖在他的身后。”书里广泛地使用乡土语言：“白白拉拉”“一窝孽畜”“黑更夜晚”等都生动、鲜活。显然，《前进！中国兵》在思想上、艺术上都比《战火》更为成熟。

## 第七节　光未然在云南

光未然（1913—2002），湖北省人，原名张文光，后改为张光年。所用笔名有华山、华夫、天明、李怀等。1937 年“八一三”沪战爆发，他从上海到达武汉。1938 年 8—9 月间，去晋西吕梁游击区从事演剧等宣传活动。1939 年 1 月，因病在延安就医，2 月，写《黄河大合唱》组诗；9 月，去重庆。1941 年皖南事变发生，光未然由组织派往仰光，任《新知周刊》主编。后因日军侵入缅甸，他于 1942 年夏天，步行二十余日到达昆明，往路南云南大学附中任教。1944 年，供职于北门出版社。1945 年，兼任昆明民盟的《民主增刊》的编辑。

1944 年 9 月，光未然被选为中华全国文艺界抗敌协会昆明分会的理事。在云南期间，他除从事文艺、民主运动外，还撰写杂文、文艺评论和改编戏剧（如独幕剧《唐·吉诃德》），但以创作诗歌为主。作品有《绿色的伊拉瓦底》《民主在欧洲旅行》《市侩颂》《给新中国》《我嘲笑》

（这五首诗，收入1960年出版的《五月花》一书）、《为胜利团结与民主而歌》和1944—1945年间由北门出版社出版的诗集《雷》（收入《午夜雷声》《野性的呐喊》《颂歌》《镇魂曲》《月夜竞赛曲》），以及翻译、整理的彝族长诗《阿细的先鸡》[①]。

在延安时所写的《黄河大合唱》组诗（歌词），是光未然的代表作。它波澜壮阔，善于向纵深处发掘题材的丰富内涵，写出了黄河魂、民族魂，包含着深厚的历史积淀。在云南期间，他的诗歌继续保持这一特色。如《绿色的伊拉瓦底》，从缅甸的过去写到现在，写它的自由、富足，以及沦为殖民地后人民所受的折磨和不屈的反抗，作者预言："在到处埋藏着火花的/激动的缅甸，/雷火交响的日子，/已经不远了！"它写的乃是伊拉瓦底江（伊洛瓦底江）之魂，缅甸人之魂，是用诗的体裁所撰写的缅甸历史。《午夜雷声》突出人民革命力量如怒雷滚过浓黑的夜空，作者欢呼："啊哈　来吧/你天外滚来的/午夜的雷声/尽管挟着耀目的闪电与/呼啸的风和倾泻的雨/尽管摇坍我的房屋/震破我的耳膜吧/我仍然张开我的怀抱欢迎你"，为的是和人民一同去征服"午夜的暴君"。《给新中国》把新中国剧团和人民当家作主的新中国巧妙地联系起来，说"一个剧团，/象征了/一个民族的希望！"作者含着深深的感情坦露胸怀："早就想死了你啊，/我的亲爱的！/我的新中国！"

光未然具有强烈的历史使命感。他的诗从宏观上赞颂民族，赞颂人民；是与黑暗现实、与知识分子（包括作者自己）的"病痛的灵魂"进行搏击的勇士之歌！甚至翻译、整理《阿细的先鸡》，他也是为了把彝族人民的声音，"广播到全世界"，说这"一种庄严的责任感压上我的心，使我痛苦"。

其次，他的诗风，特别是在政治讽刺诗里，以尖锐泼辣见长；诗的语言则以明快、刚劲为特色。如《我嘲笑》中的唐·吉诃德和阿Q，写的就是蒋介石。阿Q被王胡打，他认为是儿子打老子，"触犯了领袖的尊严"；当被"哭丧棒"打时，就说"和平没有绝望，决不放弃和平；牺牲未到最



① "先鸡"为音译，译诗出版时，名为《阿细的先鸡》。20世纪60年代以后，一般则署《阿细的先基》。

后关头，决不轻言牺牲”——这是1937年7月17日，蒋介石在庐山发表的关于抗战的谈话中的句子。正因为这讽刺诗锋芒毕露，光未然就“闯了祸……狼狈地逃出昆明”（《五月花·后记》），经越南前往北平以逃避国民党特务的追捕。《市侩颂》一诗，则淋漓尽致地揭露市侩主义在一部分高层知识分子中的种种表现。诗人把他们的言论和想法加以精选、组织、集中、突出并予以铺陈，虽没有正面批判，但读者凭自己的常识，就可以感到市侩的错误和虚伪，起到了揭露和鞭挞的作用。这种表现手法，类乎鲁迅在《华盖集·牺牲谟》中写“贫民之友”，《彷徨·弟兄》中写张沛君，产生了“无一贬词，而情伪毕露”的战斗效果，具有勾魂摄魄的作用，使讽刺对象被牢牢钉住，无所遁形。这些诗歌的语言，一般都既优美又顺口、明白、自然。如“为什么在白昼/播散恐怖的黑影/使太阳也感到/刺骨的寒冷”（《野性的呐喊·控诉》）等。光未然写诗，“多半是为了朗诵”，因而很重视用字、炼句的功夫。他说：自己“碰到听起来不清楚、不响亮的词汇，虽美弗收；而听起来比较有效果的字眼，虽粗弗改”（《五月花·后记》）。这就是他的诗歌在朗诵时，能强烈地吸引听众的原因之一。

最后，光未然在诗中表现出严格的自我批判精神。他说，《雷》“是我离群索居之日心灵一度迷失的产物”，当中的“狂妄的感情，偏激的诗章，空洞抽象的字句，自高自大的丑态与装腔作势的语言：那是要使人作三日呕的！总之，我决心销毁这部纸型！”（《雷·再跋》）这可能是指下列的诗句：“随我来吧/我将带着你……/一同去/征服他/午夜的暴君。”（《午夜雷声》）“诗人光未然……/他的诗/永远是午夜的雷霆/挟着呼啸的风和倾泻的雨/以着火的声音呼唤你。”（《月夜竞赛曲》）这当中确乎有自高自大的成分。可见他针对这些缺点所作的自我批判是实事求是的、诚恳的。但是，在国统区黑夜深沉的时刻，《雷》为结束黑夜、迎接黎明而抒情、呐喊，自有其社会意义。在抗战后期，社会上不如意之事甚众，人们由于对现实的不满而感到苦闷、痛苦。针对这种情况，他写了《镇魂曲》。这是对灵魂病痛的诊治，呼唤“丧魂者”魂兮归来：欢迎高空的浪子，“快勒转你热情的骏马”，“踏着雨后的虹桥走下来”。这既是自励，也是励人。光未然说：《镇魂曲》等，“一方面使作者本身因了感情的发泄而获得解脱，一方面也可以使千千万万挣扎在同样的病痛中的读者，藉此获得移情和解脱的机会……愿我的镇魂的咒语，能帮助那些病痛的灵魂得到安定”。至于《午夜雷声》，诗人面对黑暗深沉的“午夜”而怀念、向往“北方”，有强烈的政治针对性，那震响云天的怒雷乃是呼唤投入战斗的号角。

光未然的诗歌，洋溢着一股狂飙突进的精神。这明显地受到郭沫若的影响。《野性的呐喊·烦燥》写道：“我咬紧牙关/把疯狂的火蛇/残忍的火蛇/野性的火蛇/又向自己/火热的心房/吞下去。”这和郭诗《天狗》有相通之处。而《野性的呐喊·细菌》的表现形式，无疑是受《凤凰涅槃》的启发。《午夜雷声》则回荡着郭沫若的《屈原·雷电颂》以及高尔基的《海燕之歌》的黄钟大吕的强音。

郭沫若《女神》中的“我”，是五四运动前后汹涌激流召唤出来的时代之子，不完全等同于郭沫若本人。光未然笔下的“我”，一般情况下也不仅仅是诗人自己。但是，郭沫若的“我”，从始至终是泛指，而光未然笔下的“我”，有时则直白地写成“光未然我自己”等，这就有“坐实”的意义了。而且光未然这些诗的写作时间，在《女神》之后约 20 年，两人的写作时代就有明显的区别。因此，在郭诗中，那种狂飙精神表现在人挣脱身上的枷锁而开始觉醒；而在光未然的诗中，那种狂飙精神就渗入了其他杂质。对此，作者自己也表示不满意。1960 年出版诗选集《五月花》时，他信守了《雷·再跋》的承诺，《雷》所收之诗，他一首也没有选进去。

《阿细的先鸡》则是光未然根据翻译故事的基本情节，结合自己所收集的材料和对彝族生活的认识而整理出来的一部长诗。他采用的是“直译，改写，润饰，修改，伸展，补缀，删节这七种方法”，经过两年多的时间，才完成这一任务。光未然是把云南少数民族的史诗翻译成汉文并出版的第一个人，他的这一工作具有开拓性的意义。



## 第八节　穆木天在云南

穆木天（1900—1971），原名穆敬熙，吉林人。创造社成员，1931 年加入中国左翼作家联盟。抗战爆发后，任中华全国文艺界抗敌协会理事。1938年夏到达昆明，1939年1月，被推选为“文协”昆明分会的常务理事。穆积极投入“文协”分会的工作，对云南抗战文学的现状和发展，进行了宏观的、执著的、认真的思考，提出了不少真知灼见。

穆木天在云南抗战文艺的理论研究上作出了贡献。

首先，他向云南文艺工作者提出，应把反映云南的社会实际作为自己的重要职责。1938年8月，他在《南方》第一卷第十期上，发表《认识云南　表现云南》一文，一方面强调要把握全国“大的动向”，同时要“把握住地方的种种的现实”，并把这二者结合起来。穆木天指出，文艺是反映现实的，而云南在经济上、风土上、文化上都有特殊性，还有众多的民族；在抗战的时代潮流的冲击下，新旧交替，形成了它的丰富和复杂。因此，抗战的云南，是文学赖以生长的沃土，它为文学提供了取之不尽的素材。他从题材和主题的多样性来立论，认为作者应该深入云南的实际，把认识云南、表现云南作为中心课题，而不应舍近求远，空想地去写“八千里外的云和月”。

其次，他特别重视文艺的大众化、通俗化。他强调，“地方文化工作，是十字街头的工作，是下乡入伍的工作，而不是书斋的工作，研究室的工作。”他从文艺能动地反映现实这一命题出发，旗帜鲜明地反对形式主义、艺术至上主义、唯美主义（写《旅心》诗集时，他就倾向于唯美主义等）；同时，又强调文艺的功利目的，指出必须警惕“帝国主义的末流的艺术倾向，会同封建社会的复古主义倾向”相互结合的可能性。这些认识是当时全国共同的文艺主潮，但穆木天却有自己的特点和贡献：第一，他的认识是坚定的，同时具有身体力行的韧性。他在云南的时间只有一年半左右，但围绕文艺的大众化、通俗化这一论题，他先后写出了《文艺大众化与通俗文艺》《保卫华南与云南抗战文化的大众化》《对于目前云南地方文艺工作的检讨》《一年来的新云南文艺工作》《展开地方文艺运动！动员地方文艺壮丁！》等约20篇文章。他在诗歌创作里也贯串着这一宗旨。第二，在思想方法、斗争策略上，他既坚持正确的观点，又认为即使是“倾向的错误与弱点”，也“不能以一种讥笑或讽刺的态度对待”。这点在当时颇有针对性。周恩来在抗战时期曾对夏衍说过：“对在政治上、文艺思想上意见不同的人，对他们也要和和气气，切忌剑拔弩张，这方面我们犯过错误吃过亏，千万不要再犯。”① 穆木天在行动中体现了这一认识。例如在1939年4月，昆明曾展开“抗战会使文艺低劣下去吗?”的论争。这和对梁实秋《编者的话》的批判有关，但并不直接针对梁实秋，而是针对昆明文艺界的不同认识。这一论争的气氛比较紧张，出现了对立的情绪。穆木天在《两年来的抗战文艺运动》一文里指出：“文艺工作落后是事实，我们并不否认；不过，那不是说抗战使文艺落后，而是文艺的进展，没有能力地追随上抗战。”可以认为，这是对昆明那场论争发表的意见。文章是说理的，不是剑拔弩张的，论述的角度也有新颖之处。

穆木天在云南期间，很重视文学队伍的组织和对青年一代的鼓励、辅导。1939年暑假，他在“文协”昆明分会所举办的暑期讲习班上，讲授了“诗歌”这一专题。在《对于目前云南地方文艺工作的检讨》一文里，他强调对青年文艺工作者的训练，建议有计划地展开通讯报告运动和通俗文艺运动。1938年，作为“文协”分会所开展的“九月文艺竞赛”的负责人，他以极大的热情完成了任务，并写了详细的总结——《在荒莽的原野里最初的春雷响了》，指出参赛者的成就和不足，给文学青年以耐心的辅导和鼓励。例如，他对获奖小说《赵教官》的作者寄予厚望，建议他立雄心，向大作家的高度攀登，而“为了达到自己的伟大的神圣的目的，他更须谦逊地去学习”。由此可见他对青年文艺工作者是极为诚恳和热情的。

穆木天还为雷溅波、罗铁鹰、彭桂萼的诗集写了序文和序诗。《赠澜沧江畔的歌者》是为彭桂萼的《澜沧江畔的歌声》写的序诗，对该诗集加以肯定，并对作者提出期望。《青春的气息》是为雷溅波的《战火》写的序。它指出：《战火》比之《夜哨》有明显的发展，雷已从流浪人的浪漫主义发展到对现实有了进一步的把握；诗集具有青春的气息，是“牧歌情调和战歌情调的交织”。穆木天把《战火》放在新诗发展历程的背景上来评价，指出：从“八一三”以来，新生的中国对诗歌提出新的要求。虽然不能说《战火》完全体现了这种要求，但它确乎有“这一种健全的萌芽”；虽然雷溅波的抒情诗“没奏出震动大地的雄壮的强烈的交响曲”，但



① 见《南方局党史资料·文化工作·综述》，第33页。

它已是“伟大的现实的响亮的回声了”。《写在〈原野之歌〉的前边》则是为罗铁鹰的诗集所写的序文。它指出，诗集作者的“心上，有血印；他的心中，有风暴；他的眼中，迸着反抗的火花”；他的诗，“那是旧时代的葬歌，那也是新时代的前奏曲”。穆木天说，《原野之歌》充满着矛盾：“艺术至上主义，形式主义和现实主义的不调和，挽歌的情绪，官能的要求和战斗的情绪，革命的要求的不调和，洋泾滨的气氛和‘大地之子’的素质的不调和”，而从铁鹰的生活经历来看，有这些不调和是真实的。但是，穆木天强调指出，在该诗集中，“新的要素日渐地在生长着”，作者有可能把自己“伟大的前途开拓起来”。这里有热情的鼓励、认真的分析和殷切的期待。穆木天为上述诗集写序，表现了他对云南抗战诗歌的关怀，文章也显得朴实而厚重。

穆木天在云南所写的诗歌，除前面已谈及者外，还有《“八一三”一周年》《初踏进了牧歌的天地》《七年的流亡》《武汉！中国的玛德里!》《昆明！美丽的山城!》《南国的花火一般地红》《义务教育》《悼高尔基》《秋风里的悲愤》等。

《七年的流亡》一诗，写的是“九一八”以来的流亡生活。诗中说，“七年的流亡，/使我从流亡者的悲哀，/转成了一个盗火者的欢喜”，因为祖国到处怒放着民族解放斗争的火花。抗战初期，穆木天在武汉。和全国高昂的抗战激情相呼应，他的诗是“烽火式的，呐喊式的”，强烈地表现心中炽热的情怀。1940 年 1 月，穆木天一家离开了昆明，以后就辗转在桂林、坪石等地。这时，抗战已进入更艰苦的阶段，国民党政府贪污腐化，政治黑暗，民生凋敝。因此，穆诗就袒露出苦闷、阴郁、惆怅的一面。在云南时期则不同：一方面，抗战形势和人们的热情在继续高涨，但和抗战初期人心躁动、心情极为狂热的情况已有所不同；另一方面，穆木天已安下身来，工作和家庭生活都相对稳定。这样，他在云南时期的诗歌，基调就不再是热烈、昂扬；感情的表现比较平缓、细致；不再是直接的表白，而是通过对事物、风光的描绘来表现。自然，当中仍然跳动着强烈的时代脉搏，含有饱满的政治热情。他强调在云南的田野、山川、空气、湖水中弥漫着牧歌的情调，同时也看到“森林里边，瞪着愤怒的眼睛。/山谷里边，激昂着复仇的心胸。/在烟瘴中，吹震着动员的号角”（《南国的花火一般地红》)。在《昆明！美丽的山城》中，他深为美丽的风光所陶醉，欣赏“那高耸的五华，/和那苍翠的圆通，/在那神秘的翠湖的上边，/瞰视着那寂静的螺峰!”欣赏这些景物，是要有较平静的心境的。雷石榆在《再会吧，昆明!》中也写及“圆通山头，/蔓草正铺着锦茵，/翠湖堤上/杨柳正曳着绿鞭”。但他接着又说：“我走了，/这儿的春光春色，/并非为我斗艳争妍!”这当中就表现出某种悲苦的情调。穆木天写美丽的昆明，是把它作为云南的象征或代表，所以笔锋就旁及滇缅公路上“十几万的开路先锋”，“在蛮烟瘴雨的万山中，/用血汗写成了伟大的诗篇”。这是因为，昆明也好，云南也好，在他的心目中，总是把它们作为祖国的一部分来热爱：昆明“好像一个铁的堡垒”，“你傲然地屹立着，/你好像一个新中国的象征”；昆明的“一缕风，/一滴雨，/都令我想象到祖国的伟大的姿容”。1939年9月，穆木天离昆前不久，写了纪念鲁迅的《秋风里的悲愤》。诗中写道：“在过去，我曾想象过你的孤独，/而，现在，/我却是只想象你的愤怒!”这反映他当时的心境，体现出他昆明时期和桂林、坪石时期思想情绪的一种过渡。

穆木天在云南时期所写的诗歌，思想内容比较成熟，远远超出像《旅心·乞丐之歌》那一类作品。诗句朴实、流畅，感情真挚、自然，只是由于构思不够成熟（有些诗是赶任务而匆忙写成）等原因，其艺术成就，和《旅心·心响》等比较起来，就有所逊色。当时，人们为了追求诗歌的时效和战斗性，往往甘愿在艺术上做出某些牺牲。因此，穆木天诗歌出现这种情况是正常的，是可以理解的。

# 第三章　小　说

## 第一节　概　况

在抗战初期，云南的刊物上很少有小说。因为这种文体要求对生活素材有较长时间的消化过程，而当时，作家或心情处于极为亢奋的状态，或四处奔走，很难静下心来。

1937 年 11 月创刊的《文艺季刊》是比较注重小说的，但它所刊登的，如《劫》《耳朵》等，主要是承接 20 世纪 30 年代初期乡土文学的传统，并没有直接反映抗战爆发后新的现实。该刊第二期的《慧星》，虽然说明是“用抗战为背影”，写几个女性毅然到“前线上为国效劳”，但它是根据《夜雾》修改而成的，写作时间是在卢沟桥事变以前。

较早反映抗战现实的小说，1937 年 8 月有周辂的《铁蹄下》；1938 年有陈铨的《蓝蛱蝶》、白平阶的《跨过横断山脉》、马子华的《福地》和欧阳震铎的《赵教官》。

1938 年 5 月 7 日，报上登出“文艺季刊社第三期墙头小说特辑征稿”的广告。以后，又发表《墙头小说理论》等文。关于墙头小说，早在 1932 年，陆万美就在北平《世界日报》上撰文提倡，强调小说的短小精悍，更贴近群众的生活和欣赏习惯。这和提倡通讯、随笔、杂感等的用意相似。但是，在抗战初期，发表的墙头小说并不多，影响也不大。

小说创作，到 1939 年才逐渐多了起来。这一年，比较受人注意的小说有：白平阶的《金坛子》《神女》；马子华的《布鞋》《飞鹰旗》和周辂的《石碑山的火》等。但是，由于人们生活越来越艰难，加上国民党政府一系列的反动措施，特别是“皖南事变”的发生，使文学界面临一场浩劫，小说创作又复冷落了。

到了1941年、1942年之交，小说创作才开始复苏。1942年2月创刊的《文聚》杂志，和《文艺季刊》一样，比较注重小说。它刊登了林元的《王孙》《哥弟》，沈从文的《王嫂》和《长河》中的一些章节，刘北汜的《青色的雾》，田堃的《雨中》。文聚社还拟出版“文聚丛书”，但除《长河》外，其他如《楚国的亡臣》《阴湿》《大牛》《飓风》均未能面世，然而从中已可看出小说创作的蓬勃态势。

除以上所述外，比较重要的小说，还有汪曾祺的《复仇》《落魄》，刘澍德的《被遗忘的人》，雷石榆的收在《婚变》一书中的小说。发表在省外的，有卢静的《夜莺曲》，彭慧的《巧凤家妈》和孟田的《春雨濛濛中的黎明》。这些作品均有较高的质量。如孟田的《春雨濛濛中的黎明》发表时，刊物主编写了一千多字加以介绍，说它“是洋溢着血和泪的一篇作品……我对着孤灯，阅读了那字迹模糊的原稿，成晚上都无法安静，直到现在想起了，还不禁为那血腥的场面而抖索”。

已成书的小说集，有《驿运》《欢喜团》《丛莽中》《云岭牧歌》等，都是在1942年及以后陆续出版的。在陕北，云南作家刘御有《边区儿童的故事》一书，写的是相对独立而又连贯的一组故事。另外，从1945年开始，周辂的章回小说也崭露头角；抗战胜利以后，还有更大的发展。长篇小说仅有李广田的《引力》和陈铨的《狂飚》。沈从文有《长河》，不过是到云南以前写完的。

总之，在抗战时期，云南的小说创作，数量不多。这有主观方面的原因，也有客观条件的限制。以发表的园地来说，有一段时间，报纸基本上没有文艺副刊；即使有，对稿件的篇幅也是缩减又缩减，超出2000字的稿子就很难刊出了。

尽管如此，小说所反映的现实生活仍然是全面的。在八年中，小说描写的重点，首先自然是军民的抗战激情和英勇行为，如白平阶、马子华、陈铨的作品。陈铨以往的作品给人的主要印象，是和《战国策》杂志所鼓吹的超人哲学等密不可分的，但他在抗战初期，则着重为抗战而呐喊。其次是暴露社会黑暗和反动派的倒行逆施，如方龄贵的《荒村》。第三是写芸芸众生，对小市民等的愚昧、无知、虚伪、堕落进行批判。如《福地》《乡城》和雷石榆的《婚变》《求婚》。后两篇写男女之间的尔虞我诈，虚伪甚而至于无耻。作品中都写到汽车司机。《求婚》中的杨秀婵说："我连汽车夫都不愿意嫁，别说嫁给一个公务员。"那些奔走于滇缅公路上的司机中的一些人，靠走私活动或沿路搭客而发了一些财，被视为天之骄子。如《婚变》中的司机就手头阔绰，在下关、保山、腊戍等地都有临时老婆；在昆明又勾搭女青年。后来，仰光、腾冲等地沦陷，司机的发财路被截断，有些人破了产，于是就发生了婚变。这些描写，确实反映了当时云南一个方面的特点。第四是刻画人生百态，表现主人翁由生活所引发的欢愉、悲哀、痛苦、愤怒等感情。当时几乎所有的小说作者，都在这个领域中下过功夫。第五是对乡土风情的描绘。写乡土，既有理论的倡导，也有自觉的艺术实践。方龄贵着力写浩翰无边的东北平原；马子华、白平阶、周铬等，则留连于云南的莽莽丛林、高山、峡谷当中。最后就是写历史题材。欧小牧有《陶渊明过重九节》《当垆》《捉月》《投阁》；冯至有《伍子胥》。写历史小说自然是古为今用。冯至说：伍子胥在路上，"只见善者受罪，恶人横行，美的感到孤单，丑的到处蔓延，但归终还是善战胜了恶，美压倒了丑"（《诗文自选琐记》）。这不正是对现实生活的一种折光反映和对未来的希望吗？另外，写历史也包括红军长征的题材，如马子华的《朝天钉！蛮匪!》、宣伯超的《云岭牧歌》和李寒谷的《变》。后者以较多的笔墨描写长征的红军在四喜村所引起的强烈回响：癞头和尚说，"这些金叫化，名叫什么红军，专门制有钱人……真他妈的好得很！老子……少不得要跟他们去!"官绅们听说红军要来则丧魂失魄，卷集金银财宝，准备逃跑。后来又听说红军不来了，他们喜形于色，额手庆贺。这时，突然听到"快点跑"，"红军来啦"的喊声，官绅们顿时"面面相觑，呆坐着，像中了传说中的定身术"。虽然《变》在写欢迎红军的穷苦人时，存在明显的弱点，《云岭牧歌》等也仅是作出暗示或作侧面描写，但无论如何，小说涉及这一题材，反映出云南的作者勇于开拓和进取的精神！

## 第二节　李广田和他的创作

李广田（1906—1968），山东人，原名王锡爵，后过继于舅父家，改姓名为李广田。他使用的笔名有曦晨、洗岑、黎地、望之等。1941年，他从四川叙永到昆明，在西南联合大学中文系任教直至1946年联大复员。1952年，他从北京到昆明，先后任云南大学副校长、校长。两次留昆，共达21年之久。

李广田一生均在教育岗位上，只利用业余时间从事文学活动。他是我国现代散文家中的佼佼者。但在抗战时期，在云南，他的主要成就则在小说，有短篇小说集《欢喜团》《金坛子》和长篇小说《引力》。

《欢喜团》，1943年由桂林工作社出版，内含《追随者》《废墟中》《两老人》《欢喜团》《子午桥》《朝》。《两老人》和《子午桥》均从侧面写到抗战：两老人的儿子去打仗，刘家二少爷也偷偷地跑上前线，“我”则“要加入一个部队”；《子午桥》中的李炳然从小个性刚强，反复说“要制服老子是比登天还难的”，在故乡沦陷后，他在反抗斗争中“死得很好”，无愧为中华好男儿。

《废墟中》和《欢喜团》写昆明的战时生活。前者着重塑造王木匠的性格特征：敌机把六家人所住的院坝炸为废墟，疏散到外地的人陆陆续续回来后，发现院坝已被木匠收拾得“到处干干净净，齐齐整整”，连旁边的“小菜园已是充满了葱葱茏茏的绿意”。王木匠有他的缺点，但他不乏善良和不屈服的一面。《欢喜团》更多的是表现抗战中下层人士的生活。它在开头即以王科长的天伦之乐来衬托我（周先生）家的不幸：因生活穷困“常常在家里发作性子”，“对于小孩加以斥打”，因而父女感情不很融洽。在过年时，周先生对小女孩感到内疚，下决心买一个欢喜团（即米花团），给孩子以微末的欢喜。不幸，米花团打烂了。周先生紧随着米花团“发出的爆裂声，他心里也爆裂了一下：‘全世界都打烂了……’”——把这一切都和当时的世界大战联系了起来，是特定时期人们心理活动的一个特点。如果不是生活困顿，米花团打烂本来是小事，可如今，“小孩子哭个不止，做母亲的也在眼睫毛边忍着未落下的泪珠”。欢喜团惹出了不欢喜。

《金坛子》为文学丛刊第八集，文化生活出版社 1946 年 12 月初版。它除收入《欢喜团》一书的四篇外（《欢喜团》出版不久，桂林即沦陷，该书大都未发出而毁于战火），还有《金坛子》《没有名字的人们》等九篇。

《没有名字的人们》《活在谎话里的人们》反映停滞而落后社会的人生世态。小谷子的爷妈没有自己的名字，满长庚的爷妈靠自我欺骗才能活下去。他们的性格都真实、生动、可信。《冬景》写被骗婚；《吃石头的人》写老道士对人群的戏弄；《水的裁判》写石头、大山两人把是非、命运寄托于洪水的裁判因而丧了命，这是闭塞、愚昧的人世间的真实写照。《小灵魂》《木马》着重写儿童。《小灵魂》中小铃儿的寂寞，给人的心头以重压。《木马》写女孩看打贼时产生的联想，构思巧妙，发掘颇深。鲁迅在《二十四孝图》中说，郭巨埋儿的故事，使自己“怕听到我的父母愁穷，怕看见我的白发的祖母”，产生了担心被活埋的恐惧。《木马》中的小女孩的想法和郭巨埋儿的故事使“我”产生恐惧的心理相似。她从贼因穷去偷而被打，联想起爸爸因穷而无法买玩具木马，内心充满恐惧地说：“我不要木马了，我什么也不要，我可不让爸爸去偷东西，偷了人家会打你……”小说中所反映的生活辛酸已经把童趣压扁，压得扭曲起来了。

在《金坛子》一书中，有若干反抗色彩的是《没有太阳的早晨》。狗儿的爷以莫须有的偷手镯的罪名被毛老爷打死，狗儿被诬赖偷了 40 个松花蛋。狗儿的妈虽然说不出心头的愤怒，但她忍无可忍，坚决地“牵着她的小狗儿，正用了坚实的步子，突着嘴，锁着眉，在无边的旷野上走着”。在李广田的小说中，劳苦大众不再只是善良、勤劳、贫穷、愚昧，而开始出现了反抗的亮点。当然，也如作者所说的，还有局限性：“由于我自己看不见太阳，我心里的太阳还没有升起来，所以也就只能把那时候看作‘没有太阳的早晨’了。”（《散文三十篇·序》①）

《引力》于 1941 年 7 月开始写作，中间停顿了四年，到 1945 年 7 月才



① 《李广田研究专集》，云南人民出版社 1985 年版，第 140 页。

又续写，8 月 11 日，“便把全部草稿完成了”。该长篇 1946 年在刊物上连载，1948 年 6 月，由上海晨光出版公司出版。

关于小说的名字，作者在给《引力》的日文本译者的信中说过：以梦华而言，丈夫所在的自由区是一股引力；以孟坚而言，更自由的天地是一股引力。当然，孟坚办过两期《引力》杂志，在青年中产生较大的影响。这和小说的名字也有些关系吧。自由的天地所产生的引力，李广田是早就感觉到了的。在 1938 年所写的《西行草》中，作者曾以敬仰的心情记录了红军的遗迹；《欢喜团・朝》中，则写到王学高去延安。《朝》突出了“一方面是庄严的工作，另一方面却是荒淫与无耻”这一主题：同是知识分子，有人在埋头读书，沉思苦索着真理；另一些人，却在热衷于赌钱，或谈下流野话、性的经验和浪漫故事等。该小说对批判的对象，采用正面描写，属明线；对颂扬的对象，仅附带写及，属暗线。这样处理，除考虑政治环境外，大概由于作者对新事物只有朦胧的认识，并没有这方面的生活积累的缘故。写《引力》时，情况和写《朝》时有相类似之处。在《引力・后记》中，作者说：动笔后停了四年，这因为“还是没有那份力量”。在 1941 年 8 月 6 日，就感到写《引力》有“极大的困难”，不能“痛痛快快写下去”。这自然和生活不安定、工作任务重等因素有关，但恐怕也因为认识跟不上，对生活的感受还不够成熟吧。到 1945 年，这种情况有所改变，因而在排除杂务之后，他仅用一个多月的时间，就把《引力》的后 16 章完成了。

这一长篇小说，主人翁是黄梦华。她在沦陷后的济南任教，受尽了敌伪的怀疑并备受了亲人离散之苦的折磨。在经历了不少困难和危险之后，她终于下定决心，领着小儿子昂昂去成都。她途经徐州、商丘、西安，一路是挤火车、汽车，坐独轮车和步行，苦不堪言。可是，当黄梦华长途跋涉到达时，曹孟坚已经离去，“到一个更新鲜的地方，到一个更多希望与更多进步的地方”去了。

抗战的严峻现实，锤炼了梦华。她在沦陷区时，兴奋地注视着游击队在济南升起的国旗。可是，在去成都的路上，“所看见的老百姓的痛苦，到处是贫困，到处是疾病，到处是奴役，到处是榨取”，这使她感到触目惊心，也使她变得坚强了。虽然是“从昏天黑地的沦陷区走到这昏天黑地的大后方”，又未能和孟坚相见，“两行热泪已无声地从她眼里落下”，但她能刚强地面对现实，说将带着儿子昂昂“到另一个更好的地方去”找爸爸。和孟坚一样，梦华也为那强大的引力所吸引！

《引力》一书，评论者认为它“抓住了一个历史意义的主题”；在日本也发生较大影响，先后出版了两种节译本，后又出全译本并再版了十余次。该书约十分之九的篇幅是写沦陷区，当中写到民众在敌伪压迫下的巨大哀痛和对侵略者的家仇国恨，这些都震撼着日本读者的心灵，有深刻的认识作用和启迪思想的作用。但该书也有明显的不足。作者曾说，它引录现成的材料多，艺术的想象和虚构不足，“不过是画了一段历史的侧面，而且又只画得一个简单的轮廓”。

在抗战时期，李广田所写的散文，收入《回声》和《日边随笔》两书中。

《回声》于1943年5月由桂林春潮社出版。当中的前七篇，初稿写于四川叙永，是到昆明以后才定稿的。《日边随笔》所收主要是1943—1944年之所作，文化生活出版社1948年5月出版。

《回声》中在昆明定稿的七篇，大都富于生活情趣，以《到橘子林去》为代表作。文章写作者领着小女儿去橘子林，两人在路上之所见所感，未到橘子林而返。构思相当巧妙，小孩的神态栩栩如生，心理活动细致真实，对读者颇有吸引力。这些散文和抗战前的创作一样，质朴、自然、流畅、优美，但已开始或浓或淡地笼上了时代的烟云。《日边随笔》的笔触则粗犷、尖锐起来，更多地具有杂文的气质。《他说：这是我的》一文，矛头指向“大人们”的贪婪榨取，警告他们“必将在自己的自私与残暴中自毙”；《手的用处》表面上写“塌了鼻子的女人”以手掩鼻，重点是突出“手的用处是创造，可不是掩饰”，抨击统治者的“掩过饰非”（《散文三十篇·序》[①]）。这一主旨虽然含而不露，但联系当时的社会实际，是不难体会出来的。《建筑》则讴歌工人的劳动：楼宇的升高，“仿佛那久化成了泥土的工人们的力量永远在支持它，使它不断地向往那高大明朗的天空”。但同时，文中也点出：“这个巨大而坚固的建筑是为谁而造的



① 《李广田研究专集》，云南人民出版社1985年版，第140页。

呢？什么人要住在这里，而且住在这里要干什么呢?”《日边随笔》所收，属于“力量型”的散文，它们不再局限于个人的哀戚，不再只是对民众的不幸表示怜悯和同情；在昂扬的调子中显示了作者对压迫者、剥削者的愤怒之情。《日边随笔》的不足之处在于诗美有所减弱。这是因为作者的思想虽然上升了，但他的“集体的，而非个人的”（《人的改造与文艺方向》①）意识还没有找到相宜的表现形式，个人的新的创作风格还未成熟的缘故。

李广田在这个阶段所写的诗则没有结集，比较重要的有《尤加利树》《山色》《城市的繁荣》《我们的歌》《海边》等；写于“一二·一”时期的《我听见有人控告我》也是重要之作。

李广田有《尤加利树》，冯至也有十四行体诗《有加利树》（1941年10月6日《贵州日报·革命军》）。可能是像俞平伯、朱自清相约以《桨声灯影里的秦淮河》为题执笔一样，他们也相约同题写诗。冯至从树皮的爆裂、脱落感受到“凋零里只看着你生长”的意蕴，并把树幻化为“圣者的身体”，“把你看成我的引导”。李广田则把尤加利树和白杨（“白杨萧萧，总爱说烦絮的旧事”）、松柏（“常绿的松柏是多么阴森”）对比，认为它“是崇高与温静的化身，尤加利，/你翡翠的喷泉，你直指青冥的‘人’”。两诗均把树人格化，想象丰富、优美，并含有人生的启示。《我们的歌》是李广田诗歌的新峰峦，其意境和以前之所作不同。在抗战后期，他认真、积极地向民歌民谣学习，认为它“新鲜泼野”“天真自然”，可以救治某些文人学士诗歌的“苍白而虚弱”。《我们的歌》即标明为“拟民歌体”；全诗共两段16行，其第一段为：

我们有海呀没有船，
我们有路呀没有车，
我们有土地呀不能耕种，
我们耕作了不能收割，
我们收割了依然饥饿，
我们有话呀不敢直说。

---

① 《李广田文学评论选》，云南人民出版社1983年版，第197页。

我的问题呀要你回答，
你说这倒是因为什么？

这里，作者的思想感情和劳苦大众紧密地联系在一起。《我们的歌》是一曲发自内心的悲愤之歌和反抗之歌；诗句质直、有力，一气呵成，体现了作者提出的“正确而明朗”的原则。

李广田在诗中，把尤加利树比作“翡翠的喷泉”；《海边》中说“把整个的海水引了来灌溉我的思想”；在《我听见有人控告我》里，把两次上课作对比，一次是罢课期间“我”（这不能完全等同于作者）作为教师去上课；一次是把被屠杀的学生作为教师，“我”去接受血的教育，感到是“在等待发落”，得出了自己“不及格”的结论。这些地方，形象新颖、鲜明，思想十分活跃并具有严厉的自我剖析精神。这说明在本阶段中，李广田的诗虽然不多，但颇不乏佳作。

抗战时期，李广田在云南还写了不少文学理论和评论文章，已经收集为《诗的艺术》（开明书店 1944 年 12 月版，所收为评论新诗的文章）和《文学枝叶》（上海益智出版社 1948 年 1 月版，所收为在西南联大任教时所写的文学论文）。由于作者有创作经验并钻研过西欧的文艺理论和马列主义的文艺理论；又由于作者态度严肃并与被评论者或读者采取自由交谈、平等讨论的方式，所以像《谈散文》和评论卞之琳、冯至诗集的《诗的艺术》《沉思的诗》等文，都是内容朴实、亲切感人之作。又如 1944 年 11 月写的《人民自己的文学》，把文学和政治、经济联系起来考察，做到了融会贯通、深入浅出；由于观点新颖、文字通俗易懂而产生了较大影响。

李广田在文学领域是多面手，在上述四个方面均有较显著的成就，相当难能可贵。

李广田的创作道路很明晰，阶段性也很显著。他在踏入文学领域之初，颇受西方现代派的理论，特别是颓废派、象征派的影响。同时，他既接近周作人的闲适散文小品，也倾向于浪漫派海阔天空的幻想。以后，他转向批判现实主义；在抗战后期，又把革命现实主义作为追求的目标。他的创作，在抗战以前是一个阶段，所写的诗和散文，充满着寂寞、惆怅、哀怨的情调。如早年的《春天》《春之魔》等诗，把春天说成“是一个妖女”“是一条毒蛇”；在春天里，“只是我寂寞的灵魂在胸中哀号”。这明显的是受世纪末思潮的影响。当然，在更多的情况下，他那时的创作表现为现实与梦幻交织，希望与失望合唱，凄凉与欢乐相伴。抗战的炮火震惊了作者，流徙的生活使他深入社会的基层，加强了同群众的联系。抗战爆发后，他从济南到泰安，又到河南的许昌、南阳，湖北的均县、郧阳；1939 年初到达四川罗江县；1941 年初转西南联大叙永分校；同年秋到达昆明。《引力》中的孟坚在给梦华的信中说：“这一次长期的走路，对我益处太多了，我见了许多未曾见过的现象，也懂得了许多未曾懂得的道理。”这可以看成作者的自白。李广田在《自己的事情》里也谈到：“抗战前期，我带了学生流亡，在长途跋涉中，看到了政治的败坏，人民的痛苦，而青年人进步之快简直令人惊讶……实际上是学生领导先生了。”这些历程，使他开阔了眼界，注意力从对乡土的眷恋而扩大到对国家命运的关心；从对故乡、童年的回忆或身边琐事转而注意客观社会和严峻的人生。他的创作风格从平和、冲淡、灵巧、抒情、阴柔而转向沉实、严肃、阳刚。他在《给爱星的人们》中，反对“生于泥土而又倦于泥土”的诗人，主张眼光要从星空转向人间，“把人群间的云雾完全扫开，使人的星空更亮，更光彩”。这在李广田的创作道路上本来是不小的进步，但他自己并不满意，说这只不过“写了一些在旧社会里受折磨的人和没有出路的人，我对于那个已经死去的旧中国表示了一些不满的意见”（《散文三十篇·序》[①]）而已。

1944 年，云南的社会和文学界发生了变化，从“皖南事变”后长期处于低落、消沉状态的文艺界开始复苏。在这一年，李广田的思想也有了新的跃进。他在 9 月 15 日写的《论身边琐事与血雨腥风》中，就强调作家要敢于正视“血雨腥风”，就是写身边琐事，也要使它“和血雨腥风不能分开”。他的《山色》写城与山的悬殊；《城市的繁荣》写城市与郊区的不同，暗示或反映贫富的差距、对立，虽然李广田说当时他还“缺乏阶级观点”（《最后的回答》）。

抗战时期，李广田在云南文艺界是相当活跃的。他是西南联大文艺社



① 《李广田研究专集》，云南人民出版社 1985 年版，第 139 页。

的导师，对冬青社的活动也多方支持；1944 年 9 月，他被“文协”昆明分会选为候补理事；1945 年秋，他和杨振声共同主编《世界文艺季刊》。他在《自己的事情》中说：在西南联大期间，“我接触了更多的青年朋友，我从青年人身上得到力量，得到支持”。李广田也同样支持年轻人，刘北汜、王景山、白平阶、申维升（周达）、刘克光（史劲）等省内外的文学青年，都得到他的指导和帮助。因此，李广田不但以他的创作，也在具体的文艺活动中，对云南抗战时期的文学事业作出了重大的贡献。

## 第三节　白平阶、宣伯超的小说

抗战时期，白平阶、宣伯超二人，是云南现代文学界异军突起的乡土文学作者。

白平阶（1915—1995），云南腾冲人，回族，经名为素勒伊摩乃。他从 1935 年开始文学创作。在卢沟桥事变前后，任《云南日报》记者；1942 年，曾短期负责《昆明周报》文艺版的编辑工作。他的作品有话剧《主仆之间》（独幕喜剧）；小说《古树繁花》《路工》《蛮荒》和散文《栗子》《苦茶》《腾冲骊驹行》等。除此以外，还有作品集《驿运》，重庆文化生活出版社 1942 年 1 月初版，属巴金主编的文学丛刊第七集第二册，收入《驿运》《跨过横断山脉》《金坛子》《风箱》和《神女》五篇作品。

《古树繁花》描写在战争的动乱里，一个大家庭中的晚辈对外婆和外婆对她的哥哥的紧密感情联系。作者说，这篇小说，是“想接触一个中国固有文化的伦理问题，想表现我们民族特有的‘孝’，在民族的构成上，尤其当战争之后，它发生一些什么作用?”因此，古树繁花就是指传统的伦理道德“孝”所结出的硕果；或者说是用古树来象征由民族优秀意识维系的大家庭，而繁花则指家庭人丁兴旺。这和《苦茶》的主题有相似、相通之处。《苦茶》的内容是：友人爬山时曾在茶棚饮茶，因发现口袋空空无法付钱，说由后来的伙伴付。卖茶的老奶奶很自然地说：“不相干，钱不便可以！”还殷勤地告诉他如何绕过被洪水冲断的路。后面的伙伴到来也饮茶，但付钱时老奶奶并不说及前事，同样殷勤地告知如何绕道行走。于是，友人反复叮嘱：回去时别忘了付茶钱。但“我”回去时，因路线有变化，无法代友人付款，感到“内疚日增”。人与人之间的这种友好、诚实、关怀的态度，使作者感到“萌芽着生机”，感到了人间的温暖。这大概也可以说是民族的传统在发生作用吧。

《神女》写一个不幸的女子，虽被人玩弄、侮辱，但想的却是堂堂正正地做人。她觉悟到在监狱外比坐牢还苦，说“社会不见得比监狱多一点光明”。可是，这就像“一只蜜蜂扑闯在透明的玻璃上，要想飞出窗外去”而不能，因为她做了种种努力，始终走投无路。作品中的“我”（记者）是被侮辱者的同乡，而当她请求帮助时，“我”虽然同情却又无力，“觉得全身发热、流汗”。这篇小说的初稿曾以《没有刊出的新闻》为题，发表在《晨暾》创刊号上。一年以后，作者作了修改，重新发表，在思想上、艺术上有所提高。小说提出了一个严肃的社会问题，表现了“我”对不幸者的同情（这和小说中 M 的态度形成鲜明的对比），也给读者在感情上以透不过气来的重压。作品语言流畅，可读性较强。

《神女》是揭露性的、批判性的作品；而《驿运》中的其他四篇，则以歌颂为主，内容都与滇缅公路有关。修筑这条公路，是日本封锁我国沿海后打开国际通道的战略措施。从 1937 年年底开始，征集了约 30 万民工，经过 8 个月战高温、斗疟疾、降陡山、伏急流的奋战，历尽艰险，才告竣工。当时尚无筑路机械，完全靠人力拼搏。英国《泰晤士报》指出：滇缅公路在短期内顺利完工，只有中国人才做得到。白平阶的小说形象地记录了这一“只有中国人才做得到”的壮举。《跨过横断山脉》《金坛子》颂扬了参加筑路的干部和女工；《驿运》写在这条路上驮运炮弹的赶马人；《风箱》则写修路时拉风箱的一群民工。后两篇没有完整的故事情节，是生活情景的勾勒，类乎素描或速写。

从人物形象来看，最引人注目的是《金坛子》中的六嫂。她三十六七岁，除了双脚裹过又放开以外，“全身都生得结结实实，奶头大，屁股圆，如一匹及时的骅马”。加上又能说能做，无形中成为一群女工的首领。她们闯进了恶性疟疾流行、连男工也畏惧的金坛子工地，用一个月的时间把这段路修通。在六嫂的身上，我们看到了人民在抗日风暴中的新觉醒。但是，她不是头上有光圈的英雄，而是既有新风貌又背着旧包袱的普通女性，是特定时期的“这一个”。当领导召开大会准备表扬她时，六嫂却“在龙王庙里听一个女巫走阴，叙述死去十年那个丈夫在地狱的情形，鼻涕眼泪一把把地向地下洒”。小说的结尾写道：“个人情绪向‘过去’里关心，就保存了中国一切迷信，若把这种个人集群能力向‘未来’去运用，去好好运用，就产生新中国一切伟大的建设，六嫂是我们一个榜样。她生活于两个世界中。”这正如高尔基所说的：理智使人倾向于未来，而感情则使人沉湎于过去。

从主题来看，反映修筑滇缅公路的四篇作品，着重肯定了抗日的光明面。《风箱》写青年民工知难而上的“啃硬骨头”的精神。最终，连落后、吸鸦片的王明顺也决心戒烟，“踏着坚实的步子走拢风箱”。《跨过横断山脉》的总工程师，在民工的心目中是大官，在未见面以前，他们对他作了种种猜测：威风凛凛，前呼后拥，横刀跃马，高高在上……事实上他平等待人，向民工宣传抗日和修路的意义，同时又把贪赃枉法的指导员免职。他说：“我也是这一工作里的一个工人，一个民伕，自视和大家没有两样。”

沈从文说过，他重视“写中国人的美德”。在这一点上，白平阶似深受沈从文的影响。如前所述，他的《古树繁花》《苦茶》《神女》和抗战以前写的《鹅玛丽的故事》等，都在这方面用了颇多的笔墨。《栗子》更是极力颂扬人民的抗战激情。在栗子树下喝茶时，作者赞美长满毛刺的栗实：“这自卫的武装呵！”旁边的白族青年应声说：“中国像栗子不好吗？”而这个青年，虽然房子正被洪水冲来的沙埋了，但他仍“应征漾濞常备队”，将随滇军第六十军出发。为了民族的生存，他对母亲、妻子、孩子就不能同时兼顾了。

抗日的烽火燃遍大江南北，连边荒之地也深受影响，在涤荡着人们的灵魂。在《驿运》里，赶马人郑有注意保密，提防汉奸的活动；《跨过横断山脉》中的三蛮，在抗日的浪涛中增长了新的知识，发现了指导员的错误；《金坛子》中的六嫂，也由一个乡村妇女变为会唱“顶新的革命歌”，“或飞机飞鹅地雷地瓜乱说一阵”，成了200个女工无形的首领。这些人物的可贵之处，还在于他们没有被人为地拔高，作者只是把他们作为成长中的农民加以忠实的反映而已。作品的缺点是，除《神女》《金坛子》外，其他各篇在对生活素材的概括、集中上着力不够。如《风箱》的开头提出青年们勇攀猴子岩，要征服工程的难点，肯定他们“吃硬不吃软”的精神，但后面就撇开了这一方面，集中去写好吃懒做并吸大烟的王明顺。虽说他后来有所转变，大步紧追先进者，可这个转变并不是水到渠成，当中有斧凿的痕迹。不过，白平阶的创作是瑕不掩瑜，颇获好评的。《金坛子》在《今日评论》上发表时，编者介绍说：白平阶的“作品，多就西南边境取材，因之别具风格，为西南作家最值得注意者”。上海《读书月报》的《文艺上的全面战》一文，也给《金坛子》以较高的评价，认为它“笔底下也划出了另一角落上的伟壮场面”。《世界文艺季刊》的《编者前言》说，从《驿运》一书中，“我们看见了我们这国土上另一个角落里的生活，我们也欣赏了作者那种泼辣辣的创造力”。还说，《古树繁花》比《驿运》各篇的“画面更宽阔，而这里的笔调也更雄壮了一些”。《跨过横断山脉》则作为报告文学多次被刊载，并被译成英文在伦敦发表。

宣伯超（1912—1989），云南鹤庆人。大学毕业后，在各地的中小学任职，还参加过《云南日报·南风》的编辑工作。

宣伯超的创作，在抗战以前，有《比干的心》《条报》等。卢沟桥事变之后，主要的作品都收在《云岭牧歌》中，1944 年 7 月由黎明社发行。内收《云岭牧歌》《割麦的早晨》《示众》《碧罗山下》《雪原故事》五篇。

《云岭牧歌》写金沙江边格鲁湾的小梅（刘梅春）和汪增福两人从小青梅竹马，后又订了婚。但和老太爷想为儿子天赐讨小梅为妾以续香火。小梅的父母也逼迫她嫁给天赐。她和汪增福私奔被捉，为拒婚而投水自杀。小说着力表现小梅的刚强和泼辣。她与屈从于和老太爷的父亲发生正面顶撞，对汪增福表示要反抗和老太爷，说：“要头，割起去！要人？靠不住！”汪增福在被吊打后逃走。小说写他“想到了跟着那年经过江边的那支军队去了的王贤那伙人”，暗示他要去投奔人民军队。还写到小梅的女友对女儿说：增福爷会“回来的！一定会回来的”，也暗示或表示了胜利的愿望。而小梅的坟上，“长出一株野花……细长的坚韧的像荆棘一样的枝干，枝干上开着朵血红的花”。这就像鲁迅的《药》中夏瑜坟上的花环，《秋夜》中“默默地铁似的直刺着奇怪而高的天空”的枣树一样，寄托着作者深刻的寓意。

这篇小说语言生动活泼。如对小梅的速写：“脸上饱和的血液红到差不多要从两颊迸冒出来”；增福爷怒气冲冲地说：“老子同你‘血做一盆搅’”；写媒人的如簧巧舌：“其实什么‘大’什么‘小’?！将来过去，一年半载，‘轻轻脆脆’的生他‘一男半女’”，等等，或简洁流畅、口语化，或富有生活气息，不落俗套。小说开头写夕阳、彩霞、山脉和在小梅投水以后描写雷电也颇有特色，如：

> 陡然一声巨响，一道血红的电光从黑暗里爆炸出来，又飞迅的被黑暗吞没了下去，……血红的闪光不断的爆烈出来，在震山裂谷的巨响里，同黑暗肉搏成一团。

仿佛因小梅之死，天地亦为之动容，很有气势。这样的艺术描写是很有感染力的。

《云岭牧歌》的情调以悲为主，以壮为辅，和一般抒情性的田园牧歌有所不同。小说结尾写小梅的“孤寂的土坟，年复一年的，忧郁的俯瞰着这浩浩的大江，流向那遥远的，广大的世界！……”将读者的思绪引向更远更远的地方！

《草原故事——农补疵里和虏虏》和《示众》反映人民的悲惨生活。《草原故事》中的农补疵里是一个十二三岁的藏族孩子，傍晚去找牛，被漫天的大雪冻死了。《示众》中的春风嫂母子二人生活无着，告贷乏门，又不幸被抓住示众：“她的耳朵里‘汪汪’的响着，脚下是一条耀眼的灼热的道路，她费尽气力才能挣扎上前一步，可是这条艰苦的道路又是这样绵延无际！……”春风嫂的这种感受写得真实、细致。

《碧罗山下》，如光未然所指出的，形象不够生动、充实，人物的心灵比较贫乏。但是，它的主题的重大意义应加以肯定。小说写道：“皇帝的兵打来了，有了官；德国的牧师来了，带来了上帝。”他们奴役、剥削傈僳人，这使格一普等被压迫者开始觉醒：“心里面充满了无比的悲愤”，并发出了“上帝究竟在哪里呢”的疑问。

总之，《云岭牧歌》一书，以其“沉重的诗人的感情”“朴素而刚健的人民的风格”和“浓重的地方色彩”而赢得好评。[①] 它的不足之处是时代感不强。当然，我们也注意到，有些地方是写历史事件，不应强求有抗日时期的特殊气氛。我们这样说，是指《示众》《割麦的早晨》，特别是《云岭牧歌》，作者没有赋予它们更强的时代色彩，这使人感到有所欠缺。

宣伯超和白平阶的作品，都具有鲜明的地域性特点，反映了云南边疆各族人民的生活状况和思想面貌，反映了劳动人民的苦难和奋起。白平阶笔下的处于生活底层的坚韧的人民，宣伯超所写的被奴役的芸芸众生，都是土生土长的乡民。两人的创作都没有或很少抗战八股味，这是很难得的。光未然曾说，读《云岭牧歌》，“仿佛听到一个乡音极重的云南人，在讲述他故乡的山川、人物、风土、民情，给人以十分亲切之感”；又说自己两次提出云南的作者要重视反映地方的色彩和地方的性格，《云岭牧歌》的出版，可以作为他所提倡的口号的佐证。[②] 这些评论，大体上也适合于《驿运》。《云岭牧歌》和《驿运》具有基本相同的特点。但比较而言，《云岭牧歌》有更强的民族特色，情调偏于悲；而《驿运》则更富于时代色彩，情调则偏于壮。

## 第四节　西南联大小说作者群

西南联大的作者，是组成云南小说园地的一支重要队伍。除李广田、沈从文、冯至、陈铨等著名作家外，还有林抡元（林元）、汪曾祺、方龄贵（辛代）、王铁臣（田堃）、刘北汜、卢福庠（卢静）、刘兆吉、蔡汉荣（马尔俄）、李金锡等一批新人，可谓群星闪烁。

李广田的小说，已在第二节中论及，这里不再复述。沈从文出版的《主妇集》《长河》，写于抗战以前或来云南之前（《长河》到昆明以后曾重写），这里略而不论。他的小说，和云南关系比较密切的是《王嫂》《乡城》《动静》，前两篇比较受人重视。

① 光未然：《评〈云岭牧歌〉》，见《文艺的民主问题》。

② 同上。

《乡城》着重批评抗战宣传工作中的一些缺点：一个由青年组成的服务团下乡宣传抗日，但张贴的红绿标语却用“美术字，歪歪斜斜，不大认识”；而代出征军人家属写的信，满纸学生腔，如“我忠勇的健儿，时代轮子转动了，帝国主义末日已到，历史的决定因素不可逃避”，连县长也不大看得懂。此外，又没有“收信人军队番号，也不知驻防地点”。作者深为慨叹，在文后的“附记”中说：“‘下乡宣传’，这件事自然很好。可是宣传并不只是靠‘热情’，还需要知识……想教育乡下人，得先跟乡下人学学……”

《王嫂》的主人翁是一个善良的女仆，她信服“生死有命，富贵在天”的格言。小说写她乐天知命的性格，颇为生动。但是，主人翁心中也自有悲痛：女儿因生孩子而死去，儿子在敌机轰炸时险遭不幸。尽管她白天“只是微笑”，“到晚上，却悄悄的买了些香纸，拿到北门外去烧化。她想起死去的女儿……躲在自己房中去哭了好一会”。从人物性格的塑造来看，王嫂比之《乡城》中的王老太太更为生动、真实和完整。

沈从文作为一位著名的小说家，在云南期间，小说却写得比较少。但是，他对文学青年的影响是很大的。正如陈纪滢在《抗战时期的大公报》中所说的：“从文到哪里，总有一批学生或倾慕他的青年男女作家围绕他。”例如在西南联大，汪曾祺、刘北汜、卢静、方龄贵等年轻人，就深受他的影响。

冯至在1942至1943年间，写了历史小说《楚国的亡臣》（即《伍子胥》），部分章节发表于桂林《明日文艺》。它原拟由文聚社出版，但未果；后收入“文学丛刊”，于1946年出版。在以前的构思中，冯至赋予主人公浪漫的色彩。但是，随着作者思想的变化，主人公也变成“一个在现实中真实地被磨炼的人”，从书中所写的许多琐事，可以联想到“一些现代人的、尤其是近年来中国人的痛苦”，发挥了历史小说古为今用的战斗效果。

陈铨以话剧创作著称，但他的小说也不少。在昆明期间，他有短篇小说《蓝蚨蝶》《夜阑》和《花瓶》。小说《蓝蚨蝶》和话剧《蓝蝴蝶》均写到蓝蝴蝶在坟间飞翔；《花瓶》则是“《野玫瑰》的前身”。陈铨的作品，不论采用何种文学形式，均为作者表达思想的工具。他还有长篇小说

《狂飚》，脱稿于1941年3月，“是在昆明一气写成的”。全书共37章，时间起于1919年“五四”前后，终于1937年无锡陷落和南京大屠杀之后不久。小说着重写薛立群、王慧英、李国刚、黄翠心之间的感情纠葛，分别以薛、王两人为中心，组成了两组三角恋爱的关系。从第32章开始，描写重心转向抗日斗争，贯穿着日军疯狂的侵略行径和血腥屠杀的罪行，表现了中华民族的浴血反抗、坚贞不屈。作品以“天已经在明了，你看，东方已经起了一道曙光”结束，富有寓意。

小说指出，“感情像一阵狂飚”，这感情指个人主义的感情；又说，抗日战争是“震摇宇宙的狂飚”，这是指民族主义的狂飙。前者以薛立群、黄翠心为代表，后者以李国刚及其父李铁崖为代表。李铁崖是清末的革命党，到抗战发生时，他已经组织起四万人的游击队；李国刚则任空军“大鹏队”的副队长，后在空战中牺牲。战争使薛、黄二人觉醒。黄翠心认识到“自己完全沉溺在个人生活中间”是不对的，准备为民族解放而“牺牲一切”；薛立群为了家仇国恨而投入民族主义的狂飙，“托人带口信给铁崖，要加入游击队工作”。作者认为，“从五四运动的个人主义，转变到现阶段的民族主义”，这是历史的必然。《狂飚》就是通过对两组三角恋爱的描写和薛、王、李三家在19年动荡社会生活中的变化发展，特别是通过薛立群的人生轨迹，为这种认识进行艺术图解。

西南联大年轻一代的作者，因为是大学生（有些已毕业留校任教了），所以就多反映大学生的生活，如林元的《王孙》《大学生》，卢静的《骑士录》，刘北汜的《青色的雾》和刘兆吉的《木乃伊》等。他们都无一例外地对大学生的不健康思想、消极现象采取批判态度。王孙为光宗耀祖而读书，纨绔子弟张德华吹嘘什么“大学时期的唯一需要便是恋爱”；周稚菊是“学而优则贾”，沉迷于跳舞、美色。卢静说像周某这类人，成天“陶醉，陶醉，除了陶醉，人们不再需要什么。谁管它明天这世界会不会毁灭”。特别值得注意的是《木乃伊》主人公居静开头因对抗战沉默而被人称为“木乃伊”，但他乖巧得很，转眼就改弦易辙，取别号为“战鼓”，并抄录《救亡日报》的消息，出《战鼓摘录》，因而视听一新，被视为激进分子。

更有甚者，战鼓在《新生》半月刊上发表的诗文，“都是炸弹、头颅、血花、死呀、冲锋呀、民族观念、国家意识呀，全是惊人的时髦字句所组成”。因此，他被推为刊物的总编辑并建议把刊物易名为《战鼓》半月刊。他的文章，不仅字句时髦，而且“用标点符号的方法也有些特别，惯用惊叹号，好像他的诗文，都是声泪俱下，哭喊着写成的，十句中就有八句用惊叹号，而且轻易不单用，往往每句末尾都是缀上三个”。于是，居静就成为大忙人：“不但是战鼓半月刊的总编辑，又被选为学生自治会主席，抗日血报文艺栏的特约撰稿者。”他一面叫忙死了，一面又说：“国家到了这步田地！一般人仍在大梦沉沉，伤心！伤心！我决意为国家，鞠躬尽瘁，死而后已！”他忙着干出头露面的事，结果“月考交了白卷，分数当然是零”。这位以战鼓为别号者大发感慨，说：“现在还读死书，考试，这完全是自私……我再不愿和这些‘木乃伊’为伍了。”

这个人物形象，处处都使我们联想到张天翼的《华威先生》，颇具代表性。茅盾在评论《华威先生》时曾说：“抉摘那些隐伏在红润的皮肤下的毒痈”，乃是“深入生活的核心”的体现，这“标志着抗战文艺摆脱了初期的轰轰烈烈空空洞洞的局面而向现实主义深入了”。[①] 这些话，我们也可以借来评价《木乃伊》。

辛代的《无题》，田堃的《雨中》，林元的《哥弟》和汪曾祺的《复仇》《落魄》，则是反映劳动人民的生活和思想面貌的小说。《雨中》把花妞一家和小佩一家对比起来写，表现贫富的悬殊。《哥弟》所写的大淼一家和黄伯伯一家，都善良、正直、勤劳，人物都是正面形象。大淼抽着了当兵的签，应征后，未婚妻眼睛忧郁，脸上像笼上一层淡雾。《复仇》则写“宝剑客人”为父复仇的故事，和日本菊池宽的《复仇的话》有相似之处。但是，从主题来看，《复仇》要比《复仇的话》更为深广。菊池宽所写的仇人（已经失明）是自杀，因为复仇者不忍心下手；而汪曾祺所写的仇人，则是长年累月“匍匐着，一手錾子，一手铁锤”，开凿着悬崖绝壁的僧人。复仇者深深地被感动了，“他的剑落回鞘里”；拾起锤錾，和仇人一起继续开凿——为了更远大的目标而捐弃私仇。读者可能会引申开去：难道我们不应为了抗日的千秋大业而团结起来吗？



---

① 《我走过的道路》（下），第48、49页。

这批年轻人的笔自然也关注着抗日战争。如辛代的《纪翻译》，揭露汉奸和鞭挞侵略者；马尔俄的《炉边的故事》，写人民在敌人的奸杀、轰炸下的觉醒。马尔俄还有《飓风》，它和卢静的《夜莺曲》都是写国际友人对我国抗战的支持。《飓风》写英国飓风型飞机飞行员劳伦斯和弗特烈在缅甸突围后，穿越莽莽林海，跋涉三十多天才到达昆明。劳伦斯和弗特烈在认识上有分歧，英国飞行员和美国飞行员之间有矛盾。后来通过一次空战，消沉者开始奋发，矛盾也得到了缓解。《夜莺曲》写的是美籍华裔奈尔，在滇西战场上轰炸日寇时，这位曾击落 14 架敌机的英雄不幸被炮火击中，“一缕喷泉从他的嘴里涌出来，这是血。他已呕完了他最后的一口血了，像那晚上不住啼唱的夜莺”。这两篇在题材上别开生面。卢静的《夜莺曲》文字洗练、优美，透过浓郁的诗的气氛，表现出作者强烈的爱国主义情怀；《飓风》则重视刻画人物性格的复杂性及其变化发展，写得真实可信。

西南联大的小说作者群，老一辈的在思想上、艺术上比较成熟或基本定型了；新一代的作者，则在进行多方面的探索，但同时也体现出起点高、视野阔、方法多种多样和艺术性较强的特点。他们比较深入生活实际并从多方面获得艺术滋养。譬如说，他们一般都学习过古典文学，对五四新文学传统有所了解，当中不少人还能阅读英文，从外国文学中得到启发。毛泽东《在延安文艺座谈会上的讲话》曾指出：“我们必须继承一切优秀的文学艺术遗产，批判地吸收其中一切有益的东西，作为我们从此时此地的人民生活中的文学艺术原料创造作品时候的借鉴。有这个借鉴和没有这个借鉴是不同的，这里有文野之分、粗细之分、高低之分、快慢之分。……但是继承和借鉴决不可以变成替代自己的创造。”前面谈及的《复仇》，就体现了这种借鉴和创造的辩证关系。此外，以创作方法来说，林元采用的是现实主义的创作方法；卢静的《夜莺曲》渗入了浪漫主义的手法；汪曾祺则有多方面的尝试，如《落魄》是现实主义的，《复仇》就有浪漫主义的因素，而《待车》则采用现代主义的创作方法。《待车》写一个人在等火车时的思维活动，“人物”无名无姓。其中有这样的句子：“云自东方来，自西方来，南方来，北方来，云自四方来。云要向四方散去。”“将晚的车子堆砌的影子太多了，是的，将晚的车子堆积的烟灰太多了。风和太阳把两边的树绿尽向车上倾泼，弄得车里车外淋淋漓漓。因此，车拼着命跑。”这里没有故事情节，打乱了时空顺序，文字只是随着意识而自由地流动。汪曾祺说：“我不排斥现代主义”；“我二十岁时发表作品就受西方意识流的影响，受英国伍尔芙的影响”。

西南联大的小说作者，仅以年轻的一辈来说，当时就使人有异军突起之感，后来，他们还有更大的发展。刘北汜、林元、马尔俄分别编就了短篇小说集《阴湿》《大牛》《飓风》，虽然后来未能出版，但已可以看出他们创作的势头。卢静的《夜莺曲》获得好评，后扩充为中篇，于1948年由文化生活出版社发行；田堃在抗战胜利后，由新丰出版公司出版了中篇小说《死的徘徊》；至于汪曾祺，一直在笔耕上用力甚勤，成为撰写短篇小说和散文的能手。

## 第五节　马子华的小说

马子华（1912—1996），云南洱源县人，白族；中国左翼作家联盟的成员，1937年6月毕业于上海光华大学国文系。在日本侵略者大举进攻上海前夕，他离沪赴香港。1938年初经河内回到昆明，即被捕，经家人营救后获释。龙云批示云：“命其父领回，严加管束，并发交政训处服务三年，以资察看。”从此，他被派往滇黔绥靖公署政治训练处第二科（宣传科）工作，历任编辑股股长、副科长、科长之职。后来又调昆明行营政治部政治大队任科长、大队长一年多。1944年末，被派往民政厅，先后任33区（含澜沧、沧源、双江、车里、佛海、南峤）和41区（含邓川、剑川、洱源）的政务督导员，深入这些地区达八个月之久。

1939年，马子华在重庆参加军事委员会政治部举办的新闻研究班，受训三个月。研究班结束后，他在渝修改《大后方》①。这部长篇小说描写一个县的情景，以暴露落后、黑暗面为主。抗战的中后期，他还在昆华一

① 原名《小城春秋》，1941年春脱稿。重庆图书杂志审查委员会批示：“因暴露抗战期间后方情形，暂缓发表。”《复兴日报》原拟从1948年元旦起在副刊上连载，未果。

中、求实中学、云瑞中学、昆华师范、昆华女中等校兼任教职。

从1939年1月起，马子华一直连任“文协”昆明分会理事。他编辑过《抗战周刊》《抗战通讯》和《民国日报》副刊《驼铃》（第1至105期）。新中国成立后，他是中国作家协会会员。1989年4月，他被聘为云南省文联名誉理事。在1949年以前，马子华的作品，有中篇小说两部，短篇小说集四种，诗集两种，散文集两种（含编著的《云南民间传说》）。新中国成立以后，著有《雨林游踪》《卢汉后半生》《一个幕僚眼中的云南王龙云》《读古指南（五百要籍简介）》（原名《古书简释》）和《文坛忆旧录》。上述作品，属于抗战时期的仅《飞鹰旗》《丛莽中》两种。

《飞鹰旗》是马子华的第三部短篇小说集（当中的《九宿桥之晨》和《血染的军旗》则为报告文学），于1939年8月由崇文印书馆印刷，读书生活出版社出版。内含短篇小说《飞鹰旗》《风》《福地》《布鞋》《边荒》《朝天钉！蛮匪》《枕木》和《特务工作》《铁的支点》《烟雨录》《祭灶》。后四篇为1936至1937年在上海时所写。

《九宿桥之晨》和《血染的军旗》，一为揭露性的，一为歌颂性的；一写后方，一写前线。前者揭露征兵委员王晓峰贪赃枉法，被乡民在九宿桥拉下马来打了一顿。后者写禹王山保卫战，滇军六十军的士兵许家瑞攻上山头，把旗子竖起后壮烈牺牲。

《飞鹰旗》一文含《栗园村道》《兄弟》《香杏姑娘》《秋收》四题，都是有关征兵、抗日的故事。“飞鹰旗”是昆明市政府向出征军人家属所发的荣誉标志，呈尖角形，“蓝色的布上飞着一只白色的大鹰，鹰的嘴里含着圆圆的地球”。除本篇外，该书所收的小说，比较重要的是《福地》《布鞋》《朝天钉！蛮匪》。

《朝天钉！蛮匪》的主人公绰号叫“朝天钉”。他勇于反抗，甚至连老天也敢于痛骂。他在两广、江西等地当兵，后投红军，参加长征；受伤后，留在离家乡三十里的“蛮子山”上。抗战爆发后，他邀约了三十余人，准备去陕北抗日而被捕。他大声喊道：“伙伴们！好好的去呀！从四川……”这篇小说人物性格鲜明，主题思想突出，是云南省这类作品的代表作。

《福地》刊于《战时知识》第11期（1938年11月出版）。主人公四老板不肯捐救国金，只把太太拾得的、不能使用的一元残破纸币交同业公会，说什么“给防空司令部，用它购买高射炮之用！”因无儿女，太太劝他“乐善好施”，他也不为所动，一心想着钱，吝啬得要命。他对抗战不闻不问，说战争“跟我们有屁相干”；掌柜的拍他的马屁，说：“云南是老佛爷保佑的福地，就遭劫也轮不到我们的头上。”但是，战火无情，1938年9月28日，四老板在日机轰炸时惨死了。

这篇小说，大概是受到李辉英的《福地》[1] 的影响。李的小说是写殷实人家四老太太，搬入儿子租下的教堂的房间以避日机轰炸。人们说挂着外国旗的教堂为福地。但结果教堂被炸，四老太太遇难，“外国旗早不知飞到什么地方去了”。从情节的对比来看，马子华是受李辉英的启发而另外构思故事，人物性格也不相同，马子华所写的四老板，显得比四老太太更为真实、生动、丰满。

《布鞋》写于1939年5月27日，内容和1939年2月10日《民国日报》所刊登的下列消息有关：“记者走出礼堂外，突见一少妇（年二十岁左右），自言大西门外长耳街顺华木行卞华之妻，因‘九二八’之役乃夫被炸惨死后，被小叔逼迫改嫁，愿意将全部财产捐助国家，自己则随赵老太太去当游击队。……”马子华在此基础上加以虚构，这二十岁的少妇被改为中年的谭二嫂子。《布鞋》的主人翁为乡下人，进城时，听说全家当义勇军的赵老太太在省党部演讲，便进去听了。她还对赵老太太说：她要把钱捐出，并愿跟赵老太太参加游击队。赵老太太是路过昆明，便顺口说：“等回转云南的时候带你去罢！”后来，谭二嫂子在省城佣工并和木匠周明善结婚。周以小本钱做木材生意，发了一笔财，买了一座平房，但在敌机轰炸时不幸遇难。谭二嫂子以做布鞋消磨时光，她带着二十多双布鞋去抗敌后援会捐献，并期待着能被带去打游击。

金华（张子斋）对《福地》有较高的评价，并说作者“抓着这一点有血有泪的题材，加以穿插和锻冶，便产生了这篇《布鞋》……给后方的文艺工作者解答了‘不打仗的作家该写什么?’的重要问题”。

虽然如此，但马子华在当时，确乎面临着写抗战和不熟悉战时大众生

---

① 刊于1938年4月20日出版的《战地》第一卷第三期。

活的矛盾。他没有参加过徐州大会战而写《血染的军旗》，只能是根据第二手材料；写《福地》和《布鞋》，虽然有一定的生活体验，但激发他动笔的，不是生活本身，而是别人的小说和报上的通讯。这就难免有局限性。同时，在处理材料时，也颇有值得斟酌之处。以《布鞋》为例，构思时舍弃了小叔迫嫁的情节而且把人物的年龄增大 15 岁，就使她捐献家产和要求参加游击队的行为缺乏更大的合理性。这不能不说是欠妥之处。作品的这种缺陷反映出作者（正如他自己在 1987 年 6 月 24 日所说的）当时生活体验不充分，有些地方是凭想象来编的。加上时间仓促，又由于写作的目的偏重于宣传，因此不大重视艺术性，致使写作质量有所下降。

马子华 20 世纪三四十年代的写作，总的看是呈马鞍形，而抗战时期之所作，则处于低谷。对此，他也感到焦急。他在《飞鹰旗·后记》中说："返梓经年，百无聊赖，遥念在他乡与文艺界诸先进同游时，不禁愧然黯然。盖遁居后方，论文论行[①]皆不敢为诸文艺界友人告。"《丛莽中·前记》中也有类似的话："由重庆回到昆明，五年多被掩埋在一种污浊的泥沙里"，"我是文人，我得要走回文人的本行去，很多世俗上企冀的利禄，既没份儿也并不热衷，又何必背道而驰作茧自缚?"总之，一方面是官场的钩心斗角、送往迎来；一方面对文学事业又旧情不断。这种矛盾处境，在抗战八年中的大多数时间里，都困扰着马子华，使他不得宁静。

《丛莽中》于 1944 年 5 月由华侨书店初版，内含《丛莽中》《江干行》《施朗》《公勿渡河》《碎玺》《紫色的邂逅》《廿八元》《Rl7》《真迹》和《蛊》。它们反映了抗日、反汉奸的斗争。同时，有若干篇已加强了对边地风光、习俗的描写，是对《他的子民们》《沉重的脚》的创作倾向的一种回归。如《丛莽中》写柏天锡从落草为王到参加抗日，写他和女教师、革命者李攸青的结合，都带有传奇色彩。他们活跃于莽莽丛林、高山峡谷之间，接触的是土司、头人、边民百姓，环境和人物都富于滇味，颇具特色。但是，《丛莽中》一书在艺术上也没有出现新的突破。1944 年以后，马子华以政务督导员的身份，长期深入边地，于是在 1946 年写出



① 1994 年 4 月 27 日，马子华对访问者说：在滇黔绥靖公署和昆明行营政治部任职，就算不说是跌落粪坑，也是污点；而在军政机关担任幕僚，既无机会体验生活，也无时间写作。这就是他在抗战时期感到苦闷和创作比较少的原因。

了《滇南散记》一书。它只用寥寥几笔，就写活了禁烟委员，写活了被称为“高脚骡子”的彝族姑娘。作者对复杂的人事关系写得颇有层次感，举重若轻，题旨深刻而含蓄。但是，《滇南散记》所追求的并不是什么纯艺术。当有些读者出于猎奇心理，说该书各文有趣味时，作者指出：对这种“奖饰”，“我却为了写作的目的暗地叫屈”。《滇南散记》所反映的边地问题，“要联系着整个中国的政治制度来看方才能得到正确的解答”（《滇南散记·前记》）。总之，《滇南散记》一书，由于有较深入的生活实践，有较正确的指导思想，同时写作时间较从容，因此颇具特色，成为他创作的另一座峰峦。评论者认为，该书出版三四十年以后，仍受到人们的重视，它“是用形象的、生动的语言写的‘史料’”，“有能够引起读者欣赏兴趣的散文的诗意”。

## 第六节 周辂、李寒谷的小说

周辂（1914—1995），原名周来庆，号乘之，云南峨山人。笔名有石天青、岑知、静君、通风楼主人等。他从 1935 年开始写作。1937 年末至 1939 年，曾编辑《文艺季刊》。1939 年 9 月至 1940 年初，编辑云南《民国日报》副刊《驼铃》。从 1940 年 2 月起，他以记者的身份，参加战时工作视导团第二队，前往砚山、丘北、广南、富宁等地。从 3 月 5 日至 4 月 28 日，在《民国日报》上发表有关视导情况的长篇通讯《滇桂边区行》。抗战胜利后，周辂任《龙门周刊》主编，还编辑了《中兴报》副刊《彩云》《香草》《副刊》。在这个阶段，他写了大量的章回小说并出版了《失去的心》《金顶山》《清代文网史略》上册和《千针万线草》等。

周辂在抗战以前就写了小说《田野的儿女们》《春风》《生》等。1938 年初，他拟把抗战前后所写小说结集出版，但未能如愿。卢沟桥事变后，他写的反映抗日战争或与抗战有明显关系的小说有《铁蹄下》《慧星》（根据他在《民国日报》上发表的《夜雾》修改而成）、《冬夜》《神女》，均写得流畅可读；但是，更有特色的则是他的乡土小说《耳朵》

《贩烟土的一群》《石碑山的火》和《俘黑山中》[1]

《耳朵》中的店主无左耳，在询问下，他讲了30年前的故事：那时，他因病住于乌克拉木寨，一时好不了，马帮把他留了下来。他为了拯救受难的夷人而被砍掉一只耳朵。小说揭露土司的为非作歹，他甚至可以把子民抓起来活埋。《贩烟土的一群》是一篇分量较重的作品。它写深入夷人地区的马帮，用布匹、药品、日用百货等去换取鸦片，然后翻山越岭，躲过关卡，漏税走私，谋取暴利。马锅头所率领的队伍，由带武器的要钱不要命的小伙子组成，以强悍著称："干干干！生要干来死要干，小枪别在腰杆上，有谁敢说二句话，一枪打在脑壳上！"但是，他们除了和路途的凶险、山岚瘴气抗争外，既要提防政府的惩办，又要警惕贫民组成的"劫烟帮"，实在也是干着"血盆里捞饭吃的勾当"。他们与"劫烟帮"发生枪战，结果七死六伤，全部财富被劫，只有五个人冲了出去；而"劫烟帮"则被团总收拾，团总又被县长关押，抄了家：出现了大鱼吃小鱼的局面。《石碑山的火》写的是在土司压迫下的子民的反叛。土司之子强奸妇女，这妇女的哥哥为复仇而行刺，不幸被毒弩射伤，不久死去。其弟愤激，放火烧土司之家而被捉，将被活活烧死。马帮中的人充满同情地说："现在这火虽然熄灭了，我相信终有一天，火会把整个的石碑山烧了的。"

这些展现边地情景的小说，都写到马帮，它们和蔡希陶的《爬梯》、施蛰存的《驮马》、马子华的《路神的巨足》等，组成了云南颇有特色的马帮文学。周辂的这些乡土小说，引导我们随着马帮的脚步而进入峰峦深锁、云封雾障的蛮荒之地；展现了马帮生活的艰辛及其传奇色彩；表现了边民的粗犷、强悍和善良；揭露了土司对奴隶的欺压、凌辱；也反映出边民对土司的反叛心理和行为。小说所反映的社会、自然情景和使用的语言都颇具特色。

《俘黑山中》描写以人头祭青苗神的陋习："几个人打着鼓，吹着牛角，向前走着四个壮汉抬了一座野花及松枝扎的宝塔"，"大家走出了寨门，向着东方跑着，用火焚化了宝塔……由一只木箱内抬出一个大铜盘子



---

[1] 《俘黑山中》，原在1936年10月的《民国日报》上连载；1944年3月，重刊于《建国导报》第六期。

来，里面盛了一颗鲜血淋漓的人头”，把盘子放在地上，众人便大声唱起祈神歌来。写马帮初进入苗寨时，“狗听见马蹄声，窜跳着向我们狂吠”；寨中人“知道生人来了，跑过来七八个人，手中提了大砍刀，把我们围困起来”。这些，都使读者感受到了一种迫人的气氛，连神经也紧张起来。描写自然景观，是作者着力之点。在小说中，有数十只猴子连成一串吊下悬崖饮水的奇观；有野猪伤人和猩猩抓去脑袋上套头的惊险。其中，写了茂密的原始森林，“峰岗重叠，怪石嵯峨，粗大扭结的树巍巍的耸立着，巨大的树叶遮断了天空的阳光”；写了毒蛇鸷禽，“粗大的树干上秋千似的挂着赤色斑斓的毒蛇，草丛中逡巡着金黄的巨蟒，苍色鸷鹰沉沉静静的在明蓝天空中盘旋着……猛地将翅膀一敛，标枪般向地下投来，用那锐利的喙爪，掠了一只兔子改向高空飞去……”这些描写，把蛮荒之地的一幅莽莽苍苍的自然风光呈现在读者的面前，颇具魅力。其缺点是没有在描写自然景色时渗入更多的社会属性。

周辂的语言在写人状物上颇见功夫，如在《耳朵》里，鲁地邦之父说：“咳！娃娃大啦，真是费神：我早就打算替他娶个媳妇，总没几文闲钱……这几个月，不晓得杂个会爱上啦土司老爹的弟媳妇，两个打逗得热烘烘的。”这颇能写出人物的神态。此外，作者善于在对话中使用方言土语，如“不吹两口洋烟那行?”“你硬是渣筋”“杂个灯油都要煞猫虎?”“莫鬼扯羊肠啦！”这就显得滇味十足，为本地读者所喜闻乐见。周辂在《我们的剖白》中，主张在街头、农村演话剧时使用方言。他写小说也是本着这种主张，收到了较好的效果。

周辂一向比较重视通俗文学和乡土文学的写作。他编《文艺季刊》时，就拟出“墙头小说特辑”。虽未如愿，但他确乎写了墙头小说《冬夜》和《沦陷》。他还在《龙门周刊》上发表了章回小说《齐天大圣》等，因适合读者的欣赏习惯，并尖锐地讽刺了国民党政府，被人们称之为《新西游记》，很具吸引力。同时，他在抗战以前，即受艾芜具有乡土特色的《南行记》的影响，撰写了小说《古寺之夜》，表现了漂泊者在古庙中的情景。抗战以后，他写乡土小说就比较自觉而且也有分量。评论者认为，周辂的这些小说所写人物有云南本色，用的是云南大众语，表现出

"优美的地方色彩"（见1939年9月11日《云南日报》）。在《建国导报》所召开的一次茶话会上，周铬还提出书面意见，建议刊物"多注重边疆开发与建设之讨论，对本省边地生活，特殊风俗之报道，作深入的研究"。抗战以后，他的小说《金顶山》《狮子岩》《万石屏》结集为《金顶山》出版，也因其"以本省边地生活为主题，充满幽美的地方色彩，蛮荒情调，边地风光"（见1948年8月2日《平民日报》）而受到欢迎。可见，周铬对乡土文学的重视是一贯的。

李寒谷（1914—1951），云南丽江人，纳西族。抗战爆发后，他从北平回到昆明，在昆华中学任教，并筹办和主编《文艺季刊》。1938年因病回丽江疗养，筹办"三仙姑小学"并任校长。1944年瘫痪。

抗战时期，李寒谷的创作，有诗歌《献诗》《古城》《水灾》《丽江吟》；散文《撕包谷》《倮㑩火山》和小说《劫》《变》《老乞丐》。

《变》和《劫》的故事均发生在四喜村。前者描写红军过云南时，在穷人和富人中有不同的反应。作品没有正面写红军，但红军将至时，"天上，轰隆！轰隆！的雷声，在云背后响着，像哪家在敲着洋铁桶子。风扫过平原，掠过四喜村的屋梢，呼呀呼的，落在几百丈的山箐里"。作者善于把对自然风光的描写和气氛的烘托、渲染结合起来，艺术效果比较明显。《劫》虽然标明为"满清最末年的一段故事"，实则为一般的在兵匪交煎下动乱社会的写照，时代背景也可以看作是20世纪二三十年代。小说的开头写道：

> 四喜村像个病后瘫痪的老人，又像中了枪弹的野兽。
>
> 虎跳岩的江水，呜咽着悲鸣着，伤心得像寡妇在哭她刚死去的丈夫，母亲在哭她好容易养大了的独儿子。
>
> 做了四喜村屏障的高山，摇着一山红（疑漏了一"叶"字——引者注），像在斜阳里舞着剑光，一款摆，发亮的树叶，就流下眼泪，在哀悼这刚遭了大劫的村庄。
>
> 大股匪独眼龙溜远了。

但是，匪以后继之以兵。俗话说，匪过如梳，兵过如篦。人民被搜刮得苦不堪言：吉兴妈和女儿莲贞被奸污，吉兴爹疯了；伍元爸也疯了。另一方面，小说描写官绅兵匪的相互勾结和尔虞我诈。因此，它的一半是悲剧，一半为喜剧。从《变》和《劫》来看，李寒谷是有创作潜力的，只是由于生病，不能写出更多更好的作品，使人感到惋惜。

# 第四章 散 文

## 第一节 概 况

散文（含小品、随笔、抒情和叙事散文、杂文、报告文学等）和新诗一样，在抗战时期是相当活跃、兴旺的文学样式。《云南日报》的《南风》，云南《民国日报》的《副刊》《号角》《大观》《驼铃》，《扫荡报》的《扫荡副刊》，所登稿件多为小品、随笔之类。1938 年，《文化岗位》的“九月文艺竞赛”限定的文体，除诗歌外，就是通讯、报告、速写。1939 年，昆明版《中央日报》的副刊《平明》，多次出《散文特刊》；1944 年 5 月 14 日开始，该报的《星期增刊》，强调将“专载杂感随笔及文艺作品”。此外，1937 年 10 月 19 日创刊的《南方》半月刊，1938 年 6 月 10 日创刊的《战时知识》半月刊，在文艺版中，报告文学占了最大的份额。

编者和作者重视散文，这和抗战时期的条件有关。瞿秋白在《鲁迅杂感选集序言》中曾说：“急遽的剧烈的社会斗争，使作家不能够从容的把他的思想和情感镕铸到创作里去，表现在具体的形象和典型里”；再加上政治的压力、作家的审美特点等，就构成杂感这种文体产生的原因。这些话，也可以用来解释为什么抗战时期散文这种文体那么兴旺。1940 年 7 月的《今日评论》第四卷第一期刊载的《抗战三年来的文坛》一文就指出：“人事的不安定，生活的流离颠沛，能给作家写作的冲动，但不能给他充裕的时间及恬静的心情去从事伟大的创造。抗战给了作家无数的可歌可泣的材料，但是那些须经过时代的抚育始能成熟应用。”李广田 1943 年写的

《谈散文》，在指出散文的特点是“散”以后，又把它和小说、诗歌加以比较，说：“写散文，实在很近于自己在心里说自家事，或对着自己人说人家的事一样，常常是随随便便，并不怎么装模作样。”因为相对地说约束较少，在内容和艺术上没有很多严格的要求（自然，好的散文也是不容易写的），下笔比较方便，所以散文这种文学样式就比较流行起来了。

在散文中，首先要数随笔、小品等抒情和叙事作品的数量大，作者也多。如李广田、沈从文、高寒、马子华、沈沉、卢静、常枫、卢穆涛、李一生、包白痕、周辂、冷莽等，都有不少作品。写散文者，一般都是有所见、有所感、有时间就提笔，很少是拟好写作计划，一篇一篇写下去的。正因为是信笔写来，写所见事，表心中情，因而显得真实自然。它们反映了人们同仇敌忾的民族义愤，表现出真挚的希望；或描写劳动者的诚实、勤劳、善良；或叹息人生的艰辛，抨击政治的腐败，诅咒苛政猛于虎的黑暗等。总之，这些短小的文章合起来，就构成繁复的悲欢离合的故事，勾画了时代的风云，反映出人生百态。

其次是人物特写。如楚图南的《记杨保堃》，李广田的《到橘子林去》，卢穆涛的《怀巴金先生》，雷石榆的《战地的房东》，天明的《鼓的声音和田间的诗》等。《鼓的声音和田间的诗》写课堂上的一次朗读活动，记下了课堂上类乎“电影镜头”的情景和画面。“最后整个银幕上只有他（朗读者——引者注）这一个大头”，“他越念越响，巨大的声音震动着他颌下的长须”。作者预言，这位“大教授不久也会由听鼓的诗人变成擂鼓的诗人”。这样写，使人物具有立体感。

再其次是记事散文。如李寒谷的《撕包谷》，张天虚的《日本警察的巴掌》，曾昭抡的《驮马夫的生活》，施蛰存的《驮马》。《驮马》写了驮马队对抗战的贡献，比较全面地介绍马帮的情况。它以描写准确、语言简练、层次清晰而为人们所重视。

有些散文，则着重向人的心灵深处发掘。它们自然也写人也记事，但却突出客观事物所引起的人们思想感情的波动和激荡，有时还引发出某些含意深刻的哲学意蕴。如沈从文的《潜渊》，缪崇群的《叶笛》，雷石榆的《可怜的生》。《可怜的生》表现了作者对人世不平所感到的郁闷和愤激，也反映出自己心头的辛酸和愁苦。他说：多听一声不幸者的“哀诉，心头便多受一次针戳的感觉。我施予并非由于慈悲，我不反顾地溜走也并非由于无情。我只感到同样的命运的悲惨：流离，贫困，愁伤；也许有时比他们对现实更深的责问……或者对灾难的制造者更高的激愤”。这就如鲁迅所说的，先觉者在灾难的面前，将比一般人感受到更为深重的痛苦。

此外，还有众多的游记。已经成书的有：费孝通的《鸡足朝山记》，罗莘田的《苍洱之间》，张镜秋的《边荒》，彭桂萼的《边地的边地》等。冯至的《山水》、高寒的《旅尘余记》，虽非正宗的游记，但也写了在郊区、在外县的见闻、感想。方国瑜的《滇西边区考察记》和曾昭抡的《大凉山夷区考察记》，记述边区和彝族聚居地区的风土人情，虽说考察者身有任务，并非游览，但当作广义的游记看也是可以的。此外，马梦良有《滇南杂记》《昆明风光》两书。《昆明风光》重视地方特点，介绍云南人的生活真相，具有浓郁的地方风味，使读者颇感兴趣。

还应当特别提到的是，不少文化人为了完成抗战任务，为了谋生，或为了在白色恐怖下隐蔽自己，纷纷到专县上去，生活在乡村、小市镇；就是生活在昆明的，也极大地改变了抗战前的生活方式，和房东、邻里、各色人等有了较广泛的接触。因此，他们的作品几乎反映了全省各地、各方各面的生活现实。例如，报道迤东各县情况的，有“国立西南大学慰劳湘黔滇旅行团”的成员；描写迤南各地的，有西南联大文学院的师生和缪崇群、张子斋、李乔等人；关注迤西情况的有李霖灿、李寒谷（写丽江、中甸一带），费孝通、罗莘田（写大理、宾川）。此外，张镜秋写西双版纳；彭桂萼兄弟写临沧、双江；潘世澂、李生庄、白平阶写保山、腾冲；周辂、欧小牧写广南、丘北、砚山，等等。至于写昆明和近郊者就更多，不胜枚举。

卢沟桥事变燃起了抗战的烽火，反映这一伟大变化的，首先是诗歌和简论。简论更多的带有政论性质，文学因素不浓，这里略而不论；而大量涌现的文学作品，主要是通讯、报告文学，则真实地反映了抗战的现实生活。其中集中报道的是：（一）关于滇军和鲁南战役；（二）关于滇缅公路的修筑；（三）滇西大反攻及其他。

抗战爆发后，云南组建了第六十军，于 1937 年 10 月离滇北上，参加鲁南战役和武汉保卫战。该军的一八四师，有一批文化人和作家，如张永和、张天虚（参加滇军之前，是丁玲所领导的十八集团军西北战地服务团的成员）、李乔、孟田等。他们反映滇军的通讯、报告文学有：张天虚的《运河的血流》一书以及《二十世纪的爬虫》《火网里》《饿》等；李乔从离昆出发开始，写到在鸡公山待命，在前线参加战斗；孟田曾以应清为笔名在《抗战文学》上发表了《突围杂记》《水》《冲过第二道拦阻线》等。此外，马子华有《血染的军旗》，张天虚有反映战地服务团工作和生活的《征途上》《行进在西线》《两个俘虏》，陈赓雅有反映东战场的《战区杂写》。

与组建六十军几乎同时，云南还成立战地妇女服务团（后易名为云南学生军训练班）开赴前方工作。该团有一批文学青年，她们也写了一组通讯。彭慧的《在前方山国的姑娘们》，是对该团工作的报道，突出了姑娘们忘我工作的精神和她们从文弱到刚强的转变。

滇缅公路的修筑是一项战略任务，当然也是文学创作的重大题材。这条公路是在海路中断以后，为接受友邦的援华物资而开辟的陆上通路。修筑下关至畹町的路段时，每日出勤民工多达十多万至二十万人。1937 年 12 月开工，1938 年 5 月竣工，为修筑公路而伤亡者达万人以上。英国《泰晤士报》在 1938 年 5 月一连三天对滇缅公路修通的奇迹作了报道。

反映这一震惊世界的壮举，乃是云南文学界的一大任务。报刊上发表了有关小说，《云南日报》还于 1939 年 5 月以“我们怎样修筑滇缅路?”为题发起征文活动。7 月，该报刊出《一个尝试的收获》一文，介绍征文活动情况，并刊出获奖作品《小风波》《修路》。1940 年 6 月 15 日，《民国日报》上的《云岭的脉搏》，写筑路工人在悬崖上工作的英勇行为以及壮烈牺牲的情况：他们用棕绳吊着在悬崖上打眼放炮，阳光、花朵、风、白云都在“鼓舞与赞美着这劳动者创造生活的艰巨”。然而，有时棕绳断了，“系不住死的翱翔”，劳动者壮烈地献出了生命。在此之前，1939 年 9 月，木枫写过《一〇六号桥——滇缅公路是怎样筑成的》。同年 3 月，萧乾写了《血肉筑成的滇缅路》，文中说：在路面的修筑上，“不曾沾过一架机器的光”，民工们“铺土，铺石，也铺血肉”。结尾写道：“有一天你旅行也许要经过这条血肉筑成的公路。你剥橘子糖果，你对美景吭歌，你可也别忘记听听车轮下面咯吱吱的声响。那是为这条公路捐躯者的白骨，是构成历史不可少的原料。”这篇通讯，以事例典型、哲学意蕴深厚为特色。

1942年5月，侵略者进入云南境，先后陷畹町、龙陵、腾冲等地，占领了怒江以西地区。1944年，我国部队在滇西大反攻，9月夺回腾冲并结束了两个来月的松山之战，共歼敌一万余名；后又克复了龙陵、芒市、遮放、畹町，并进入缅甸，配合盟军会歼日寇。这些战役引起了国际人士极大的重视，也为文学、新闻工作者所瞩目。反映这些战斗的，有潘世澂的《战怒江》、江肇基的《缅战随军回忆录》以及马尔俄、王乾、乐恕人等从滇西和缅甸前线寄回的有关反攻的系列报道。

《战怒江》的作者为昆明《扫荡报》采访副主任。他随军西进，深入怒江前线。该书于1945年3月初版，含《一寸河山一滴血》《血战来凤山》和《西线无名英雄群像》等15题。作者目睹“先烈们，流一滴血，夺回一寸祖国的河山”，“淌着热泪写报道”。李诚毅在《序言》中说：《战怒江》“描写战斗经过之详情，阵地之工事，构筑之概况，战略战术之运用，战斗将士斩将搴旗之英勇，敌伪荼毒地方，麻醉民众之罪恶，无不绘影绘声”。费孝通的《序》则强调在“腐烂气息笼罩着后方”的情况下，该书增加了我们对军队的信心，也使自己“得了振作的信念”。但是，《序》的重点是鞭挞当权者“把人当成了畜牲”，所作所为“全是无耻”。此外，潘世澂还有《战时西南》一书，于1946年2月出版，但所收各文均写于1944年12月之前。其中的《滇西沦陷之忆》《西征行——从昆明到保山》等，均和滇西反攻战有关。

江肇基也在《扫荡报》任职，他写了《缅战随军回忆录》，于1945年4—5月间出版，共七章，十余万字。此外，还有王璧岑的《烽火滇西话征程》，由昆明大观出版社于1945年1月出版。它记滇西战况和慰劳中国远征军的经过。至于康朗的《火中的缅甸》所反映的时间则在大反攻之前，除介绍缅甸的风土人情外，还报道了“中英联军在缅甸战败的惨痛经验，华侨仓皇撤退的苦况”等。

从1935年《云南日报·南风》发刊之时起，云南文学界就强调发扬鲁迅的传统，大力提倡杂文。1940年8月创刊的《诗与散文》曾连载高寒的《悲剧及其他》。《生活导报》和《自由论坛》有“龙虫并雕斋琐语”专栏。但是，杂文（或称之为杂感）作为一种文体，是在抗战后期（从

1944 年开始）才蓬蓬勃勃地发展起来的。它的发展与讽刺诗同步，都是用来抨击社会的痼疾，戳破腐朽的毒瘤。

1944 年 5 月 7 日，曾经是杂文重要阵地的《云南日报·南风》复刊出“新一号”。5 月 14 日，《中央日报·星期增刊》出“革新号”“专载杂感随笔及文艺作品”，并开辟《棕榈轩詹言》专栏，登载小品文。7 月 7 日，《云南晚报》副刊《夜莺》问世，其《前奏曲》说，副刊“想在这阴森恐怖的晚夜，竭力挣出一点声音，警惕正熟睡着的人们，张开了眼睛，看一看他们周围的世界”。从这一天开始，副刊就开辟了“野草闲花馆漫谈”专栏，连续刊载了不少杂文。8 月 13 日，晚报副刊的《征稿启事》希望来稿是“多带社会性的杂文及当地一般人所关心的问题之‘侧面评论’”。

云南抗战时期的杂文作者，高寒、张子斋成绩较为突出。胜利以后，异军突起的是欧小牧。在 1945—1946 年，他还创办了以刊载杂文为主的杂志《匕首》和小报《高原》《白鸥》。

在抗战时期，尖锐、深刻的杂文时有出现。如艾思奇的《再谈面子》，闻一多的《龙凤》《可怕的冷静》《关于儒·道·土匪》《人·兽·鬼》和《最后一次的讲演》等。闻一多是学者、擂鼓的诗人、战士，他的杂文以其深刻性和一往无前的巨大气魄为特征。王了一的杂文也颇多精彩之作。此外，王子近（白浪）的《如果真是爱聂耳》、刘克光（史劲）的《借镜与忌镜》也为人们所重视。

如同任何文体一样，杂文的拔尖之作只是少数。张子斋在《关于杂文》中指出：“发表于昆明报章杂志上面的杂文，技巧上虽不算成功，但内容上却大体能够反映现实。”秋帆在《说杂文》里指出，杂文要具有形象特质，如果“舍弃了‘文艺性’的重要因素，还能算是‘杂文’吗?”因此，由于某些杂文的质量不高，就说杂文“遏止了伟大作品产生的机会”，或者攻击杂文是什么“鲁迅文谱”，这就明显是错误的、违背文学历史真相的攻击了！

在抗战时期的散文中，云南的自然风光、社会情况，得到了前所未有的反映。写游记者，大多把山川名胜和人文景观结合起来介绍，如《鸡足朝山记》就有强烈的人间烟火味。因此，游记既可以作“卧游”之具，也具有益智之功。至于河山、人物笼罩着民族战争的烟云，这也是很自然的。

抗日战争对民族精神进行了一次大涤荡。在文学界，一味热衷于风花雪月，沉迷于超然物外的思乡、怀人的生活咏叹者少了。有一批作者冲上了第一线，为民族解放斗争呐喊，向丑恶势力发起进攻。他们在思想战线上跃马扬鞭，意气风发。另外，还有较多的人则处于一面战斗、一面又感彷徨的境地。由于所处的社会地位和思想认识等方面的原因，他们不满意社会现状，要求变革；另一方面，又和社会中坚力量之间有若干距离。于是，愤怒中有愁闷，进攻时也有所彷徨。但是，从总的倾向看，这部分人总是日益贴近抗战的现实。例如，闻一多从“何妨一下楼”主人变为拍案而起的勇士；冯至和王了一最终也接近了时代的主流。这不正是万流归大海，体现了时代的客观发展趋势么？

## 第二节　楚图南和他的散文

楚图南（1899—1994），原名楚方鹏，云南文山人。曾用名（含笔名）有高素、高寒、楚曾、阿囊、介青等。他于1937年底从上海回到昆明；1946年8月，离滇赴上海。从1986年起，任全国人民代表大会常务委员会副委员长。

抗战时期，楚图南出版的译作有《大路之歌》《枫叶集》；著作汇集出版的有《悲剧及其他》《刁斗集》和《旅尘余记》三书。

《悲剧及其他》于1940年9月出版，是“诗与散文丛书”之一。所收作品为《悲剧及其他》《流矢之歌》《铁塔之什》《三礼赞》四辑。《悲剧及其他》这一辑，1930年7月间写“在泰岳下”，是在山东任教时所作。《铁塔之什》大约写于1934年，那时他在开封北仓女中教书。其他各篇，大半曾在《云南日报》《诗与散文》等报刊上发表过。作者在《校毕记》中说：书中各文，“多为怀人，怀地，怀事之作”；“检点旧稿，如同旅人一样的又回视了岩壑上的旧迹，只不过增添心中的微微的黯然而已”。该书着重于议论和抒情，思想深刻，文词优美。他笔下的铁塔，虽孤独但却“倔强而庄严，如同挺然昂然的撑天的铁柱”；他写孤雁或孤雁所谱出的声清而悲的寂寞之歌；写尾生的故事，表现出自己焦急的心情和辛苦的“长久的期待”。这些话都寄托着深沉的意思。他到开封时，和中共党组织暂时失去联系，心中有压抑感、孤独感。但是，文章在表现心情苦闷的同时，更多的是表现出真诚的希望和坚定的信心。

《刁斗集》由天野社于1943年11月出版。1947年、1948年，分别由贵阳、上海的文通书局再版并增收了若干篇章。文章分为九辑，选录回滇以后的作品，有学术论文、评论、人物速写、散文等。该书的《题记》写道：命名“刁斗”，是表示对后方黑夜的警惕，“即使是一个没有武装的岗兵，在黑夜中，在黑夜中的后方，也一样的得清醒着，准备着，也是戒惧着，长久历史的社会的潜伏在后方的敌人”：反动的理论、学说和思想。在《校毕记》里，作者说自己从来“还没有想到凭着幸运的天机和良缘，稳坐在精致的暖阁，制造成专家或学者，也没有想到高据崇宏而幽雅的象塔，啸傲烟霞，放怀情思，成为白嫩皮肤的文士和诗人”。这都表明，作者自觉地坚守在理论、思想的战斗岗位上。

《旅尘余记》虽然迟到1948年3月才由上海文通书局出版，但其中的《碧鸡关的故事》（又收入《刁斗集》）、《记棕树营》《路南夷区杂记》均写于抗战时期；附录有《开封随笔》（即《悲剧及其他》中的《铁塔之什》）。前三篇含散文和史地札记22题。作者在《题记》中说，这是“一种生活的陈迹”，“是一种工余或课余的消遣”。但实际上，它是对当时种种严酷现实的真实而深情的反映。例如，作者在棕树营只住了82天，但他却心情沉重地自责，为“不能和她一起平分了时代和命运所给与她不幸的一切”而感到内疚。他把这贫穷、愚昧的农村看作“受难的母亲”，“怀着感恩而赎罪的心情”写下了《记棕树营》这一组速写或回忆。

除上述三种书外的文章，楚图南曾拟选辑为《荷戈集》出版，秦贤次编著的《抗战时期文学史料》已录入书名，但遍寻未获。楚图南说：《荷戈集》编好后交黄洛峰，但他本人未见过该书，可能没有出版。

总观楚图南抗战时期的作品，有下列特点。

第一，善于从宏观上考察历史和现实，颇有真知灼见。如《云南文化的新阶段与对人的尊重和学术的宽容》一文，视野开阔，富于历史感，事实上是为《昆明杂记》风波作了深刻的总结。《防护精神或道德上的国土》则把对文化思想战线上的不良倾向的批判提到战略高度上来认识。当时，这类批判文章不少，但多半是就一时一地的局部问题来立论。楚文则从地理上的国土的沦丧，说到人们精神状态的萎微、麻木，指出这种精神上的解体更令人触目惊心："前者的危机，是一时的，是外来的；后者的危机，是自作的，是永久的……如果精神或道德上的国土已经丧失，则地理上的国土的恢复，自属不易……"而收复精神或道德上的国土，必须和实现民主政治紧密联系起来，除此以外"很少有别的捷径"。这种论述，不仅有理论的深度，还有较强的针对性。

对云南文学界，楚图南更是给予密切的关注。他虽在云南大学文史系任系主任，但工作重心却放在抗日救亡，放在组织和宣传各种进步活动上。他担任了"文协"云南（昆明）分会的领导工作，也是民主同盟云南省支部的领导成员。他撰写了《抗战文学的现实主义与云南文艺》《抗战文艺的战斗性和地方性》《文艺工作者怎样充实和武装自己》《一年来云南文化工作的检讨》《抗战第六年代文艺的检讨》等具有指导性、总结性的文章。他还参加1938年"九月文艺竞赛"的组织、评审工作，写了《忠实于自己》的评审意见。他强调，哪怕是"幼稚而真实的写作"，也远胜过那些"夸张的美妙的作品，和空想的欺骗的文字"，因为"那是权威者粉饰太平的工具，和沙发里面的游惰的绅士和少女们的小摆设"。总之，他对文学界思想界的情况常常从大处着眼来考察，不少文章关注的是长远的根本的问题。

第二，他立足于火热的中华大地，作品描绘了平凡的或不平凡的人生。他的《悲剧及其他》，以壮美为特色，富有阳刚气息。如《太阳礼赞》中的太阳，在和夜进行殊死搏斗，"面上浴着血，心中暴燃着火，如猛狮一样的挣扎着"，涌现在东方；它"赤着两腿，站在火焚和血染的光之湖里……并没有着凯旋者的骄傲，仍然有着战斗者的沉凝和戒备，所以万万只的金箭，密排在彩云里，弓弦不响，充血发光的眼睛，也正在搜寻似的向着远处的四方张望"。这人格化了的太阳，形象鲜明、新颖、高大，寓意丰富。随着时间的推移，后来，他的文字就从激越、优美、壮烈而趋于平实、素朴、丰满。用他自己的话说，就是"行走在天空或梦幻中的步履，已渐渐地踏在人间，踏在人间的泥土里了"。和《悲剧及其他》的重抒情和议论不同，《刁斗集》的人物速写、《旅尘余记》的乡镇万象，就以叙事为主，所写均颇有深度，颇具特色。如谈论聂耳时，从他接受民间音乐的滋养和经历生活的磨炼，说到他的歌曲使“本已抽空了内容的音乐，又从新有了新的实体”：“奴隶们听着他的歌唱站立起来了！青年，工人，筑路者，都听着他的歌声而挥舞着铁拳了。”写张天虚，强调他克服失恋的巨大痛苦，“如古代拔矢啖睛的战士一样，以绝大的毅力，征服了痛苦……既不恨妒，也不感伤……将这种痛苦，融溶在更大的爱情，和更紧张的工作里面”，写得颇有新意。再如写郑一斋，突出他对人才的爱护，写他对因抽大烟而消磨了雄心壮志的天分极高者惋惜不已，说“这龙得让他不要躺在床上才好”。上述诸篇，均写出人物某些方面的特色，体现了黑格尔和恩格斯所说的“这一个”的精神，即具有其典型性。

《旅尘余记》中的《碧鸡关的故事》和《记棕树营》，具有强烈的现实性。其中有火与血，有巨大的痛苦、深沉的悲愤和强烈的希望。战士倒在路边，肌肉抽搐，口吐白沫，寂寞地死去！人民“饥饿、贫穷和过度的劳苦……未老先衰……半赤裸着身体的孩子们，亦很少五官周正而健全的。老年的妇人，脖颈上且多硕大的颈袋”。在棕树营，四围优美的风景和村落的“破烂残缺，灾害和不幸”形成强烈的对比。人们夜里只能用苦蒿薰蚊子，一当燃尽，蚊子便“如雷鸣一样的向人复仇和示威”。孩子把死老鼠“提在手里作为珍贵的玩具一样”。除了天灾，还有人祸。封建的制度、意识，多如牛毛的门户捐，使人们特别是妇女和儿童的痛苦、不幸更为深重。作者写了种种惊心动魄的事实，怀着殷切、悲愤之情揭露“广大不仁的社会”。他希望妇女挣脱“孽债纠缠”的人生，祝愿孩子能健康成长，盼望为抗战流汗流血以至牺牲的兵士能得到人们的关怀和尊重！

第三，楚图南的作品，颇受鲁迅、尼采的影响。这首先表现在《悲剧及其他》一书中。它的深邃和精辟，显现出鲁迅的《野草》和杂文的神髓；有些篇章，是对鲁迅思想精义的发挥，如《两头蛇》《牺牲》等。此外，他还写了《学习鲁迅的战斗精神》《鲁迅的学术上的新精神》《从生活的不断的发展和创造去认识鲁迅》等文，宣传鲁迅的思想，提倡发扬鲁迅的战斗精神。1944 年，在筹集援助贫病作家基金运动中，楚图南还在《刁斗集》的扉页上题了鲁迅的“血沃中原肥劲草，寒凝大地发春华……”的诗句，赠给石屏师范学校，用以激励青年学生。

在20世纪30年代初期，楚图南在牢狱中曾翻译尼采的《查拉斯图拉如是说》和《看哪这人》。他喜欢尼采，《悲剧及其他》中的若干篇什里，都直接引用尼采的话，颇有类乎《查拉斯图拉如是说》的地方。他说，这两本书，那是“扪着铁的严肃，在死的战栗，也是在死的大宁静中”的译作。当时，他欣赏尼采，对尼采作品中“那种反抗社会现实，冲决一切罗网的呐喊”和“仇恨现实，憎恨‘狼群’社会的思想”产生共鸣。但是，这只是类似而不是相同。他在《〈看哪这人〉译序》里说过：“在中国，一切正在变动之中，介绍或研究尼采，亦只能强调了尼采对于时代的叛逆性、革命性、乃至进步性即得。”例如，尼采的超人是站在云端，以蔑视的态度俯瞰芸芸众生的。尼采的立场和楚图南在《天才》《太阳礼赞》中所表现的可说是格格不入。楚图南憎恨“天才”和“神灵”，他的着眼点是“最平凡的人间，最低卑的地狱”。他是从自己所理解的角度、从中国的现实出发去接近尼采的。

从上述的举例和分析，从《人才与奴才》等文中，可以看出楚图南所受鲁迅、尼采精神的影响。但是，尼采对他的影响，在抗战的中后期，从形式上看不很明显了。他在《〈看哪这人〉译序》中说过：人在少壮时喜于攀登绝壑奇峰，而在壮年之后，则更趋向于“踏入现实的人境”。这表现了作者的成熟。但是，不管在少壮时还是壮年之后，总有“一种一贯的精神或一致的企求”，这就是鲁迅的伟大爱国主义精神和为人民事业而奋斗不息的决心以及尼采的对旧社会的反叛性对他的影响。



## 第三节　沈从文在云南

沈从文（1902—1988），原名沈岳焕，笔名有上官碧等，湖南人。抗战爆发后，他由北平回到湖南沅陵。1938年春，经过贵州来昆明，在西南联合大学任教，讲授“各体文习作”和“中国小说史”等课程。1946年夏离开昆明。他在云南这8年间，除了教学外，还从事文艺创作和著述，并参加云南文艺界的一些活动，在云南抗战时期文学史上占有较重要的地位。

沈从文和云南发生直接关系，可以追溯到1930年。该年7月23日，他曾给云南文学青年杨南生回信，谈及上海出版界的不良风气，劝告杨"多作而少求发表，于自己益处实多"（见1931年4月《朝曦》创刊号：《通讯》）。1934年8月16日，他赞扬马子华的稿子"极好"（见孔另境编：《现代作家书简》）。1935年8月28日，对李寒谷提出多写多看以及写文章时要快刀斩乱麻似地删去旁出的枝蔓等意见，还说："写作是生活，不是闹着玩的，我们要终身忠实于写作，努力于写作。"（见《文艺季刊》创刊号）

沈从文到达昆明后，据说"收到了老舍的一封来信，请他出任云南'文协'第一任主席"（见凌宇之《沈从文传》第371页），他没有答应。1939年1月，被选为"文协"云南分会第二届理事会的理事，但他并没有参加多少活动。不过，他十分关心文学青年的培养，告诫他们要锲而不舍，胸怀大志，反复地对他们说过这一类的话："从事写作，目的远，理想大，不因小小成就自满，也不因一时无出路灰心。"（见《警钟》第五期之《谈到写作》）。曾得到他的帮助和受过他的教益、影响的文学青年有：汪曾祺、林蒲、刘北汜、赵瑞蕻、程应镠、虞籍、卢静、白平阶、马瑞麟等。汪曾祺曾说，沈从文"对学生的影响，课外比课堂上要大得多"。他常去金鸡巷联大学生的住处聊天，无形中成为一个文艺沙龙，给青年以潜移默化的影响。此外，汪曾祺还说："多年以来，沈先生就干着给别人的作品找地方发表这种事"，可说是乐此不疲。例如汪"在1946年前写的作品，几乎全都是沈先生寄出去的"。据回忆文章，沈从文经常为林蒲、刘北汜、程应镠等修改文稿。正因此，余爽仁说："在西南，（简言之，在昆明）……有许多作者……直接或间接地受了沈从文先生的影响，在态度，取材，和描写上都具有相当的特殊性。"①

从1939年起，沈从文主编《今日评论》的文艺稿，推出了方龄贵、白平阶、李霖灿、汪曾祺等一批新人。1945年，他主编昆明《观察报》



① 余爽仁：《文艺上的全面战》，刊于上海之《读书月报》第1卷第12期，1940年2月1日出版。

副刊《生活风》和《新希望》，坚决摒弃“离奇不经的文坛消息，新式八股的理论批评”，反对“以取悦读者为目的”的编辑态度。他的《五四节谈谈报纸副刊》《怎样办好一份报纸》等文，强调报纸副刊对文学事业的意义，说副刊是青年作家的训练场所，指出云南的报刊对这点不够重视，并说如果报刊“出版一年半载，发现三五个有希望的作者，发表几篇有价值作品，不失其为‘成功’”。在这方面，沈从文是一个有心人。

抗战时期，沈从文出版了散文集《湘西》和小说《主妇集》《长河》。《主妇集》所收五篇，写于1935—1937年间，均为抗战以前的作品；《湘西》《长河》写于1937与1938年之交。虽说它们在昆明才最后写完或修改定稿，但所写“只是湘西一隅的事情”（《长河·题记》），和云南文学的关系不大、不直接，不宜作为云南抗战时期的文学作品加以论述。

沈从文的散文，往往融写景、叙事、哲理为一体，文笔优美、流畅、新鲜。如《云南看云》，从各地的云说到云南的云的特点是素朴，“似乎是用西藏高山的冰雪，和南海长年的热风，两种经过一种神奇的手续完成的，色调出奇的单纯，惟其单纯反而见出伟大”；就是黑云，也无沉重感，是“黑而秀”。文章进而从当时一般人追求“法币”“赚钱”而说到关于云南的云的摄影展，对观众有陶冶作用，引人深思：“使我们习惯于向远景凝眸，不敢坠落。我以为这才像是一个艺术家最后的目的。”又如《烛虚》，鞭挞浑浑噩噩、苟且偷生的废物，着眼于青年人健康的人生观和向上奋进意识的培养。他也不时解剖自己，表现了对社会上恶劣现象的怨懑和自己的一些悲观情绪，如《潜渊》里说：“我目前俨然因一切官能都十分疲劳，心智神经失去灵明与弹性，只想休息。……我的休息，便是多数人说的死。”但这仅是他思想中不占主要地位的一方面。他并不真的悲观，并不想遁世。试看下面的文字：“我……骑上一匹栗色瘦马，向西南田埂走去。见西部天边，日头落处，天云明黄媚人，山色凝翠堆蓝。东部长山尚反映夕阳余光，剩下一片深紫。豆田中微风过处，绿浪翻银，萝卜花和油菜花黄白相间，一切景象庄严而兼华丽，实在令人感动。”这里的斑斓色彩，正反映出作者的入世态度和对生活的热爱。他在创作中，对美好的事、人、物，不遗余力地加以颂扬。在《致李寒谷》中说，自己侧重“写中国人的美德，发扬中国人的美德”。有所爱就有所憎，爱之切就恨之深。

他讽刺希特勒、墨索里尼在集会上“装作雄鸡姿势”，讥笑他们在战火纷飞的前线，则“决不会比一个二等兵乐意把头多昂起一英寸”。他的思想认识的这两个方面，在《〈从文小说习作选〉代序》中早就说过：作品中，有“一种燃烧的感情，对于人类智慧与美丽永远的倾心，康健诚实的赞颂，以及对于愚蠢自私极端憎恶的感情”。

从沈从文的整个创作情况来看，在云南时期，不能说是丰收的。同时，他的有些作品，不免有冗长之缺点；或者在内容的表现上有意朦胧，使读者感到难于掌握和理解。他在《动静》中所写的年轻的上校团长，有所拔高和美化，文字就不如《王嫂》那样朴实。不过，从总体来说，沈从文在云南抗战时期文学史上，地位是比较重要的。一是因为他确实写出了一批反映云南生活的较好的小说、散文，写出了一些颇有深度、力度的论文、评论；二是因为他敢于面向严峻的人生，坦露自己的矛盾心态，同时，他所表现的对民族未来的热切追求，心理分析的深度以及愤世嫉俗之感的强烈，都颇具特色；三是他在思想内容和文学表现上进行了多方面的探索和尝试：在他的笔下，有现实主义的精雕细刻，有浪漫主义的丰富神奇，有意识流手法的运用，有心理活动的洞幽触隐，有宗教情绪的渲染，有人生内蕴的探索。他在《致桂萼》中说过：如果“想使这个文学运动有点好成绩表现，一定还得一些人来低头作各种试验，并将超越流行文学观点上，从各种方面产生些形式内容不同的作品”。因此，他的探索和尝试，不论成功与否，都和前述第一、第二两方面一样，为云南抗战时期的文学以至对中国现代文学，作出了有益的贡献。

沈从文是《战国策》的主要撰稿者之一，他在上面发表的作品有《烛虚（一）（二）（四）》《白话文问题——过去当前和未来检视》《废邮存底》《读英雄崇拜》《新的文学运动与新的文学观》《小说作者和读者》《谈家庭》。另外，重庆《大公报》的《战国》副刊，还刊载了他的《对作家和文运的一点感想》。1940 年 11 月 20 日，战国策社为范长江举行晚餐会时，沈从文和林同济、陈铨、何永佶等均以主人的身份出席。范长江在《昆明教授群中的一支“战国策派”之思想》一文中说：“沈从文教授只表示他对《战国策》的看法只是一种‘政治的抒情’，始终不脱他文艺家的作风。”施蛰存在《滇云浦雨话从文》中说得更为明确：“从文一生最大的错误，我以为是他在四十年代初期和林同济一起办《战国策》……从文的名誉却因此而大受损害。”

一个刊物、一个团体、一个流派，一般总有其特定的思想倾向和创作倾向，但在成员内部也不可能划一不二，有时甚至会发生对立。例如在创造社中，郭沫若、郁达夫、张资平、王独清等的情况就有颇大出入。后来，郁达夫退出，张、王两人终于和创造社的大多数人分道扬镳。又以《七月》来说，被列为“七月派”的人们，胡风、路翎、艾青、田间等也不完全相同。创作社是以郭沫若为代表的，“七月派”的代表人物为胡风，“战国策派”则以林同济、何永佶、陈铨为核心。这些人的思想、创作即代表该团体、刊物、流派的主要倾向。自然，在刊物上发表过作品的，不一定就隶属于该刊物所代表的派别，如冯至、费孝通、陈碧笙等曾为《战国策》撰文，但似乎并没有人把他们称之为“战国策派”。李乔在《七月》上发表过《堪察加上的昆明》，但他并不属“七月派”。沈从文呢，尽管他在政治思想和对文艺的看法上，和林同济、陈铨等并不相同，但他和其他主要撰稿者是熟人，在生活上以致思想感情上比较接近。尽管他没有参加该刊的编辑工作，但他和该刊的关系确乎相当深。因此，在当时，“人们都以为他是‘战国派’”（《真报》第111期）。现在，不少人仍认为他和《战国策》的关系密切，应该说这是有根据的、符合实际的。

沈从文在《给一个军人》中说：“你看过《战国策》，怎么会把我和陈铨先生主张并提？怎么会以为我是和他同在赞美超人英雄？……把我和他并提，是一些莫名其妙的人在小刊物上写杂感时的技巧，与事实是完全不相符的。”在这里，他只是反对把自己和陈铨的主张混同（特别是在英雄崇拜问题上），但并没有说及和《战国策》这刊物的关系。其实，沈虽然属于“战国策派”，但从《读英雄崇拜》等文可以看出，在对五四运动的评价、在宣扬法西斯思想和鼓吹英雄崇拜上，他的确和《战国策》之主流派存在着分歧乃至对立，对这种情况，我们也应该注意到。

林蒲在《沈从文先生散记》中曾说：在西南联大任教时，沈从文“受到了左的或右的打击。沈从文的路子是寂寞的！他是默默在固执走着他的寂寞的路子。”（《我所认识的沈从文》第173页）这比较好地概括了沈从文在云南期间的处境和心态。沈从文也多次谈及相关的问题：在《时空》

中讲过“寂寞的死”；在《从现实学习》里，说到在昆明的年月，“相当寂寞，相当苦辛”；在《散文选译序》中，甚至说他一生所写的散文，都“带着一份淡淡的孤独悲哀”。

沈从文所教的主要是新文学，并从事文艺创作，被守旧的研究国学的教授瞧不起，认为没有学问。社会上也有人无端地攻击他“根本谈不到什么派，也就始终谈不到思想”。这些毫无根据的贬损，自然是不足为训的。沈从文是民主个人主义者，希望国家、民族独立、进步。他疏远政党及有关组织的功利目的，坚持文学的独立性而拒绝外来的政治干预。因此，他就往往受到来自“左”和右两方面的压力，感到不被理解的苦闷，感到孤独和寂寞。

1939 年和 1940 年，沈从文写了《一般或特殊》和《新的文学运动与新的文学观》（修改稿在收入《云南看云集》时，易名为《文学运动的重造》）等文章，强调文学有特殊性，和一般的政治宣传品有区别；说专家和作家要“埋头做事”“沉默苦干”，和“统治者或指导者，部长或参政员”有所不同。他反对文学事业“过度商品化与作家纯粹清客家奴化”，不能屈从于商业和政治的压力。这是沈从文的一贯思想，有其合理性，但他不应把一般和特殊截然对立起来。在卢沟桥事变以后，争取抗战胜利是全民族最大的目标，谁也不应例外。这对文学事业影响既深且巨。作家为了民族的解放，有些人从过去认为至高无上的文学殿堂中走出来，以手中的笔为抗战呐喊，哪怕暂时降低了作品的艺术性，也不应把他和“社会真正的进步”对立起来看待而加以指责。因此，他的这些观点在当时就有不合时宜的一面，有其片面和偏激之处，曾受到巴人、杨华、郭沫若等人的批判。郭文说：“抗战期间作家以他的文笔活动来动员大众，努力实际工作，而竟目之为‘从政’，不惜鸣鼓而攻，这倒不仅是一种曲解，简直是一种诬蔑！”（《新文艺的使命》）

沈从文还在 1939 年 10 月 28 日的昆明《中央日报》和《战国策》第八期上发表了《时空》（即《烛虚》（三））和《烛虚（四）》，也受到人们的批评。但是，这批评与其说是针对文章本身，不如说是由历史原因而引发的。从 20 世纪 20 年代末期开始，沈从文对左翼文艺就有微词，后来甚至说过“江西一隅某种势力五六年的负嵎自固”[①]一类的话。他在京派、海派之争中的立场和一贯鼓吹人性（如说自己拟造的“希腊……神庙供奉的是‘人性’”）、淡化同政治的关系等，使人们对他形成了某种固定的看法。所以，在《烛虚（三）（四）》当中，尽管写明要“走出这个琐碎、懒惰、敷衍、虚伪的衣冠社会”，希望获得“新的生活”“新的信心”；尽管写明为了“民族目前或将来”“懒惰不得”，应该有“远虑”；尽管在当时，沈从文在本质上并不是虚无主义者和悲观论者，可是，在《云南日报》和桂林《救亡日报》上，他仍受到指责。在西南联大的壁报上，学生也批评他“打起消沉的旗子”（见1939年12月5日昆明《民国日报》）。正因为这种先入为主的认识，沈从文在《战国策》上所发表的颇有思想力度的《读英雄崇拜》一文（这是批评《战国策》主流派观点的第一篇论文）就没有被当时评论家所重视。

沈从文受到从“左”面来的批判，没有得到“左”面文化人的理解；同时，也受到右面来的压力，和右的文化人也有距离，这就使他感到寂寞和孤独。

在《从现实学习》一文里，沈从文曾说：“我的作品一部分，又受个愚而无知的检查制度所摧毁。”在1942年写的《长河·题记》中，他说得更详细：《长河》因忠实于生活（它触犯“新生活运动”和国民党政府的民族歧视、民族压迫政策），在“目下检查制度”之下，“不免多触忌讳”；它“最先在香港发表，即被删节了一部分，致前后始终不一致。去年重写分章发表时，又有部分篇章不能刊载。到预备在桂林印行送审时，且被检查处认为思想不妥，全部扣留。幸得朋友为辗转交涉，径送重庆复审，重加删节，经过一年方能发还付印”。据金介甫说，除《长河》外，《云南看云》《记丁玲续篇》也被查禁；“检查官还不许印行沈从文近30种文集，前后达4年之久。有9篇写农村的小说虽然过去已印行过，依然被加上‘与抗战无关’的批语不许再印”[②]。我们从云南省图书杂志审查处的档案资料中还发现，他们对沈从文是持怀疑态度的。如1943年10月，



① 《云南看云集》，1943年版，第103页。

② 《沈从文传》，时事出版社1990年版，第244页。

在《著作家著作状况调查表》（草稿）中，即说沈从文之思想倾向“混乱”；在备注栏里，说他的“党籍复杂”。1941年5月份的《云南省图书杂志审查处工作报告》写道：“联大及云大两校，有少数教授，恒喜写作带有讽刺性之小说，多半对现实不满，故一面采用私人感情上之积极联络，以期转变其态度，一面严格采用原稿审查办法，对于捕风捉影不利于抗战建国之言论，一律不予通过。”沈从文在《长河·题记》中谈到：“最近本人把所有作品重新整理付印时，每个集子必有几篇‘免登’。”由此可以看出，所谓“多半对现实不满”的教授，显然包括沈从文在内。他的讽刺性的问题小说《乡城》在香港刊出，大概也和云南的审查原稿的办法有关。

从上述情况来看，沈从文在抗战时期，思想处于比较尖锐的矛盾之中，时而积极，时而消极，经常进行着“对生命有计划对理性有信心的我”和“宿命论不可知论的我”的交战（见《水云》）。这种矛盾、交战，在《烛虚》的系列文章中表现得较充分。沈从文强调要进行以“改造”与“做人”为目的的新式妇女运动；认为作家应以自己的文字，使生命死亡之后，其神采、精神仍“煜煜照人，如烛如金”。他反对思想的麻木、停滞；主张应有远大的理想，有强烈的民族责任感；厌恶有些人把“有用脑子转移到与人类进步完全不相干的小小得失悲欢上去”。另一方面，他因“禁律益严，人性即因之丧失净尽”，连“场面上人”也如同盆景，“被人事强制曲折成为各种小巧而丑恶的形式”等而深感失望，哀叹自己的“生命俨然只淘剩一个空壳”，因而“常常想到死”等。右的力量对他的压迫，就因为他对丑恶现象、强权统治的抨击；“左”这方面对他的批判，就因为他的消极、悲观。但是，沈从文这两方面的思想不是均衡发展的。他在坦露自己消极思想的同时，预见到可能有人据此而判定他是厌世主义者，因而声明“事实上我并不厌世”；吐露胸怀中的郁闷，不过是“稍稍休息，缓一口气”而已。他认为“人生实在是一本大书”，自己要不懈求索，“翻到个人所能翻看到的最后一页”。从沈从文一生，特别是抗战时期的表现来看，他始终坚持着爱国主义、民主主义的原则，虽然思想有矛盾，但积极的一面是主要的。

## 第四节　张天虚和他的报告文学

张天虚（1911—1941），原名张鹤，云南呈贡人。他是中国左翼作家联盟的成员。抗战前一年，他从日本回国。1937年初，到山西太原参加军训，后转延安，于8月参加十八集团军西北战地服务团。曾任通讯股长，在陕、晋两省工作。1938年初，奉调从山西到湖北，入滇军第六十军第一八四师政治部，后参加徐州大会战和鲁南突围战役。1939年初，经桂林回昆明，在中学任教。年末，拟再往延安，但因故未能成行，乃奉命到缅甸仰光，在《中国新报》任职。据说他为该报写的文章为数颇众。1941年初，他因病回昆；8月10日，逝世于呈贡。茅盾认为，张天虚“是一个朝气蓬勃，很有才华的青年”，“假如他活到今天，一定是革命文坛上的一员战将”。郭沫若在为张天虚写的墓志铭中，把他和聂耳并列，称之为“西南二士”。文中写道：“义军有曲，铁轮有书，弦歌百代，永式壮图。”

张天虚的创作，抗日战争以前，有长篇小说《铁轮》；抗战期间，有诗歌《我是放出了一星燃烧世界的火种》《望寒衣》《恋战场》，还有小说《王疤脸和小朱》，文学论文《致力文艺者的新性格》等，但他主要是写报告文学。他的干粮袋里有墨水和稿纸，在行军的间隙，枕头就是写字台。由于他的勤奋，在一年多的时间里，就写出了下列作品：

（一）《征途上》。记述从延安到太原的经过，含《出发的送别式》至《临汾到太原》共13题。该书1938年2月24日完稿于汉口，1938年6月初版，为“战地生活丛书”第五种，由汉口的上海杂志公司发行。

（二）《行进在西线》。《后记》中说：该书“是《征途上》的继续，是西北战地服务团和我在西北战地服务团的第二时期生活和工作的纪实”。书中收《在太原》至《别了，西战场!》共14题。该书于1938年2月20日完稿于汉口，1938年3月初版，属“抗战动员丛书”，由汉口大众出版社刊行。

（三）《两个俘虏》。记述两个日本俘虏在我军的帮助、教育下，从顽固坚持反动立场到转变的过程，是一篇两万多字的报告。该书1938年2月

5日定稿于汉口，同年3月20日由上海杂志公司在广东刊行，属“战地生活丛书”第二种。

（四）《运河的血流》。记述作者随滇军参加徐州大会战的情况，含《赴前线去》至《狂风暴雨中的夜袭》等共18题。该书1938年8月3日在湖北咸宁完稿，1939年6月初版，由读书生活出版社总经销。

除上述四种书所收集者外，张天虚还有报告文学作品《二十世纪的爬虫》《血肉筑成的长城》《杀过单城集》《火网里》《“肝气”的使用》《战士、伪军》《消灭死角》《蛇蜕皮》等约20篇。其中，有关鲁南突围者，曾以《火网里》为名交读书生活出版社印行，已排了版，但因广州陷落而半途夭折。他的报告文学，成就颇高。《两个俘虏》以及单篇《二十世纪的爬虫》《火网里》《饿》均被选入“中国抗日战争时期大后方文学书系”中。这些作品具有下列特点。

（一）敢于面对严峻的人生、艰苦的战斗。如果说，在《雪山道中》等篇里，人们要战胜的是山的高峻、雪的严寒、路的泞滑，那么，在《火网里》《“肝气”的使用》中，人们就要吃从来没有吃过的大苦，经历从来没有经历过的艰难险阻，克服意想不到的困难，受到多方面的磨炼。在突围时，长时间的急行军，天上有敌机在扫射、轰炸，地上有敌人交叉火网的层层封锁；一连多日的缺食少眠，人疲乏得“脑筋像也特别变得迟钝……失去了有系统地思索的能力；脚像铅柱，没有神经和血管流贯在上面，只是机械地向前移动着”；“人们所有的气力都由骨髓里挤榨出来使用”，人已处于临近昏迷的状态。写徐州大会战，他敢于写我军猝然接战时的慌乱、挫折、牺牲。在《指挥所里》，正面描写了师长和副师长的矛盾冲突，把勇敢和怯懦同时表现出来。在突围时，作者承认自己“本来是要想逃生的”，但当遇到散乱的也是想逃生的战士时，他身上的政治工作者的责任感升华了，毅然从逃生变为出头召集、组织、带领被冲散的战士去战斗，虽然他明知“这希望是异常渺小的”，“绝少生还的希望”。为了慎重起见，他在夜里摸索着写下了遗嘱：“同志们，请转告我所有的同志和朋友，不要念我，加强斗争的决心和信念，相信中华民族是会在艰难困苦和错误当中挣扎进步和健全起来。争取最后的胜利，我们有充分的把握。踏着我的血路来！”虽然如此艰苦、如此危险，但作者在1939年底，准备去延安之前，仍写了《恋战场》一诗，说自己的灵魂在寂寞的家乡哭泣，企望战场“把我的灵魂解放，/仍在那/战争的太空翱翔，/让我仍/游泳在火海，/呼吸着烽烟，/让我底心弦，/弹奏着战斗的交响”。这说明，他的报告文学敢于直面严峻的人生，确实是一个战士情怀的真实反映。

抗战初期，报告文学蓬勃兴旺，它“鼓起了大众舍身杀敌的勇气，加强了大众最后胜利的信心”①，发挥了巨大的战斗作用。它的不足之处则在于有些人由于生活不充实，他们写未经历过或未深入的生活时，往往用主观的想象来代替对现实生活的描写，或者用廉价的乐观来回避血与火的冲突。这类缺点，张天虚的作品得以避免，重要的原因之一是他曾亲临前线，经历过炮火的锤炼和生死的搏斗。

（二）从一个侧面真实地反映了抗战那个伟大的时代。张天虚对西北战地服务团的生活、工作，对徐州大会战、鲁南突围的情景作了真实的描写。西北战地服务团隶属于十八集团军，它的活动与朱德、任弼时、周恩来以及阎锡山等有关，书中对此有珍贵的记录。《行进在西线》还写到托派：张慕陶“不敢以真实面目和姓名见人”，而以“马参议”的身份和西北战地服务团的一些成员会面谈话；他被驳得“无言可答，东吱西唔的胡乱拉扯”，现出了一副狼狈相。张天虚的有关西北战地服务团的报道，还表现了人民对抗日、对中国共产党、对八路军的由衷拥护。如在韩村，临别时，四十多岁的房东感动得哭了；在范村，因为服务团和游击队解决了抢掠的溃兵，“老百姓们深夜鹄立街头”热烈欢迎。另外，他还描写了革命者意气风发的精神。过雪山时，团员一次次跌倒，躺在烂泥中，或者鞋子深陷泥泞中而失落，只好光脚奔走，可是，他们仍谈笑着相互鼓劲。下山时，竟走在同行的老战士的前头，虽然有人已是“一脚的鲜血”。在延长县的街上，还出现了“拖着扫把路上前来迎接”的教育部部长徐特立的特写镜头，实在令人敬佩。又如《行进在西线》对服务团的负责人丁玲的描写：“共同工作的半年来，我才知道了丁玲的超乎一般女性的能力，不在于她是一个前进的文学家，她还有一套由于刚强坚顽的性格出发的政治手腕……难怪日本帝国主义者把她估价成中国唯一的女英雄，要他们女子

① 1938年3月27日《新华日报》。

作模范了。”她的脚起泡了、溃烂了，“许多人坐车，她几番叫我去坐，而自己却不坐；别人叫她骑驴也不骑”。这确实给人以“昨天文小姐，今日武将军”的印象。

如果说，西北战地服务团是以宣传为主要任务的团体，张天虚等是以笔和嘴来宣传抗日，那么，他后来所在的滇军一八四师，则处于战争的最前方。张天虚亲历残酷的战斗，听着枪声炮声，触目的是鲜血和死亡。在《饿》《火网里》《“肝气”的使用》中，一次次把生命的承受力推向极限，但又终于闯出了活路。和张天虚一道执笔撰文的，还有李乔、孟田、马若璞。他们共同对滇军的浴血奋战加以赞颂，表现了抗日战场上另一个侧面的真实情景。

（三）在艺术上的追求和尝试。张天虚在《南方》上发表了《关于文艺通讯工作》和《文艺通讯概说》两文，这可能是他在 1939 年暑假期间授课的提纲。他在文中总结了自己的写作经验，提出写文艺通讯，中心思想要明确，立场要坚定，不要讲空道理，不要“雕琢堆砌的空虚无物的句子”等七点意见。如果联系他的文艺通讯，就可以看出他在艺术上的追求。例如《两个俘虏》和《战士，伪军》，在写作时采用了新的视角。茅盾指出，一般作品写敌人士兵时，“不是写成了怕死的弱虫，就是喝血的猛兽”；而《两个俘虏》一书，却“展开了敌军士兵的心理，指出了他们曾经怎样被欺骗被麻醉，但也指出了欺骗与麻醉终于经不起正义真理的照射”。也就是说，把俘虏当作在特定环境、条件下的人来看待，环境、条件变化了，人也就可能发生变化。《战士，伪军》中写的是还有民族良心的伪军，作者把他称之为“同胞敌人”。此外，《“消灭死角”》的笔调活泼、生动，写法有张有弛，有紧张的战斗，也穿插着心理描写。张天虚的报告文学一般重在记事，但《我们的小鬼邓超》却重在写人。邓超的执著、认真、倔强、热情的性格，写得生动真实。再如《日本警察的巴掌》，记述和日本特高课的干员斗争时，表现出我民族的凛然正气，感人颇深。上述描写，在艺术上是有特色的。

当然，张天虚的报告文学作品是在动荡的环境中写成的，而且作者还十分年轻，因此难免有不足之处。郭沫若评论《铁轮》时说过，这长篇“难免有拙稚之嫌”，但“拙稚却胜于巧者”，因为它表现了“年轻人的应有的气概”。我们也可以说，张天虚的报告文学，在艺术上有比较匆促，属于急就章的缺点；也可以说是“拙稚”的，但是，它们真实地反映了这场伟大的民族解放战争，自有其不可磨灭的意义。

## 第五节　张子斋和他的杂文

张子斋（1913—1989），白族，云南剑川人。原名张应蛟，笔名有马荫才、大楞、尸雕、白文、史明、归厚、张轩、金华、胡行之、怒江、秦越、高黎、尉迟不恭等68个。1932年从家乡到达昆明，1935年加入救国会；1938年3月离昆，经汉口至延安，进抗日军政大学学习。毕业后，曾短期在八路军驻武汉办事处工作。约于同年10月，到滇军新三军一八四师政训处工作。1939年，随部队至湖南浏阳，江西修水、宜丰、万载、上高一带。1940年3—4月间，根据中共中央长江局的指示，到重庆《新华日报》任编辑。皖南事变以后，他奉命回云南，在驻建水的滇军第二路军指挥部任秘书主任。约于1944年初，调昆明工作，投身民主运动。李公朴、闻一多遇难后，他在昆明难于立足，乃潜行出境，至缅甸仰光筹办华文版《人民报》并任总编辑。逝世前，任全国人民代表大会常务委员会委员和云南省人大常委副主任。

抗战期间，张子斋的创作可以分为三个阶段：一是1938年3月去延安之前；二是在《新华日报》任职期间；三是1944年到昆明以后。在第一阶段，他主要是写简论和通俗文学。简论的主要任务是剖析形势和鼓动群众的抗战热情；通俗文学则是利用民间的旧文艺形式来宣传民族解放战争的新道理。作品有救国弹词《大家听》《世代仇》《十二月救亡花灯》和街头剧《我们的责任》，歌词《云南同胞快起来》。他还写了《把话剧搬到街头去》一文，提倡话剧要从过去只供少数人欣赏的舞台走上街头，和广大的群众见面。

抗战的中后期，张子斋写了一些颇有分量的论文。如《“女人的真正位置是在家里”吗?》《从尼采主义谈到英雄崇拜与优生学》和《论文以载道》等。前两篇是批判“战国策派”的妇女观和法西斯的超人哲学，斥责他们的妇女观是“希特勒主义与中国‘国粹’的混血儿”；指出超人哲学以及由此滋生的英雄崇拜、优生学（即陶云逵所鼓吹的“力人”）“在目前的中国……包藏了可怕的毒素，使我们这些‘奴隶’觉得可怕”。《从尼采主义谈到英雄崇拜与优生学》一文，是思想理论战线的一篇力作，被选入“中国抗日战争大后方文学书系”中。《论文以载道》全面地论述了文化、文学与政治的辩证关系，有具体的针对性，即批判中间派在政治上的改良主义主张等。张子斋的这些论文，从宏观着眼，气势恢弘，论证严密。它所达到的高度及其基本特点和楚图南的论文相近或相似。

抗战后期，张子斋主要是写杂文。1944 年，《云南晚报》为其开辟“野草闲花馆漫谈”专栏。这些“漫谈”，继续发扬他在 1935—1937 年间所写杂文的战斗风格，但具有更强烈的政论色彩，笔锋尖锐而泼辣。如《闲话诸葛亮》从街亭失陷说到他毅然杀爱将马谡，对贻误戎机者的处置绝不手软。可是，如今，失陷郑州、洛阳、长沙、衡阳者又如何呢？文章很容易引发读者的联想。又如《漫谈“摇笔杆”之类》，痛斥书报杂志审查机构“在黑暗中挥舞‘刀笔’，乱砍乱杀”；而吹鼓手对“遍体毒疮”“流氓相十足”的极权人物却“高呼万岁”，不知人间有羞耻事。这都把斗争矛头直接指向国民党最高统治者。

总观抗战时期的张子斋，他给人以下列鲜明的印象。

首先，他是文化、思想界的自觉战士。他执笔为文，从来不是为艺术而艺术、为创作而创作，而是把创作、著述作为服务于文化、思想革命的一种手段，一种武器。在 1944 年写的《中国文学史上的第一个战士》中，着力论述的是屈原身上所体现出的文艺与政治、与现实、与战斗的紧密关系。《离骚》等虽然充满了海阔天空、虚无缥缈的幻想，但字里行间却洋溢着“锲而不舍”的韧性战斗精神，表现出屈原“并不企图从政治的漩涡里和现实的纠缠里逃避出来。相反地，他热烈地投入政治的漩涡和现实的纠缠里，热爱着自己的国家和人民，斥责当权者的昏庸和宵小的阴谋”。文章说，屈原“善于把作为一个作家的才能和作为一个战士的精神联系起来”。这固然是对屈原的颂扬，但更重要的是对当时作家所提出的热切希望。他的《悼闻一多》（七绝）写道：“敢抗横流不惜身，千秋不朽是精神。文章金石皆余事，肝胆鲜红照后人。”这是在悼念闻一多时为自己所树立的人生目标。

其次，张子斋是一位以杂文为主要武器的作家，对这种类似匕首和投枪的文体十分喜爱，所撰杂文在200篇以上（评论文集中的《枯鱼》《李鬼》等篇，其实也是杂文）。据说许寿裳“生前对张子斋的杂文极为称道”，也“受到当时工作上经常联系和过从的闻一多、吴晗等人的击节赞赏”（《张子斋文集·总序》）。如他的《从贾母到王熙凤》《老旦》《汉高祖新论》《无花的刺》等都是力作。又如《聪明人和傻子》，写聪明人的种种乖巧，而以重沓的笔法赞美傻子沉默地工作和战斗，这类乎以散文诗的形式来写傻子礼赞。此外，如《镇静和麻木》《枯鱼》等文字之精练，也给人以突出的印象。当然，他在抗战时期所写的杂文，从其艺术表现上的层次感、丰满性等来看，似还没有超越1935年的《生死杂谈》、1936年的《妄谈××》的高度。其主要原因，一是他的工作任务重，没有时间反复酝酿、细致琢磨；二是检查制度也多有干预、扼杀，很难做到畅所欲言。他在《致云南日报副刊编辑》里就说过：“一月以来，生活很忙，简直不能动笔，倘时间许可，决定继续写一点‘野草闲花’，在现在，写点文章真不容易……‘相嘘以气，相濡以沫’（也做不到，因为）‘嘘’一下或‘濡’一下，都要受到种种阻挠的呢。”例如他的《闲话诸葛亮》《漫谈“摇笔杆”之类》《对照》等，或遭扣发而难见天日，或被删削而伤筋动骨。

此外，张子斋在云南文学界是研究鲁迅的通人，他始终努力宣传鲁迅精神并加以发扬光大。在抗战时期，他撰写的纪念鲁迅的文章就有《鲁迅先生永远和我们活在一起》《在铁屋子里》《先驱者鲁迅》。在《关于郭沫若先生》一文中，则将郭沫若和鲁迅作对比，考察他们的同异。当谈及文风时，张子斋说鲁迅的文章“像一个转折而有力的急湍，一遇阻力，就往往出人不意地溅起浪花，在刺激着我们的神经中枢，给我们感到一种潜在的迫力，和高度的振奋”。这种议论，确实是自己的感受。另外一些文章，仅从题目上，就看得出鲁迅对他的影响。如《无花的刺》《聪明人和傻子》《知识即是罪恶》。它们从形式到内容，都和鲁迅的《无花的蔷薇之二》《聪明人和傻子和奴才》《智识即罪恶》有密切的关系。他在《后盾和先锋》里，以鲁迅《斯巴达之魂》的爱国尚武精神来激励国人。鲁迅善于游击战，如战士伏在青纱帐里，出其不意地给敌人以杀伤。张子斋对此颇有体会，运用起来也就得心应手。在谈《红楼梦》的人物时，说王熙凤“泼辣，机警，果断，敢说敢做”而又“阴险，刻毒”，颇有“战国策派”的“力人”的气概，有“法西斯化”的特征。说林黛玉“不懂政治”，“丝毫不想到反抗，只能吞声饮泣”，因此可以“作为现代中国女子的标本”。如果女人都像林黛玉，那么，大人先生们的世界中，起码有一半就平安无事了。这对反动统治者的狙击就中肯而有力。张子斋的《谈讽刺》一文，论讽刺性和暴露性作品的区别，谈讽刺和趣味的关系。说讽刺要有深度和广度，但要避免“血肉狼藉”的惨不忍睹等。这似乎是在论述鲁迅杂文的特征，但作者又不是正面论述，而是侃侃而谈，显示其随意性。这种随意而谈，正说明张子斋对鲁迅杂文非常熟稔，得其神髓，因而其基本精神很自然地融化在自己的文章里。

## 第六节　王了一及其《龙虫并雕斋琐语》

王力（1900—1986），字了一，广西人，语言学家。从1927年起，留学法国五年，获文学博士学位。1938年至1946年间，任西南联合大学教授。自1944年5月14日至年底，曾编辑昆明版《中央日报·星期增刊》共34期。

在昆明期间，王力先后在《星期评论》《中央周刊》《生活导报》《中央日报》《自由论坛》《独立周报》等报刊上撰文。其中的大部分于1949年1月收集为《龙虫并雕斋琐语》（“观察丛书”之十五）一书，由上海观察社发行。全书除代序外，分五辑，即《瓮牖剩墨》《龙虫并雕斋琐语（生活导报时期）》《棕榈轩詹言》《龙虫并雕斋琐语（自由论坛时期）》和《清呓集》，共收文63篇。该书于1982年6月由中国社会科学出版社发行新版。新版收文58篇，删去的5篇为《老妈子》《简称》《标语》《寄信》和《开会》。1993年12月复出“增订本”，除将删去的5篇补齐外，还增补新、旧作15篇。

作者说，他的这些文字，是以“游戏的态度”写成的“无稽之谈”，是“发牢骚”的“胡扯的文章”。这自然是自谦之词。不过，写作时笔触比较灵活却是事实。加上当时的政治、社会环境，有些话不方便说，于是，就“实情当讳，休嘲曼倩（东方朔之字——引者注）言虚；人事难言，莫怪留仙（蒲松龄字留仙——引者注）谈鬼”。《龙虫并雕斋琐语》之文，有些地方仿佛“与世绝缘”，其实却似“尼姑思凡”，接近人世，“想要和一般读者亲近亲近”（《生活导报和我》）。因此，它们比较贴近生活，属于随笔、小品文一类的杂感。

从题材和思想内容来看，该书所收文章大致可以分为三类。

（一）着重于知识性的。如《姓名》《西洋人的中国故事》《辣椒》《奇特的食品》《灯》《西餐》。它们介绍世间的种种表现和人们的心态，其中也流露出作者的好恶、甘苦之情。但也如《生活导报和我》一文所说的，如果读者对各篇都“要探讨其中的深意，那就不免失望了”。

（二）在反映社会生活和众生相时，表现了旧社会的世故人情，揭露了政治上的腐朽。这类文章数量颇多，如《看报》《清苦》《请客》《闲》《衣》《行》《遣散物资》等。《看报》斥责新闻报道的浮夸和“政论家”的危言耸听。《清苦》指出，在达官贵人的眼里，大学教育已经由“清高”变为“清苦”：“‘清’者乃是‘无用’之别名，‘苦’者乃是‘可怜’之谓也。换句话说，清苦的大学教授就是无用的可怜虫。”这类文章的揭露有浅有深，有隐有显，都和作者对生活的认识和思想态度密切联系着。如《乡下人》一文表现出作者和老百姓有了较多的联系，对他们有了若干新的认识。他批判知识分子的绅士派头，说：“大丈夫的傲气应该用来对付权豪；对乡下人摆架子只是自身丧失了人格。”但是，作者对乡下人也有颇多看不惯之处，他在思想感情深处仍和绅士派头有不少的相似之处。这是1942年间的事，从1944年开始，作者的认识有所提高。

（三）1944年后，不少文章加重了批判、抨击的力度。如果说，从总的来看，该书语调比较平和，感情不是无遮拦地宣泄，表现得比较含蓄，这自然有道理。但是，抗战后期所写的，其批判的锋芒往往就显得强烈，抨击的对象也相当明显。如《路有冻死骨》《领薪水》《食》《回避和兜圈子》《寡与不均》等。《路有冻死骨》揭示穷人生活不如猪狗的人间不平。作者愤怒地指出：“朱门的酒肉越臭，路上的冻死骨越多”；“不合理的社会在这年头儿要比平时更不合理十倍”。对朱门内的人，《寡与不均》一文说：上海《大公报》提出“先把国内二三十个臃肿肥胖的人的财富处理了”。可是，由谁去处理呢？王了一用归谬法来批驳《大公报》：“假使叫老百姓自己来把他们开刀，这是叫大家做黄巢，这个断断乎不可。假使叫政府来执行这件事，这是希望政府成为替天行道的梁山泊，也是不可能的。”接着，他又把矛头直指重庆政府：“政府如果一向替天行道，王伦们早已身首异处，决不至于纵容他们成为胖子；等到纵容他们成为胖子之后，也就决不会再替天行道了。”

《领薪水》一文说，战时的薪水连买柴买水也不够，更不要说买米、油、盐了。因此建议把“薪水”改为“茶水”或“风水”——连茶叶也买不起时，就“除了喝开水之外，只好喝喝西北风！”可是，当权者对公务员的疾苦却漠然视之，“指给我们看那远山的酸梅”，“画给我们看那粉墙的大饼”，这哪里能止渴充饥呢！《食》一文则指出工薪阶层普遍吃不饱，而且“饭里至少有百分之五是谷，百分之五是砂”。因此戏谑地说：如果变为小麻雀就好了，既“喜欢吃谷，它肚子里又有一个砂囊，以砂磨谷，岂非得其所哉？”文章这样结尾：“假使我们吃不饱，为的是给前方士兵吃，倒也处之泰然。但是听说士兵们比我们吃得更坏……”；吃饱吃胖的是权贵豪富豢养的狼犬和他们谷仓里的老鼠。这就引导读者作更深一层的思考了。

作者的愤怒是强烈的，只是因为当时的政治环境等原因，还没有表现为剑拔弩张、拍案而起。他说：“风月之谈自然为人所诟病，说是软性，逃避现实，然而真正硬性的正视现实的文章却只合埋葬在编辑室的字纸篓里。”于是，文人就“要回避，要兜圈子”，“运用迂回战略，弯弯曲曲地向着某一个目标进攻”（《回避和兜圈子》）。他还说：在标语口号性质的文章之外，“也尽有血泪写成的软性文章”，虽然似乎“满纸荒唐言”，但是“明眼人，还可以看出‘一把辛酸泪’来！”（《生活导报和我》）这种婉曲的表达方式正是《龙虫并雕斋琐语》的一个特色，是作者的一种贡献。

《龙虫并雕斋琐语》在文字表述上也颇具特色，为人们所重视。该书新版的编者就强调了作者“驾驭语言的艺术和独特的风格”。王了一在

《说话》一文里说，会说话的人，或“科学逻辑……无懈可击”；或“庄谐杂出，四座皆春”；或“隐蕴词锋……以守为攻”等。其实，他就具备这些长处。如形容字迹潦草，就说“笔势东穿西插，如七星灯，八阵图”；说到人们对儿女的溺爱，就把为父母者的心情比作“一种宗教：儿子就是一个如来佛，女儿就是一个观世音”；针对有人在风景区乱写而又文理不通，便说：“只合矜夸荆室，床上吟诗；何须唐突山灵，墙头放屁！”又如写行路艰难危险的《行》，文字流畅秀丽，一气呵成，颇为生动有趣。另外，作者写辣椒，说它的“动人，在激，不在诱。……一进口就像刺入了你的舌头……具有‘刚者’之强”，真是说“谁”像“谁”。作者论证“结婚是爱情的坟墓”时，大写婚后男女双方的矛盾摩擦，极尽铺陈之能事。接着就加以声明：“莫忘了我所说的是‘爱情的坟墓’；那些因结了婚而更升到了‘爱情的天堂’的人，是犯不着为看了这一段话而生气的。”这些地方不但在逻辑上能自圆其说，而且文字也极富个性。

王了一善于讽刺，“利用一些闲话去达到他的企图”。如《战时的物价》一文，似乎在劝大家“知足不辱”，“随遇而安”。文中说：在战前，国府委员月薪六百至八百元，而现在，教授月入千元，已超过了国府委员；过去一元的网球，现在可卖九十元，获利近百倍；明年如把“相依为命的派克自来水笔割爱，获利一定在百倍以上！”这里故意略去物价暴涨的因素，是以退为进，充满着沉痛之情，具有强烈的讽刺效果。

作者还善于形容和夸张。《衣》里说，百物腾贵，平日只穿仅足蔽体的旧衣，“去换取那破屋三楹和残羹一勺”。又说自己“珍藏着一套新西装，上面放着一份‘特种衣服限制规程’，规定在若干种特殊情形之下，方许动用……”——好一个“特种衣服限制规程”，这既是对国民党政府多如牛毛的反动法令的讽刺，也把生活的拮据和盘托出！在《蹓跶》中，说忙人也要偷闲蹓跶，不能让“精神终日紧张得像一面鼓！”《夫妇之间》一文主张男女平等，说这样家庭才可能幸福，“否则我退一尺，他进十寸，高的越高，高到三十三重天堂，为玉皇大帝盖瓦，低的越低，低到一十八层地狱，替阎罗老子挖煤……”这里的“鼓”“盖瓦”“挖煤”，就使“紧张”“高”“低”成为形象的东西，似乎伸手可触。总之，《龙虫并雕斋琐语》的语言以准确、生动、波俏为特色，有极强的魅力！

王了一的作品，除了艺术感染力以外，还富有认识意义。他是从知识分子的角度、从人民的角度来观察的。文章可以帮助读者了解旧社会的人际关系，了解抗战时期昆明的实际情况。它们也可以说是抗战时期大后方生活的缩影。其次，《龙虫并雕斋琐语》对旧社会的弊端也进行了卓有成效的抨击。例如《外国人》抨击“由媚外所产生的风俗习惯”，反对把外国人神化和鬼化；《清洁和市容》把洋奴的谬论（“除非中国变了殖民地，否则谈不上清洁”）拿出来示众，说必须在民族独立的前提下讲究清洁和市容，如果沦为了殖民地，“清洁了又有什么用处呢?”充其量不过是“变为香料所殓的木乃伊”而已。

最后，还要说及的是，《龙虫并雕斋琐语》作为学者型小品文的一个突出特点，乃是喜用典故，信手拈来，自然贴切，旁征博引，得心应手。他说：“有时候，好像是洋装书给我一点烟士披里纯，我也就欧化几句；有时候，又好像是线装书唤起我少年时代的《幼学琼林》和《龙文鞭影》的回忆，我也就来几句四六，掉一掉书袋。”这说明作者功力深厚，知识渊博，因此他的文章能使读者增长知识。但另一方面，由于用典过多，又令人费解，因此，该书新版的编者，只好请专家补写了五百多条注释，注明典故的出处，有时还加以简单的解释，以帮助人们阅读。

## 第七节　费孝通及其《鸡足朝山记》

费孝通（1910—2005），江苏人。少年时曾从事文艺写作，但他“没有走上文艺这条路”，只是“早年的写作却养成了我爱写杂文的爱好”（《费孝通学术精华录·自序》）。1938 年末，他到云南大学任文法学院副教授。抗战时期，他所写的散文有《鸡足朝山记》《人情与邦交》和《初访美国》三书。不过，后两本书，着眼点在文化，“既不是游记，又不是论文”（《初访美国·余笔》），就文学味来看，和《鸡足朝山记》有明显的距离。

费孝通于 1943 年 2 月，和另外九人应邀往大理讲学，其中五人曾往宾川鸡足山旅游。这次鸡足之行，险象环生。费孝通等几经波折到达山顶时，同伴中有一人下落不明，行李也只到了一部分。人们提心吊胆地困守在火塘边：

> 风好像发了狂，薄薄的纸窗挡不住雪线上彻骨的夜寒。……我们用草席裹着身，不住的看着表，面面相觑，说不出什么话。远地从怒风中传来一阵阵狼嚎，连香烟都生了苦味。静默压人压得慌，但又无人能打破这逼人的静默。……

为了记述这次惊险而又兴趣盎然的旅行，费孝通写了《鸡足朝山记》一书，作为“生活导报文丛”之一，于1943年5月由生活导报社出版，9月即再版。全书含《洱海船底的黄昏》《“入山迷路”》《金顶香火》《灵鹫花底》《舍身前的一餐》《长命鸡》《桃源小劫》七题。此外，还有《潘光旦序》和《后记》。《后记》中说：

> ……在这白雪没蹄，寒风入骨的高山顶上，瞩目人间，世界原是广阔的！我瞻仰名寺，深沉自察，这五年生活的表层下展出了它的温存和春气，我见到了孩子的微笑。十丈金身的座前，回味着为孩子而甘心流汗，甘心遭人冷眼时的真挚，我感激上帝的仁慈，他私自留下了最美的人情，专门报酬人间的穷困……

作者的人生态度是入世的，他并不留恋那虚无的天地：用调侃的笔触，写金顶的老和尚，“真是个可怜老菩萨，愁眉苦脸，（在坐收香火捐的县政府委员的威迫下）既怕打又怕吊，见了我们恨不得跪下来。他还得要我们援救，怎能望他超度我们？”对善男信女放生的长命鸡，作者在狼嚎声中感叹：“在这自然秩序里似乎很难为那既不能高飞，又不能远走的家鸡找个生存的机会……注定了不喂人即喂狼的运命。”

《舍身前的一餐》，记下了发人深省的神话传说，但态度也不虔敬。他说：“爱好神话也许是出于我本性的懒散。因为转述神话时，可以不必过分认真，正不妨顺着自己的好恶，加以填补和剪裁。”正因此，有关两个和尚找伽叶的神话，可能比旧书所记载和在传说中的更完整和合情理。总之，作者处处在联系实际，“借题发挥……游览山水是名，而抒展性灵是实”（《潘光旦序》）；他写山水，目的在抒发自己的情怀，认为“爱不能离开人间……我得回去，回到家乡，回到人间”。

1943年6月5日，费孝通以云南大学派出的应邀教授的身份“去美沟通文化”，1944年8月25日回到昆明。“所谓沟通文化者，就是向美国人民解释中国人民的生活，又回来向中国人民解释美国人民的生活，目的在使大家能明瞭对方的情形。”因此，写通讯，是他所承担的任务之一。这方面的通讯，曾结集为《人情与邦交》和《初访美国》两书。前者为“自由丛书”之一，于1945年1月由自由论坛社发行。后者是根据前者而加以整理、补充，也有增写的内容，“由美国新闻处出版，后来才给生活书店重版”（《〈美国和美国人〉旧著重刊前言》）。

《人情与邦交》报道了美国人民对中国人民的友好。如在冷饮店里，两个美国水手对掌柜说：“中国人辛苦了，干得好，得请请他们。”于是一声不响地为中国学者结了账。《年老的人们》一文说，中国的老人在家庭中，比美国的老人享受到更多的人情温暖。但是，它和《初访美国》的重点，均是以美国为镜子，来照一照我们和别人的差距，从而激励自己。例如，蒋介石政府把“力量集中，军事第一”叫得震天价响。可是，“军事第一必须从士兵的待遇做起”，而我们士兵的处境是极坏极坏的。与此相反，在美国，“以吃的东西来说，普通人有钱不准买或不准多买的东西，在军营里有的是”；在军营里，士兵们两三人一个房间，住处“和清华园学生宿舍布置差不多”。这里说的是事实，但作者毫无气馁之感。他立足于中国，立足于中华民族的命运，强调自己肩上的责任。他告诉读者，美国的富裕，“是从贫穷中自己打出来的天下”；“值得我们羡慕的，决不是他们已有的一切，而是他们创造的过程，和推动他们去创造的劲”（《初访美国》）。他还对准备去美国留学的朋友说：当进入美国这陌生的社会时，“你就会像缺乏了养（氧）气一般感觉到窒息和不安”。他说，工业虽然消灭了饥饿，但“人在机器的威力下被磨难，被奴役”，“上纽约工厂做工，还是在昆明教书，即使前者报酬大……我还是不干的”。他是“身虽在外心却没有一天离开过国门”。如果离开了这立足点，美国的物质丰富也救不了自己，因为“冰结林解不了心里的彷徨，奶油面包也填不满内心的空虚”。

费孝通这三本书，对事物的分析都比较深刻。尤其后两本，所选例子较典型，对比强烈，发人深省。这些作品的文字也是上乘的。《人情与邦交》写得干净利落，《题记》中说，“夜深了，盟国的飞机在（呈贡县城）

邻近的机场上又出动了。声音这样响，可是它震醒了谁?”话虽含而不露，但其中有作者出于爱国热情的深深愤懑。《鸡足朝山记》则不乏优美的描写，例如：“夕阳西下，苍山的白雪衬着五色的彩霞，芳草满堤，蹄声得得；沙鸥傍飞，悠然入胜。——我已经做了好几回这样的美梦。”

## 第八节　缪崇群及其《石屏随笔》

缪崇群（1907—1945），江苏人，笔名终一。1939 年 9 月，他到石屏县任教，在那里写了不少散文，后收集为《石屏随笔》，于 1942 年 1 月由上海文化生活出版社出版，为“文学丛刊”之第七集，1943 年在重庆重排再印。

《石屏随笔》是作者继《晞露集》《寄健康人》《归客与鸟》《废墟集》和《夏虫集》之后的第六本散文集。它收散文 25 篇，记述石屏县的风光、民俗、人情以及作者的交往、生活感受等。文章约可分为三类。

（一）《归牧》《花轿》《红树》《倮㑩》《街子》《出世》等，记述云南边远县份的风土人情。在《红树》中，农家女对口渴想买萝卜的人说：“不卖”，“送倒可以”。《花轿》记娶亲时的“轿妇”，抬轿时还背着自己的小孩。《出世》写一个少数民族的妇女艰难的生育，因为不是正房，主人把产妇“送到一个荒庙里不管了”。作者在记述这件事之后，引了人们的话：“女人是伟大的，女人的伟大在于她们能生养孩子。”然后深为感慨地说：“谁会把它当作真是血洗过的句子呢!”在上述篇章中，他录下了石屏县质朴的民风和特殊的生活习俗，也表现了劳动者民智未开和所受的苦难，像《做客》等都有较强的揭露和批判作用。

（二）《雨中》《叶笛》《鹦鹉》和《风物》中的《石匠》《筏烛》等，着重抒发作者的思绪和人生体会。《鹦鹉》从假期中学校不开膳，往外找搭伙处说起，写到学生家里所养的鹦鹉：

> ……不在睡眠的时候，多半的时间它是啄咬着那条锁绊住它的铁链。靠近足踝的一段链圈，已经被他啄咬得发着光亮了，爪上也露出一些血痕。但在习惯（?）上它仍然继续去啄咬不止。

鸟在架上的这种习性我们看得很多，但往往习以为常。作者则超越出一般人的认识，指出：人们说“鹦鹉在架上翻腾着那是他喜悦时打秋千，我看起来未必不是它的苦痛和挣扎”。这就启示我们：“它不忘记自己要解放自己”；“据说，鹦鹉是养不熟的，飞脱便不再回来”。作者把自己摆了进去，说：“对于被豢养的而不忘掉自己的鹦鹉，我却惭愧着我曾否也随时咬嚼着生活所加给我的铁链了！”这些叙述，就可能触动读者的神经，引起进一步的思考。

如果说《鹦鹉》偏重于记事，从记事中引发思索，那么，《叶笛》就偏重于抒情。在云南的一些乡村，“吹叶子”是很普遍的，因为它可以在人与人之间传递感情的信息。作者写道：叶笛的乐音“不像吹，不像唱，也不像歌和诉……那颤颤的音调，正好像微波轻轻击着寂寂无人迹的花香草长的岸缘似的。也好像可以为我打开了一重门，我又望见了门外的青春了”。“那声音给我带来了松闲和愉快……我好像已经把心身整个安顿在一个歌谣的世界里。原始的呼号，在招徕原始的爱抚”。《叶笛》的构思成熟、结构紧凑、艺术气氛浓郁，从文中可以隐隐约约地看到作者由过去经历而产生的伤感和在新环境下心情的躁动。

（三）《石屏随笔》中虽有触及时代风云之作，如《国旗》牵涉到抗日战争，《瘴疫》反映“夷人”的悲惨死亡；但大量的篇什，所记多半为平凡的人生，显得比较零碎，作家的视野不够宽广，如《沙河》等。在《抗战文艺研究》1987 年第 3 期上，张伟指出，《石屏随笔》等“缺乏那个时代特有的如火如荼的血与火生死搏斗的气氛和内容。……但是，这并非完全是一种过错，在三四十年代的当时，无论是主客观，缪崇群都不具备写出这种文章的条件。历史的局限，很难逾越”。这种论述是中肯的。不过，作者在该书的《渝版题记》中说，在自己所写的五六个册子中，“这本小书都（却）有若我的一位嫡子”。这样说，可能是因为该书的内容和作家的际遇、感情有密切的牵连。如《珍泉》写檐头的铁马儿“惊醒了我十年前的旧梦：……幸福像一股泉水，谁也没有想到她的源流是会枯竭的！”《花轿》悼念“埋宿在坟冢里的妻子”，这都表现出作者对逝去者的真诚怀念。另一方面，他对当前的际遇也投入深深的感情。如《太阳》在刊物上发表时注明“为答赠 S 送枕衣作”，文中反复使用重沓的笔法，颇类似散文诗。《风物》中的《塔下》《湖上》和《潭边》，记下了流连的足印和感情的欢悦。《鹧鸪》则似乎是这段令作者深深怀念的生活的终结。文中写道："无论是怎样爱护，珍怜，惋惜，或不闻不问，花总是要谢落的。""你的唇边吐出续断的语句：那是轻轻的雷。蛰伏在宿草下的小虫，微颤地从冬之梦里醒来了，他还没有认识春，春天已经去了。"这种抒情的笔调，弹响心灵深处的琴弦，感人至深。这可能就是读者乐于阅读这些篇章，作者对这本书也有所偏爱的原因吧。

## 第九节　李乔、张镜秋的散文

李乔（1909—2002），原名李乔安，云南石屏人，彝族。笔名普济、夷明。抗战爆发时，他在石屏一中任教；因热血沸腾而又怕被阻，不告诉家人即去投军。他有《赠张君》一诗云："铁蹄踏破我金瓯，焉支失色血横流。正是男儿报国时，劝君莫负少年头。"1938 年 3 月 7 日，他由昆明出发，往湖北之鸡公山，参加滇军一八四师，于 4 月间参加徐州大会战。约于 1938 年底回到云南，先后任编辑、记者、教师等职。1949 年初参加中国人民解放军滇桂黔边区纵队，任石屏支队参谋长。

抗战前，李乔有小说《未完的争斗》《饥饿》和报告文学《锡是如何炼成的》等。新中国建立后，他在长篇小说创作上成绩显著。在八年抗战中，他主要写散文、通讯，从题材来看，可分为三部分：关于民族地区的，关于滇军抗日的，关于大后方社会生活的。

1944 年，李乔写了十多篇反映民族地区生活的文章。那时，他任石屏县民众教育馆馆长，所写的瓦渣司、落恐司、思陀司、左能司均属石屏县（现并入红河县），为哈尼、瑶、苗、傣、汉等民族聚居的地方。李乔的文章，展现了少数民族劳动人民对抗日的贡献，也揭示了民族地区的愚昧和落后。这一组文章，在构思和材料的组织上有急就的痕迹，但它们颇有史料价值，可以补充历史记载之不足。

报道滇军的抗日活动，是李乔写作的重点。《禹王山的争夺战》写于动荡中的武汉，不可能精雕细刻。《军中回忆》《运河北岸》等是回滇后所写，下笔则比较从容。

《运河北岸》在描绘战争场面时，笔力集中在张得胜、“老古宗”、王金魁等战士的身上。张得胜为战友扛枪，还从敌人那里夺来了一挺机关枪。“老古宗”在缴了敌人的枪以后，“从屁股上踢了他一脚，便放了他去了”。他说：“我看他可怜。”此外，还写了朱连长和杨排长，虽然着墨不多，但写出了人物的特点。《军中回忆》则集中写王班长、茶馆老板和贾和平。茶馆老板原在特务连当兵，在昆明时，他去机关枪连找熟人，适遇该部开拔，卫兵不让他回去，只好随军出发。他后来逃回原部队，在禹王山战斗中成为英雄。他在家乡时，曾以茶水招待过路的红军，事后他驳斥反动派对红军的污蔑，指出：“那是他们瞎说的！”他说红军秋毫不犯、待人和气，连免费招待的茶水也硬要给钱，老板一天竟收到了“四五百块云南钱”。由于他为红军敲锣召集民众大会，事后被土豪劣绅关押起来。参军，他本来抱着报私仇的目的，但在大敌当前的时刻，他把私仇撇到一边去了。贾和平被大家戏称为假和平。他在法国当过华工，五十多岁了，仍毅然离妻别子，参加抗日军队。他以本地人的有利条件，动员民夫来搬子弹、抬伤兵，自己则往前线侦察敌情而未能回来。从这一个普通人的身上，可以看出整个民族的高昂斗志。

李乔的关于大后方的通讯中，写征兵惨况的《饥寒褴褛的一群》颇为人们所重视。文章写征兵的队长把士兵的伙食费挪去贩卖鸦片，因此抓来的壮丁“一天只能吃两碗像米汤似的稀饭”，加上从景东、普洱到昆明，又到路南的长途跋涉，死了七十多人，其余也纷纷病倒。重病号在路南的客栈面前晒太阳（病略为轻一些的则不准出店门），情形真是惨不忍睹：

> 从来没有洗过似的那干瘪下来的肮脏的皮肤上满起着鸡皮疙瘩。头发像一蓬枯萎了的乱草盖在把头缩下去了的两个高耸着的肩头上，身上发出一种使人要呕吐的恶臭……

征兵的队长怕他们死光，匆忙向部队交兵，因已非“壮丁”，大多数交不出去。领队者怕东窗事发而遁逃，由一个小队长领着抓来的壮丁离开路南。“这群关在店子里没有见过阳光的动物，睁着两只呆滞的发出快要死亡的光辉的眼睛，痛苦的呻吟着，慢慢的拖着一个个活骷髅……便向昆明出发了……摆在他们面前的只是一条痛苦的死亡的路子。”这是一篇使人心头感到沉重、令人深思的文章。

李乔在抗战时期所写的散文，相当重视颂扬军民的抗日激情和英勇行为。如《禹王山的争夺战》一文，写不是战斗员的通信连上等兵萧廷佑，把仇恨的“刺刀戳进了敌人的胸膛!”“刺刀插进肋骨缝去了”，只有“用脚踏住敌人的胸膛，才将刺刀拔了出来”。这表现了士兵在带着深仇大恨作战。他也大力揭露敌人的残暴。如《台儿庄巡礼回忆记》，写进入台儿庄时，战场还未清扫：看不到人烟，到处是发出恶臭的人和动物的尸体，到处是已变黑的血浆，“街上两旁的屋子完全坍倒了，烧焦了的木头没秩序的横躺在瓦砾堆上，一些被打破的瓦罐瓦缸……在瓦砾堆中呆站着，没有屋顶的烧红了的墙，一堵堵的矗立着，似乎在埋怨敌人的残暴”。同时，李乔也不放弃对自己阵营的阴暗面的揭露和批判。在《王班长的悲哀》中，写王班长被迫追捕和杀害逃兵，事后说起，他深感内疚，说被杀者“其实都不是怕出来和鬼子拼的”。文章的开头和结尾，写“红蜡烛……默默的在流着泪”，以衬托王班长的忏悔和悲哀。写《饥寒褴褛的一群》时，李乔在路南的云大附中工作，耳闻目睹了“壮丁”现象，心中涌起了极大的愤慨之情。他以笔当枪，声讨带兵者的贪污腐化，虐杀“壮丁”，其矛头直指国民党政府。这种揭露和批判，是为了争取抗战的胜利和我们民族的光明前途。这正如发表该文的《文艺阵地》在《编后记》中所指出的：

> ……《饥寒褴褛的一群》，画出了抗战黑暗面的地狱的真相，有人也许会疑惧暴露出这样的现实，会给我们敌人和叛徒以很好的资料，但这个资敌的责任是应该由制造那种现实的罪人来担负的，如果我们连加以暴露的勇气也没有，那我们就是罪恶的包容者了。我们要胜利，我们必得消灭这种罪恶。

李乔在抗战时期的作品，紧贴生活现实，富于战斗性；人物形象鲜明，颇有个性；语言也比较生动、活泼。只是由于写作环境的关系，有些文章写得过于仓促，数量也少。就客观影响而言，也比不上他在抗战以前和新中国成立以后的作品。



张镜秋（1903—1998），昆明人，世界语学者和翻译家。1939 年 9 月，他因“常由同巷十四号代收国外寄来信件”的不成为理由的理由而被捕。

1940 年，他又有被捕的危险，故于 12 月 4 日离开昆明，历经困苦，前往佛海（今勐海县）任督学、秘书等职，并在佛海简易师范学校任教。在佛海的四年间，他撰有《边荒》（1946 年 12 月出版）一书，并翻译注释了《僰民唱词集》（1946 年 8 月出版）。前者由重庆正中书局印行，后者为“西南研究丛书”之七，由云南大学西南文化研究室印行。徐嘉瑞说：译注者贫甚而仍坚持工作，“学习僰文，足茧荒山采访民间歌谣……得之亦非易也”。

《边荒》一书，收入下列作品：《孟海城子“耍骚”记》《贺南山头汉人乐曲辑》《孟海城子“上新房”庆典记》《孟海镇僰历元旦“赶摆”记》《僰历新年漫喷弄“赕仙踪”记》《僰历八月八日孟海镇缅寺“升和尚”观礼记》《“七七”四周年抗建大会孟海镇僰剧表演记》《国历九月十六日孟海镇官缅寺公赕盛会记》。此外，还有附录六篇。

当时去勐海，路程十分艰险。俗谚云：要去思茅坝，先把婆娘嫁。这是说当时那里弥漫着山岚瘴气，疾病流行，很难活着回来。而从思茅去勐海，要经过普藤坝、小勐养、车里（今景洪）等地，还要跋涉若干天。书中写道：

> 从思茅进去，荒原弥望，草深过顶，路迹莫辨。骑马背上，草还把人遮了，前后不相见。六顺（现已并入普洱县——引者注）境内，野象猛虎，出没无常。路侧竹竿歪倾，乔木偃坠，听说便是野象猛虎往来的痕迹。湿土路上常见虎象的脚印。

当时，思茅、佛海等地被视为边荒之区，作者因此称其所著之书为《边荒》。

《边荒》记述了边地的一些文艺活动，保存了若干可贵的资料。云南抗战时期的文艺活动以昆明为中心，并向全省各地辐射。本书便为读者提供了一些专县的，特别是少数民族地区的文艺活动情况。如《“七七”四周年抗建大会孟海镇僰剧表演记》一文，记述了 1941 年 6 月 25 日成立的佛海“抗战歌剧团”，于 7 月 7 日至 9 日连续三个晚上演出了歌舞、话剧、滇剧、平剧和三幕僰剧《岩香救国》（用僰语演出）。后者表现了岩香自觉地认救国捐和从军杀敌的壮举，反映了傣族人民的抗战激情。

《边荒》的可贵之处，还在于编著者的写作态度十分严肃。他在谈到参加“升和尚”礼时写道：“我眼睁睁的看这个孩子换新装（即穿上和尚服——引者注）；眼睁睁的看那做干父、干哥的和自己的干儿穿戴的那种快慰的神情，真个使我心痛如割！”这当然不是针对宗教信仰，而是针对精神世界的愚昧来说的，当中充满着觉醒者的激情。综观全书，毫无猎奇的意思，这是难能可贵的。

《边荒》虽属“风土志暨史地考证”的性质，但文笔简练生动。它所收的各篇和《僰民唱词集》的附录《打洛土司小赕缅寺观礼记》和《葩宫山头采风录》，都可以作为记述傣族风土人情的较为优秀的散文来看待。

# 第五章　话剧及其他

## 第一节　概　况

在我国现代话剧史上，最早成书的剧本于1920年由商务印书馆出版；而云南作者湖滨女史的《家庭剧》（含五个独幕剧）的自序也写于1920年，剧本的出版则似在1922年，仅晚了两年。

但是，云南的话剧创作显得后继乏人。1936年5月，《云南日报》发表的《一年来的南风》指出：在过去一年中，《南风》副刊只刊登过五篇戏剧，“作剧的人材，几乎少到没有”。

抗战爆发后，在“文章下乡”“文章入伍”口号的鼓舞下，话剧因易为广大群众所接受而得到较大的发展。舞台上的话剧是具有直观性的综合艺术，它远比其他文学样式更能流传于穷乡僻壤和城镇的市民之间。

抗战初期，云南的话剧创作更多的是街头剧之类。如金华的《我们的责任》；张帆、马昭铭的《志愿兵》；省艺术师范学校的《救亡曲》《活捉日本人》；广播剧有李健平的《逃到那里去》；街头活报剧有镇南师范学校的《汪精卫过街》等。其他比较重要的剧作，除徐嘉瑞、石凌鹤、陈铨等的以外，独幕剧有阙迪的《路》，欧小牧的《包头之夜》，黄静的《世代书香》；多幕剧有虞宾的《金钱万恶》，张维亚的《都市神经》。杨光洁为成绩较突出者，他有三幕剧《海阔天空》（《腾冲沦陷》《转进夕阳河》和《中华民族之光》），独幕剧《开到前方去》，街头剧《她是怎样疯起来的》和《你回来了》（借署别人的名字）等。《开到前方去》写蒋爱华参加妇女战地服务团，其父深明大义给以支持，其母虽反对，但最后也只好同意。人物性格的塑造，比之写于抗战以前的四幕剧《到农村去》有了明显的提高。缺点是蒋爱华的某些台词，如“做了你奶”等，虽然反映出女学生活跃、泼辣的一面，但却失之于粗鲁。

抗战八年中，写话剧的人很少，话剧脚本也就贫乏，演出的大多数是外省的剧本。对此，人们是感觉到了的。立明曾在《战时知识》创刊号上撰文说：“不能自己创作剧本，是抗战以来，做戏剧工作的人，共同感到的很大苦痛！也是云南文艺界的一个缺点。”为了解决这一问题，话剧界强调剧本工作者联合起来，由“陈豫源，玄羽，金华，甘师禹，王秉心”等发起，“拟联合昆明写作剧本的朋友，有计划地集体创作”；1945 年，云南省文化运动委员会为“鼓励青年从军，征求从军剧本”。但是，这些愿望也未能实现。至于云南籍作者在省外的戏剧活动就比较活跃。张天虚的独幕剧《王老爷》，曾在陕西、山西等地多次演出。柯仲平有大型歌剧《马渠游击小组》（后改写为《无敌民兵》）、大型诗剧《孙万福回来了》和《模范城壕村》（曾获西北文委颁发的剧本一等奖）；他还任边区民众剧团的团长和边区地方艺术学校的校长。谭碧波有四幕话剧《阶级仇》等。省外话剧界知名人士来滇的也不少，除前面已提及的石凌鹤、陈铨之外，还有曹禺、田汉、李朴园、孙毓棠、封禾子、杜宣等。他们都对云南的话剧运动作出了贡献。

和话剧创作的冷落比较起来，云南的话剧演出活动就显得红火了。单是在昆明一地活动的剧团、剧社（含外来的）就可以列出一大串名字。据初步统计，就有八百剧团、大地剧社、大鹏剧社、山海云剧社、云大剧团、云南抗敌后援会抗敌剧团、云瑞中学剧团、艺师校友会、民众剧社、四维儿童实验剧团、正风剧社、华山剧社、西南剧社、国防剧社、金马剧社、省艺术师范戏剧电影科、昆明儿童剧团、射日剧团、益世剧团、原野剧社、联大青年剧社、联大剧团、联大剧艺社、联大戏剧研究社、新中国剧社等共 52 个。此外，有关戏剧的刊物和副刊有《戏友》《艺术评论》《影与剧》《戏剧》等。这些戏剧团体和刊物，在抗战中发挥了相当大的作用。例如话剧演出，其受欢迎的程度就令人刮目相看：《雷雨》演出时，几乎出现了“万人空巷”的局面；一个中学的寒假抗敌宣传队的演出，也产生了“演员流泪下台，民众悲号离场”（见《昆华中学寒假抗敌宣传队纪念册》）的动人场面。

## 第二节　石凌鹤及其《梦的微笑》

石凌鹤（1906—1995），原名石联学，江西人。20 世纪 30 年代，他在上海参加左翼艺术剧社，是中国共产党的电影工作小组成员。20 世纪 30 年代中期，他有独幕剧《血》、电影剧本《十字街头》和四幕抗战话剧《黑地狱》等作品。抗日战争爆发后，他由武汉到桂林，再到重庆，任职于郭沫若领导的军委政治部第三厅和文化工作委员会。“皖南事变”后，根据“荫蔽精干，长期埋伏，积蓄力量，以待时机”的策略，党组织把他派到昆明。1943 年，他到安宁中学任教导主任。抗战胜利后，约于 1946 年秋离开安宁，在昆明文正中学、昆明农校任教，并任《民意日报》副刊《人生》的编辑。1948 年离开云南。他后来有诗道：

荫蔽昆明六度秋，许多往事上心头。
寄情且唱山城曲，明志甘为孺子牛。
著述何妨仇寇恨，宣传岂是稻粱谋。
傲寒挈眷冲罗网，岭上丹枫一望收。

石凌鹤在云南期间，因处在潜伏状态，没有公开参加政治活动，而是以戏剧家的身份出现。除在中学任教外，他导演过的话剧有《清官外史》（1944 年 7 月）、《棠棣之花》（1945 年 2 月）、《原野》（1946 年 7 月）、《结婚进行曲》和《秋收》（1946 年冬）。《山城夜曲》于 1945 年暑假在安宁演出时，由他导演并兼主演。其导演获得好评。1944 年 9 月 25 日，《正义报》载文说，《清宫外史》的演出，舞台在“画面的组合上，地位的变化上”，“严肃而不呆滞”，颇见导演者的功夫。他所写的剧本，在云南演出者除《山城夜曲》外，还有《八百壮士》（1938 年 8 月）和《黑地狱》（1938 年 12 月），二者均由金马剧社公演。由于他在话剧活动中有较大影响，1944 年 9 月被选为“文协”昆明分会理事。

石凌鹤在云南期间除从事话剧的创作和演出外，还写了不少戏剧评介和有关戏剧的札记。1944 年，他作为《云南晚报》“剧影夜谭”专栏的主笔，评介了《日本内幕》《南缅之夜》《香姝宝马》《清宫外史》等话剧和电影；还发表了《〈仇剑记〉自序》等较重要的文章。同时，还配合为贫病作家筹募救济基金的活动，写了《剧艺灭绝剧人饿死》《救济贫病的剧人》等文。从上述导演、写作等活动来看，他和云南的戏剧运动有密切的关系。另一方面，他还创作了四幕悲剧《梦的微笑》（1946 年 8 月，作为“双鹤丛书”之一由昆明双鹤书屋出版）。此剧在重庆时已写了三幕。1943 年秋在云南，“尽弃前稿，从头再写”，于 1944 年 1—5 月在昆明《扫荡报》上连载。作者说，该剧是“为我们抗战中文艺工作者群留下一幅素描画”。剧本只写了四个人物：马仲骥、秋岫云、黄桂芬和柳白华。在马仲骥的身上，有作者自己的影子、经历和感受。他在《〈梦的微笑〉自序》中说：“四个人物，我都相当熟悉……甚至于连我自己在内，所以，这是朋友们的速写像，也是我的自供。”他笔下的马仲骥，为了出版社的事业，在艰难中多方撑持，说要“挣持到弹尽粮绝，像闸北的孤军一样，即使失败了也有光荣的价值”。他很累，但不能停顿下来。从黑夜里在风雪中跋涉，马仲骥得到启示：“在苦难中你千万不能休息，一定得使尽气力，奋斗到底，不然就会完全屈服，再也别想爬起来!”马仲骥的妻子秋岫云是一个颇有前途的演员，她希望活跃在舞台上而不能（因病），希望丈夫留在身边而办不到（他工作太忙），心中闷闷不乐，怨天尤人。后来，由于现实的教训，她有了新的觉醒，以积极的态度对待疾病，不再拉丈夫的后腿，并嘱咐他：“放心到前线工作去，我等着你成功归来。”马、秋二人的经历，表现了知识分子在抗战中的“心灵痛苦和挣扎、奋斗”。

剧本中着力最多、处于中心地位的人物是柳白华。他是马的好友，有一段时间曾和马一起倾慕秋岫云。秋、马结婚后，柳在昆明和一个教授的太太有不正常的关系，事发后逃到重庆。不几天，他就俘虏了房东少奶奶黄桂芬的感情，又多次轻浮地向秋岫云挑逗。马仲骥指出柳在男女关系上过分不严肃，“在人情国法上都说不过去”，还说在柳的身上“看出了丑恶”。秋岫云则批评柳是“一个出卖希望的人”，劝告他：“不要永远，只给人家希望哦!”后来，还断言他“不会给人幸福……他自己也永远不能得着幸福”。但是，在剧本的结尾，柳却由于黄桂芬之死而产生悔恨之情，“苦痛之极”“泣如雨下”，直至“神经错乱”。这大概因为作者和马仲骥一样，主观上认为柳白华是“善良的人”的缘故。

剧本所塑造的四个人物，各有自己的性格。剧本结构有序，脉络分明，文字流畅秀丽；所阐扬的人生意义也是积极健康的。剧本的缺点是：（一）对马仲骥的正面描写不够，把舞台活动过多地让给了柳白华；（二）马、秋对柳白华似嫌过于宽容，尽管二人对柳是有批评的，这就影响到剧本的思想力度；（三）黄桂芬的语言过于文绉绉。如讲到因经济困难不能升学时，说“幸运之神突然离开了我展开了翅膀在黑夜里飞走了”等，这并不符合人物的地位和所处的环境。

抗战胜利后，石凌鹤在云南期间，还写有独幕诗剧《泽畔行吟》和中篇小说《大英雄》等。此外，在《民意日报·人生》上，他还发起和组织了“文艺运动的逆流”论争，取得了积极的效果。由于这些不是发生在抗战时期之内，这里不作论述。

## 第三节 陈铨在云南

陈铨（1905—1969），字涛每，笔名唐密等，四川人。约于1938年春到昆明，任西南联合大学外国文学系教授。他的著述活动、言论和哲学、政治思想引起有关方面的重视，于1941年被调往重庆。先在国民党中央训练团受训，后即任教授、编导、总编辑职务。在昆明的时间不到四年。但是，他去重庆，至少有一段时间似为借调，西南联大仍保留他的职位，他也仍然回昆明来过，如剧本《金指环》，就是1942年3月间在昆明黄土坡脱稿的；在《野玫瑰》《金指环》的书后，均说关于剧本上演权等“请径函昆明国立西南联合大学陈铨”。1943年4月，《当代评论》介绍作者时，仍说陈为西南联大教授。1946年4月出版的《西南联大校友录》，虽指明陈为离职教师，但注明是“三十三年（1944年）八月休假”。

陈铨在昆明期间，曾在云南大学文史系兼课，讲授“文学批评”；1938年7月，被金马剧社聘为名誉顾问。同年6月至9月，为《新动向》杂志的编辑委员会成员。另外，他参与了下列话剧演出活动：1938年8月，云大时事研究会公演《王铁生》，剧本由陈铨执笔；1939年2月，西南联大话剧团演出《祖国》，该剧由陈铨据马彦祥的《古城的怒吼》再改编并任导演；1941 年 4 月，三民主义青年团云南支团部话剧团演出《黄鹤楼》，陈为剧作者兼导演；1941 年 5 月，陈把刚脱稿的《野玫瑰》的演出权交给云南省党部国民剧社，由该社于 8 月间公演。

陈铨除了为《战国策》杂志撰稿外，还是《今日评论》《当代评论》等刊物的作者；在《云南日报》《中央日报》（昆明版）、《朝报》《益世报》等报纸上发表过创作和评论。他的活动和言论，颇引起云南文化界、文学界的注意。

陈铨的政治观点、文学观点有明显的一贯性。如《死灰》（1935 年）中的萧华亭即热衷于尼采；《中德文学研究》（1936 年）就颂扬“个人自尊自大”和“尼采的超人”。在昆明期间，他在《战国策》上发表的文章和所创作的长篇小说《狂飚》、剧本《野玫瑰》《金指环》等，把这种思想推向极端，唱出了“权力意志”“英雄崇拜”“超人哲学”的颂歌。1943 年 7 月，他主编《民族文学》，极力强调继第一阶段的个人主义（“五四”时期）、第二阶段的社会主义（20 世纪的 20—30 年代之间）以后，出现了民族主义的新阶段（抗战时期）。这种看法正是《狂飚》所着意宣扬的。在《民族文学》中，虽然对尼采的颂歌似乎少唱了，但仍然对“造时势的英雄”“先知先觉”和看管绵羊的“聪明的牧人”加以礼赞。他的政治观点的表现虽然有或隐或显之分，但其实质是一贯的。

从这种政治观点出发，他的文学观有两个要点。

第一，主张文学和政治关系紧密。文学家不可能完全离开政治，只不过对这种关系，有些人比较自觉，有些人不很自觉罢了。陈铨属于相当自觉的那部分人。他在《论英雄崇拜》中说：“群众要没有英雄，就像一群的绵羊”，不知道青草在哪里，也无法躲避虎狼的侵袭。因此，群众要“无条件的英雄崇拜……到了生死关头能够勇敢快乐地牺牲自己的性命”。这不是泛泛而谈，而是有明确指向的。他接着就加以点明：“蒋委员长创办黄埔军校的时候，许多青年，因为佩服蒋先生的精神，北伐之役壮烈牺牲。”他后来在《民族文学运动》一文中对二者的关系说得更明白：“文学和政治常常是分不开的，因为政治的力量支配一切”；“有政治没有文学，政治运动的力量不能加强，有文学没有政治，文学运动的成绩也不能伟大”。这些话，一般地看来并没有什么不对，关键是看指什么政治。抗战初期，陈铨的政治倾向是进步的，至少可说是有进步的一面。例如短篇小说《蓝蛱蝶》，话剧《王铁生》《黄鹤楼》，长篇小说《狂飚》，都是歌颂军民的抗日斗争，揭露侵略者的野蛮杀戮的。可是后来，他的创作倾向发生了巨大变化：在《黄鹤楼》中，汉奸廉若川以政治小丑的面貌出现，而在《野玫瑰》中，汉奸王立民则被写成“英雄”；在《金指环》里，作者甚至通过尚文澜之口，说主张所谓曲线救国、当了伪军军长的刘志明“决不是一个汉奸”。当然，在歌颂抗日的《狂飚》里，也仍然出现生硬的政治说教和对统治者歌功颂德的文字，还插进什么“江西共产党的势力，渐渐崩溃”和“西安事变，全国民众对于最高领袖热诚的拥护”这一类的话。

第二，强调浪漫主义与人物的理想化。陈铨在写《天问》时（1928年），虽然颇注重人物的理想化，但浪漫主义的倾向还不像后来那么明显。到抗日战争时，他的这一文学观点就有突出的表现。《金指环》和《蓝蝴蝶》都标明为“浪漫悲剧”。他在《金指环后记》中说：“浪漫主义在某种意义之下，也可以说是理想主义。剧中的人物，都是有高尚理想的人物，他们追求的，是荣誉，是感情，是道德上的责任，为着荣誉感情责任，他们可以牺牲一切。这一种浪漫的精神和对人生的态度，也许是中国新时代所最需要的。”他的浪漫主义精神，核心即是民族意识，也就是人生理想。他说：“天才，意志，力量，是一切问题的中心。”这与他的政治观关系十分密切。由此出发，他的人物就被理想化，有明显的拔高甚至是“神化”之处。如《黄鹤楼》中的刘玉彪、万士恒是理想化的；《自卫》中的夏三爷、张秀才有明显的拔高，使人有失实之感；《金指环》中的尚玉琴，乃温室中的花朵，并没有什么生活磨炼和政治斗争的经验，但她面临复杂的矛盾时，却那样胸有成竹、得心应手，人物显然被神化了。

陈铨在昆明时期创作的话剧，有《王铁生》《黄鹤楼》《野玫瑰》和《金指环》等。其中，影响最大的是《野玫瑰》。

《野玫瑰》于1941年4—5月间脱稿，后刊载于重庆《文史杂志》，1942年4月由商务印书馆出版。同年4月中旬，它被国民党政府教育部学术审议委员会授予文学类三等奖。解放战争期间，又据此拍摄成电影《天字第一号》，产生了轰动效应。但是，从1942年起，全国报刊登载了不少批判它的文章，揭露其政治倾向的错误和反动。肯定和否定的意见长期尖锐对立，引起人们广泛的注意。

《野玫瑰》一剧，中心人物是夏艳华。她与刘云樵谈话时，以野玫瑰自喻，而把王曼丽说成家玫瑰，责备刘不理会野玫瑰转而欣赏家玫瑰。同时，夏、刘二人均为国民党政府的特工人员，仆人王安以及老乞丐也是该组织的成员。他们共同战斗，使北平伪政委会主席王立民和伪警察厅长这“两个汉奸，一个中枪，一个服毒”。夏艳华领导的斗争获得了胜利。剧本对夏艳华极尽颂扬之能事，致使有人认为她“值得四万万五千万人的顶礼崇拜”。王立民甘当汉奸，是侵略者的鹰犬，但陈铨却把他写成超人式的英雄好汉，显得十分桀骜不驯，连日本人也不在他眼下，说什么“不容许有任何人在我的上面”。事实上，这是不可能的。汪精卫当汉奸后，有诗句云：“良友渐随千劫尽，神州又见百年沉。”诗意萧条而无奈，并没有什么“英雄”气概。周作人是华北伪政权的教育督办，职位相当高，只因未大力发动学生庆贺“皇军”的胜利，日方安藤少将“就要带了卫兵亲身去抓周作人”。可见，把汉奸写成“超人”，是对现实的歪曲，是作者心造的幻影。但是，由于《野玫瑰》宣传权力意志的思想，宣传国民党政府特工的胜利，十分投合统治者的胃口，因此国民党政府把它当作和进步文艺唱对台戏的工具。中央图书杂志审查委员会主任潘公展就说：对《野玫瑰》应该肯定，加以提倡，郭沫若的《屈原》则“成问题”，应该否定。

新中国成立前后，人们着重从政治、思想的角度批判《野玫瑰》为法西斯专制统治张目，这是必要的。《中国新文学大系（1937—1949）》的编者说，当时对《野玫瑰》等的批判，有“政治声讨重于艺术论争”的不足。如果我们从艺术的角度考察《野玫瑰》等，就会发现它们既有特色也有不足之处。

陈铨比较熟悉上层知识分子的生活、思想和感情，对这一类知识分子的描写，大半比较细致、真实。《野玫瑰》中的夏艳华、刘云樵、王曼丽的爱情纠葛，如果把当中的政治因素略而不计，人物的语言、动作都颇为得体，性格刻画生动而真实。可是，对其他的阶级、阶层，作者就比较陌生。他在《自卫》（即《王铁生》）中写的王铁生、夏三爷、张秀才等，人工痕迹就十分明显，显得力不从心了。陈铨在《戏剧与人生》一书中曾说："你戏剧的主人翁，是一位劳动阶级的代表人物，你却没有一点劳动阶级实际生活的观察，你所写的决不能令人相信。"这可能包括了作者自己创作的教训。

陈铨重视艺术表现的技巧。他的创作，故事情节曲折，结构、剪接井然有序，善于使用交代和伏笔，矛盾的展开富于层次感，对读者颇有吸引力。如《野玫瑰》第四幕的戏剧冲突，被誉为"惊险离奇，引人入胜"。作者还从多角度、多侧面来刻画人物。如在《野玫瑰》的开始，就通过王安、秋痕的眼睛，介绍了王立民、夏艳华、刘云樵三人；又通过王曼丽之口，引出了薛汝康的游击队并描写了她的继母夏艳华；然后又写了艳华和云樵的过去和现在。这些铺陈都很贴切、自然。此外，作者说过："戏剧的结构，简单说来，就好像取一根绳子，打了许多的结子，愈打愈多，多到不能再多的时候，又把它一个个重新解开。打结和解结，就是戏剧的结构。"如果把这种看法拿来和陈铨的创作相印证，就会发现他在"打结"和"解结"上是颇见功夫的。不过，这种写法往往会变成一种艺术处理的"公式"，在各书中频繁出现，给人以雷同的感觉。

此外，陈铨的创作，文字流畅，喜欢使用一些抒情的或富有哲学意蕴的语言。《金指环》里就有这样的句子："战争时代幸福的象征，是一把刀；太平时代幸福的象征，是一张琴。琴声可以排解内心的忧愁，刀光却可以鼓舞生命的力量。"不过，陈铨的政治感十分强烈，他总是随时自己出面或通过人物的口，来宣传自己的政治、思想观点。在他看来，这类话是非说不可的。这么一来，就不利于作品语言的和谐、统一。

## 第四节　徐嘉瑞及其著作

徐嘉瑞（1895—1977），字梦麟，又字辑五，昆明人。他曾任教于暨南大学、中国公学大学部和复旦大学。从 1937 年初开始，先后任云南大学的讲师、副教授、教授和文学系系主任等职。抗战胜利后，则在武昌华中大学和昆明师范学院任教。

徐嘉瑞在文艺界的活动，始于五四时期。他是文学研究会会员。从1939年1月起，任中华全国文艺界抗敌协会云南分会理事，1944年7月，被推选为“文协”昆明分会的理事长。新中国成立后，他仍然担任云南省文化教育界的主要领导职务。

徐嘉瑞是文学领域的多面手，在翻译、文艺理论上也多有建树。下面，对他的话剧、诗歌创作和学术论著作简要评介。

徐嘉瑞早在1932年就创作了话剧《我们的时代》，作为“小宇宙丛书”第一种出版，并于1932年、1933年之交在昆明演出（见《民众生活》第43期剑魔的文章）。卢沟桥事变以后，他又有三幕剧《炮声响了》和五幕剧《台湾》问世。

《炮声响了》刊于1937年8—9月的《民国日报》。剧本写的是：1937年7月末，以李登云为首的抗日分会发动群众，动员敌伪的保安队反正以及与敌伪斗争的情景。他们捣毁日军司令部，攻占敌伪的警察署。李登云对众人说：“现在是中国大转身的时候，所以地也震了，山也崩了，地球都要流血，一面是旧中国的灭亡，一面是新中国的诞生。”话剧在隆隆的炮声中，由剧中人高“唱毕业歌，内面音乐队合唱，舞台下面群众合唱”而结束。那抗日的炮声，“真是一部雄壮的音乐，这是中国怒吼的声音!”这反映出作者可贵的政治热情，也表现了人民对神圣的民族解放战争意气风发的投入。

但是，这一剧本在情节安排上有若干可议之处：一个乡村的抗日分会，竟然轻而易举地动员了数以万计的保安队官兵反正；而破坏津浦路也“只须召集当地的代表，马上下了命令，三十分钟集合，三十分钟就可以做完”。这种速胜论思想是当时相当一部分人的倾向。此外，7月28日的中午或晚上，汉奸古立三还在通县领日兵来搜查（古曾任上海卫戍司令部的军需处长，带兵搜查，似不合他的“身份”），而第二天上午，他却在上海的咖啡店里了。根据当时的交通条件，在时间上就存在破绽。剧本在处理这些情节时，显然没有经过仔细推敲。

《台湾》一书，于1943年2月由文通书局印行。作者说，它是根据姚锡光的《东方兵事纪略·台湾篇》写成，剧中的人物、事件也大半是真的。

剧本写1895年台湾人民的抗日斗争。一开始，教员在早操时的感慨，其内容类似都德的《最后一课》，使人深感即将国破家亡的悲痛。剧本把唐景崧和刘永福对比起来描写，一个在侵略者的面前逃跑，一个坚决起来战斗。结果，刘永福之子刘成良战死，刘永福拼着自己的“白头去和狂风似的炮火决战”，他说：“让做总统的去做总统，让我做一个人，让历史上把唐景崧写做台湾民主国的总统，把我写做一个保卫国家的军人。”这表现了民族的尊严和战斗的悲壮（自然，后来因为沿海督抚奉清政府令而拒绝支援，刘永福因处境极为困难而逃离台湾，他的斗争也有不彻底的一面）。这些振聋发聩的语言，是联系抗日时期的实际情况而有所指的。

徐嘉瑞还是云南著名的诗歌作者。1938年8月，他曾和罗铁鹰、雷溅波在昆明创办《战歌》。他的创作，收集为《无声的炸弹》，于1939年9月由战歌社出版，属“战歌丛书”之三，内含《二等兵陈龙》等新诗18首。诗集中《从桥上走了过去》的“桥”就是卢沟桥。诗中写道：7月7日，“恐怖的夜，大雷雨的前夜，暴风的前夜！/狂风在天上吼着，/像奔腾澎湃的怒涛，千兵万马，冲锋呐喊！/电光在闪耀着，像一把剪刀，/要把这黑暗的天空剪破”。勇士们从桥上冲过去和日寇拼杀。作者礼赞“这一道桥，/是马可波罗走过的桥，/是中国历史上光荣的桥”；“是鹰、雕、海燕搭成的桥！/这一道桥，/是划时代的桥”。

《无声的炸弹》一诗，分“序诗”“轮旋曲”“月光进行曲”“无声的炸弹”“黎明的歌曲”“胜利的歌曲”六部分，约160行。它描写我国空军于1938年5月19日，飞往日本长崎、佐世保一带，散发数十万份告日本人民的反战传单。八只铁鸟跨海东征，“丢下了十万磅无声的炸弹”（传单），然后“唱着凯歌走向胜利的归程，/大海的波涛在打着节拍，/向着自己的国土前进，/远远的天边现出一线红色，/报告天色已经破晓”。

抗战期间，徐嘉瑞特别强调诗歌的大众化、通俗化，提倡向民歌民谣学习，利用和改良旧形式。他写了《云南的民间七字唱本》《高兰的朗诵诗》《大众化的三个问题》《云南的民谣研究》等文论述这一主张，并努力在诗歌创作中予以贯彻。如《新从军行》采用“小调”的形式，《无声的炸弹》则注明为朗诵诗。另外，自“九一八”，特别是“七七”事变以来，国土沦丧，“满眼都是血肉，满地都是碎片，这是极难忍极惨痛的事情”。在这样的情况下，徐嘉瑞认为：国防、救亡乃是“九一八”以来新诗运动的路标。他说：“有人以为诗歌应保持它的优美和崇高……好像诗歌是一个美丽的女神，不能到地狱中去歌唱……（其实，）古代希腊的诗歌，就是歌咏战争的，而但丁的《神曲》，写天堂也写地狱……这一个现实，是动的现实，是苦战，是恶斗，是在血泊中创造。”徐嘉瑞在卢沟桥事变以后的诗歌，就是应和着时代节拍的战歌。他的旧体诗《八百壮士》和《姚将军》等也都具有这一特点。

徐嘉瑞是一位学者型的作家，他的主要成就是在学术论著上。早在1923年，他在云南官印局印行的《中古文学概论》就被誉之为“开先路的书”（胡适语），其“新鲜之气息扑人眉宇”（赵景深语）。在抗战时期，他的主要论著是《云南农村戏曲史》和《大理古代文化史》。除此之外，还有《辛稼轩评传》《金元戏曲方言考》《秦妇吟本事》。这些论著，虽然大半是抗战胜利后才出版，但在抗战期间，就已经写出了初稿或定稿了。

《云南农村戏曲史》为“西南研究丛书”之三，由云南大学西南文化研究室于1943年7月印行。全书共七章，即“导论”“云南农村戏曲第一部（旧灯剧）”“旧灯剧的内容”“云南农村戏曲第二部（新灯剧）”“新灯剧的内容和来源”“云南农村戏曲中的方言”和“结论”。云南人民出版社于1957年再版此书时，增加了“附录”，正文亦有所增删。

徐嘉瑞研究云南农村戏曲，以它的音调为根据，探究其源流、发展。他认为，明代小曲和唐诗、宋词、元曲一样，是“一个时代的独创之作”。明朝北方的小曲，“流入中州，流入南方，风行一时，流入云南以后，规模更扩大了”，衍变而为云南的旧灯剧；而新灯剧，则“由道情和弹词变化而来”。他说，云南花灯剧，是“描写农村生活表现农村性格的歌谣”，是“真诚素朴的牧歌”。他引录鲁迅的“从唱本说书里是可以产生托尔斯泰、弗罗培尔”的名言，进而说明他写这本书，是要抨击某些人对于花灯的鄙薄态度以提高花灯的地位，并希望从云南农村戏曲中“产生一些新的作品”，作为“抗战的武器”和“建国的武器”。

《云南农村戏曲史》一书颇获好评。游国恩在为该书写的《序》中说：“其考据之详，议论之审，见解之卓越，又为今日治民族文学者不可少之书也。”李何林在《读〈云南农村戏曲史〉》一文中进而指出：在该书未出版前，“中国的地方性戏曲是也没有‘史’的。它们虽有‘史’的发展事实，但没有‘史’的叙述记录”，因而《云南农村戏曲史》“是一部开始的著作”。

《大理古代文化史》也由云南大学西南文化研究室印行，属“西南研究丛书”之十。缪鸾和在为该书写的《跋》中说：1944 年，徐嘉瑞从大理回昆明时，“稿已盈箧”；经过一年之整理，到 1945 年则“巍然成帙矣”；以后还陆续增订，于 1949 年付印。该书论述了滇西一千多年的文化现象，正文分“史前期”“邃古期”“南诏期”“段氏期”四章。罗庸认为它“体大思精”，“辨析微茫”，特别是“力主大理密教来自西藏之说，更为确凿有据”。该书于 1978 年由中华书局根据 1963 年版重印，易名为《大理古代文化史稿》。

徐嘉瑞研究云南的历史、文化、文艺，可说是“网罗群言，巨细咸采”（罗庸语），在史料的发掘、积累上长时间地下了功夫。在《中古文学概论》一书之末，徐嘉瑞所预告准备出版的“中国文学丛刻第七种”，即为经他考定的《清代民间杂剧》。他曾指导施章对云南杂剧进行收集、整理、研究，为施章的《农民杂剧十五种》写序言并加以校阅。施章在《近代民众杂剧自序》中也说，他所采杂剧“缺讹的地方很多，幸得梦麟师……替我下了一番校正的工夫”。他写《云南农村戏曲史》，除了上述的准备工作外，为收集材料，还先后找了弥勒寺的老农陈、方两人，老鸦营的农民董义和福海村的老人段义，从他们那儿笔录了很多花灯剧。游国恩在《云南农村戏曲史序》中曾记述这一笔录工作，说：“余亲见其于乱鸦斜日中，偕其夫人携一壶茶，一张几，访所谓段老爹者，听其抚节安歌。梦麟则随手记录，增补其阙遗，审正其伪谬，汲汲如恐不及。”由此可见作者治学的勤奋和态度的认真。此外，徐嘉瑞还发表了《敦煌发见佛曲俗文时代之推定》《对于敦煌发见佛曲的疑点》《南北曲以前的戏剧》《中国民众文学概论》《云南农村戏曲研究》等文，这都和他写上述两部论著有关系。此外，《大理古代文化史》一书，眼光也并不局限于一隅，不是就事论事。作者在《僰民唱词集序》中指出，云南民间文化曾接受三方面的影响：（一）来自东南的影响，即明小曲自中原而南方而云南，形成云南的农村杂剧；（二）来自西北，即西北民族之南迁和中原大姓之移居，形成苍洱间的“七七七五”句式的曲本；（三）来自西南，因云南与信奉佛教的印度、缅甸、泰国相邻，所以西双版纳一带的民间唱曲与佛曲同一谱系。他据此而作出结论：“其源虽异，其汇归则同，云南遂吸取中原古代汉唐文化，加以元明两代之近古文化，复吸收印缅康藏泰越之文化，融会交织而成为西南文化之一系。”可见，徐嘉瑞研究云南戏曲、西南文化时视野开阔，重视其源流以及它与生活、与其他方面的广泛联系，加上他严谨的学风与长期的努力，因而取得了显著的成绩。

在学术观点上，与徐嘉瑞接近的有刘尧民（1898—1968）。他在五四时期即活跃在云南文艺界。1923 年，他曾致函徐嘉瑞，对《中古文学概论》偏重于平民文学和强调音乐的文学史观加以肯定。其实，这也是他的观点。从 1937 年 12 月开始，刘尧民“整理词史旧稿”，但仅第一章即达 17 万字，因而于 1946 年单独出版，取名为《词与音乐》，属“云南大学文史丛书”之一。1982 年，云南人民出版社校勘再版。其第一编为“长短句之形成”，阐述诗歌音乐化的发展，到词这一阶段才臻完善；第二编为“词之旋律”，探究词的四声音韵的调协；第三编为“从以乐从诗到以诗从乐”，指出过去以乐从诗，到词、曲时代，则以诗从乐，这在诗与乐的关系上，是一巨大的转变；第四编为“燕乐与词”，分析产生词的音乐（燕乐）和过去音乐不同的特异色彩。罗庸在《词与音乐叙》中说，刘著“无疑地是划时代的作品，在见地和方法上对将来的研究将有无限的启发”。

## 第五节　范启新·陈豫源·王秉心

抗战时期，活跃在云南话剧界并作出较大成绩者，除前面各节已评介的以外，还有马金良、沙鸥、孙毓棠、李朴园、龙显球、李昌庆、杨光洁、范启新、陈豫源、王秉心等。特别是后三人，和云南话剧界有相当密切的关系。

范启新（1915—1990），生于昆明，笔名有火传薪等。从 20 世纪 30 年代中期起，他即从事话剧活动；后又往四川江安国立戏剧专科学校就读，1943 年毕业。1935—1936 年，他参加“金马剧社”“野草剧社”，曾任金马剧社的干事和金马巡回剧团团长。1943 年，任“原野剧社”“民众剧社”的总干事。1938 年 3 月他被选为全国戏剧界抗敌协会滇分会理事；1944 年 9 月被选为全国文艺界抗敌协会昆明分会理事。

范启新主要从事话剧创作和导演活动。他写于抗战时期的剧本，有《避难者》《谁之罪》《风狂海啸》《锄奸记》（三幕剧）、《人之初》（根据法国巴若来的原著改编）、《补衣人》等。《风狂海啸》《锄奸记》两剧，是为“教育部征求抗战剧本”而作，于 1940 年 3 月分别获备取第一名和备取第二名。他导演过的话剧有《避难者》《姊妹花》《古城的怒吼》《长夜行》《家》《人之初》《喜临门》《北京人》等。

此外，范启新还从事戏剧评介和戏剧理论的研究，所写的较重要的文章有《云南演剧的用语问题》《“象征主义”与〈九一八以来〉》《云南戏剧运动述评》等。他所撰的《剧场艺术概论》，已在 1944 年的《扫荡报》上选载，但似乎并未完稿。

范启新和云南抗战时期的话剧界关系密切，他的演出实践（导演）、创作成果、理论研究均有较大的成绩，只可惜没有加以总结和收集，未以正式出版物的形式巩固下来。

陈豫源（1911—1955），别号季云，原籍云南，出生于北京。1934 年毕业于北平大学艺术学院戏剧系，1935 年（一说为 1936 年）回到昆明，负责筹办云南省立昆华剧院，筹备省立昆华艺术师范，并任云南省教育厅艺术教育专员。1938 年初，他受全国戏剧界抗敌协会总会之托，筹备滇分会，于 3 月 18 日被选为该分会理事。1939 年 1 月，又被选为中华全国文艺界抗敌协会云南分会理事。他还是金马剧社的名誉指导员和省教育厅戏剧乐歌巡回教育队一队的队长。1940 年 11 月，巡回教育队一队二队合并，仍由他任队长。他曾率领该队前往曲靖、宣威、会泽、昭通等地开展巡教工作。他还任戏剧杂志《戏友》旬刊的发行人，并主编《云南日报》副刊《艺术评论》和《正义报》副刊《影与剧》。

陈豫源所写的有关话剧运动和话剧理论的文章，较重要的有《抗战时期的艺术运动》《本省戏剧界抗敌分会成立感言》《艰苦奋斗的金马剧社》等。他更多的活动，是从事戏剧教育（任省艺术师范学校戏剧电影科的负责人）和话剧导演。八年间，他导演过的话剧有《烙痕》《反正》《曙光》

《战歌》《雷雨》《前夜》《黎明》等。

陈豫源的话剧创作，有独幕剧《邻患》《我们的国旗》《战地鸳鸯》《抽水马桶》和儿童剧《海葬》（又名《一群小俘虏》）等。《抽水马桶》据说曾得到曹禺的好评，1939 年 7 月由省立昆华艺术师范校友会公演。此外，他还有京剧剧本《黑龙潭》，由云南省经济委员会印刷厂印刷，云社发行。书前的《赘言》说，剧中所写的薛尔望，除根据历史记载外，还杂以虚构，用以加强人物性格的刻画和剧情的穿插。写作的动机，一面是表扬“薛氏全家的忠烈”；另一面则为了温故而知新，“凛惕历史的悲剧”。该剧唱词流畅、优美，但戏剧冲突不够集中、突出；曾由教育厅实验剧场公演。

王秉心（1905—1973），云南易门人，又名王旦东。他曾在上海、北平两地求学和工作，1935 年（一说 1936 年）回昆，任云南省教育厅艺术专员。抗战前期、中期，他的工作任务基本上和陈豫源相一致。

王秉心导演过《烙痕》《反正》《曙光》《夜光杯》《黑地狱》《复活》等话剧，并带领戏剧乐歌巡教队去各专县演出。同时还写过一些重要的文章，如《从动员乡土艺术说到花灯剧》《从本省话剧运动说到灯剧运动》《一年来云南戏剧工作的检讨》等。1942 年，昆明戏剧界（由王秉心领衔）请求有关当局饬令缓演《野玫瑰》，产生了较大的影响。

特别值得注意的是王秉心筹组的救亡花灯队（后改名为云南农民救亡灯剧团）和《茶山杀敌》的写作和演出。抗战开始以后，他深入市镇、农村宣传抗日。他从《五里亭送郎出征》《新十二属小调》等受群众欢迎一事得到启发，萌生出用旧的戏剧形式来为抗战服务的想法。他认为，花灯是云南民众喜闻乐见的一种艺术形式，“兼有旧戏，话剧，山歌，小调，弹词，花鼓等六种之长”。这六种艺术形式所能表演的题材，花灯都能表现。为此，他组织了救亡灯剧团，并于 1938 年 5 月 1 日，在昆明公演了新花灯剧《茶山杀敌》。该剧又名《茶山配》，描写安徽省一个茶区的红枪会勇士装扮成妇女，用计谋杀死侵略者的故事。它通过青年男女在茶山的笑闹，衬托出日军的狠毒、残忍。该剧以后还在县区多次演出，获得了成功，“有了十八场的满座，观众中大学教授至僧尼使月，各层民众都有”（《从本省话剧运动说到灯剧运动》）。演出时，“舞台上的色彩、光景和音乐是观众最感兴趣的部分，显出了很大的魅力”（《南方》第一卷第八期《看了〈茶山配〉》一文），被誉为“通俗化的宝贵收获”①。

## 第六节　话剧演出

抗战时期，云南话剧演出十分活跃。为了坚持民族解放战争，必须充分发动群众；而话剧这种艺术形式具有直观性、综合性的特点，易于为广大群众所接受，从而受到人们的重视。

当卢沟桥事变的硝烟还未熄灭的时候，云南学生抗敌后援会、金马剧社、省艺术师范学校等团体就先后演出了《无名小卒》《死亡线上》《血洒卢沟桥》《放下你的鞭子》《避难者》《开演之前》等话剧。以后，演出活动更为活跃。1938 年，金马剧社组织巡回剧团往滇西；省教育厅于这年的寒、暑假，两次发动昆明各高级中学到各县去，用话剧演出等方式宣传抗日战争。他们到了各县区，深入穷乡僻壤。在昆明，从 1937 年 8 月 13 日公演《血洒卢沟桥》起，至 1939 年 8 月演《钦差大臣》止，仅金马剧社就先后公演过 12 次。下面，对话剧演出活动摘要地加以介绍。

首先是《雷雨》《原野》的演出。

《雷雨》于 1938 年 7 月，由省艺术师范学校演出。陈豫源任导演，郎惠仙饰周繁漪，李文伟饰周萍，王旦东、杨其栋等任舞台装饰。该剧的演出，出现了轰动的局面：有人买票后“挤上楼厢”而无法落座，“直站的看完了这人间悲剧的活现”；认为周繁漪“一颦，一笑，或说，或泣，或泼辣的施展了，那原始的野性时，都达到成功”。萧乾、沈从文、徐嘉瑞都撰文予以好评。萧乾说，排演这个戏第一个特色“便是超出‘生意经’……把《雷雨》当成了一件艺术作品来处理”。徐嘉瑞曾转述沈从文的话：“想不到云南学生表现的技术，会有这样的熟练。”

《原野》由作者曹禺导演，凤子、孙毓棠主演，闻一多、雷圭元为舞台设计，于 1939 年 8—9 月间由国防剧社演出。它很受观众欢迎，万丹曾

① 见 1938 年 5 月 15 日《云南日报》所载亚明的文章。

从卖票的角度撰文介绍。李乔认为，演出时“娴熟的技巧，罗曼蒂克的情景，恐怖的刺激，美丽的布景”，对观众有很强的吸引力。徐嘉瑞则说曹禺的“技巧，他的心理分析，他的性格的创造使中国戏剧，大大的踏进一步”。

这两剧在专县也曾多次演出，效果都好。如《雷雨》在腾越（今腾冲）简师演出时，“全场肃静无声，如像真地震骇在雷雨之下一样”。

评论者在肯定两剧及其演出的优点时，也指出它们的不足，如对周繁漪的阴鸷郁悒这方面表现不够等。更多的则是指出它们思想上的弱点，如《雷雨》到底“指示我们什么呢?”还认为《原野》的反抗性及仇虎的痛苦、毁灭，“容易会用在私仇宿怨上去”，使人产生复了仇也没有好结果的消极作用。有的评论者还指出，对作者的阿谀“倒反对于他不忠实”，而应希望“他百尺竿头更进一步……把他的天才，从古典文学的典型里面移在中国现实的泥土里去”。

其次是《野玫瑰》的演出。

《野玫瑰》的作者陈铨，是西南联合大学外文系教授。该剧刚刚写出，尚未在杂志上发表以前，即于1941年8月3日至8日，由国民党云南省党部国民剧社在昆明大戏院演出。孙毓棠为导演，姜桂依饰夏艳华，劳元干饰王立民。这次演出，除发生饰王曼丽的孙观华因“立场不同”而于排演中途停止合作外，报上是一片赞扬声。《民国日报》在报道中说，该剧“充满爱国之民族意识”，“适合时代要求”。《朝报》则赞美夏艳华的“寂寞”，说她“理想最高理智最强”，“值得四万万五千万人的顶礼崇拜”。昆明《中央日报》也说演出“细腻熨贴”“描摹入微”。1942年3月间，昆明广播电台也播送话剧《野玫瑰》。省教育厅还把包括《野玫瑰》在内的陈铨的不少剧本、小说，用云南省政府主席龙志舟“奖学金购发”，并要求各校“应开放阅读妥为保管列入交代”。在当权者所掀起的这股“野玫瑰热”中，1942年5月，西南联大学生自治会决定，从6月4日至7日，由该校剧团在西南大戏院为劳军而公演《野玫瑰》。这时，重庆文艺界已大张旗鼓地批判该剧，昆明戏剧界响应重庆的活动，联名请求在昆明缓演。而云南省图书杂志审查处处长陈保泰则说，《野玫瑰》的“意识正确，剧情生动，且经教部颁奖在案，自应准予演出”。该剧除在昆明公演外，省教育厅剧歌巡教队一队还去各专县巡回演出，各专县的人士也曾在大理、下关、会泽、绥江、姚安等地上演。不过，在1942年以后，报刊对《野玫瑰》是有批判的。如《朝报》在1942年5月所刊的《〈野玫瑰〉内容的检讨》就指出，该剧的“作者是尼采主义者，王立民、夏艳华都阐发了作者的哲理”。该报在6月所刊发的《〈野玫瑰〉的失败在那里?》也指出该剧忽略了社会意义，“用戏去求取‘观众的效果’，而不管那效果所生的影响是什么?”

再次是《清宫外史》的演出。

《清宫外史》为杨村彬所写的五幕古装历史剧。1944年9月9日至25日，由防空学校第四区高射炮指挥部的射日剧团公演。石凌鹤任导演，由陈健饰光绪帝，樊筠饰慈禧，洪波饰李莲英，张正通饰寇连材。该剧共演出17场，颇获好评。如洪波以其“苍老而枯涩的嗓音，配上阴沉而迟钝的语调”，加上“走路时摆来摆去，不疾不徐的步态，更显示出李莲英的作威作福”。同时，演员也表现了人物“阿谀和谄媚的性格”。扮演慈禧者，则表现出人物的圆滑狠毒。论者认为，导演在舞台“画面的组合上，地位的变化上”，“严肃而不呆滞”，颇见功夫；说该剧“暴露清庭（廷）腐败溃乱内幕，揭发日寇侵略中华野心，指明不平等条约签订真象……”，“能使人明了当时内庭（廷）的腐败，致影响对外和战不决的纠纷，种下招致失败的根由，发人猛省”。这说明演出有明显的针对性，并不是什么“发思古之幽情”。

第四是《孔雀胆》的演出。

《孔雀胆》写大理国总管段功和梁王的女儿阿盖公主之间的爱情故事，是一出历史悲剧。它表现了“妥协主义终敌不过异族统治的压迫，妥协主义者的善良愿望终无法医治异族统治者的残暴手段和猜忌心理”。剧作者为郭沫若。1944年10月25日至11月8日，由空军军官学校大鹏剧社公演（末三日以国防剧社名义演出，但全体剧人均是从大鹏剧社请来的）。该剧由章泯任导演，陶金饰段功，王人美饰阿盖公主。据报道，当演至段功被刺、阿盖精神失常时，“观众心情紧缩，甚至有涕泗横流者”；而当演至阿盖自杀时，观众“热泪盈眶，竟至抽咽者大有人在”。该剧的演出，有为空军烈士遗属生活补助、劳工福利、援助贫病作家筹集基金的任务，

“历时十五日三十场，场场客满，观众达三万余人，造成抗战后（昆明）戏剧公演之最高卖座记录”。

当时，昆明《扫荡报》曾刊出“孔雀胆公演特辑”，其中有郭沫若的《〈孔雀胆〉归宁》等。郭认为，汪精卫及其一伙，就像《孔雀胆》中的云南参政车力特穆尔，“我们要像杨渊海一样的除掉他！”评论者虽然对剧本的史实处理和演出提出意见，但从整体上均一致给予肯定，认为该剧“是‘爱与恨’的表现……是血的史实的教训”。

上述四次演出，是昆明在抗战八年间有较大影响的演出。《野玫瑰》一剧，评论者曾展开尖锐的论争（这论争直到现在还继续着）。《原野》《清宫外史》和《孔雀胆》在昆明公演，曾被评论者认为“是昆明戏剧运动史上的三个划时代的里程碑”。尽管如此，由于人们的立场和观察问题的角度不同，看法也会出现分歧甚至于发生尖锐的对立。如曹禺的话剧上演也遭反对，说它们是“为艺术而艺术”的作品，和“抗战建国漠不相关”；并简单地把它们归纳为“纵欲的悲惨结局”（《雷雨》）、“沉沦的娼妓命运”（《日出》）和“报私仇后的恐怖灭亡”（《原野》）。至于古装话剧《清宫外史》的演出，有评论者认为是“没出息”，说不能让“坏东西，站在破落的舞台上，摇摇摆摆地做一些滑稽戏！”

抗战时期云南的话剧演出，条件相当艰苦。就连得到官方支持的《野玫瑰》（国民党云南省党部书记长赵公望为国民剧社的指导委员，为该剧的上演，他特别召集全体演职员开茶话会予以勉励），经费也相当拮据。该剧的演出预算，其数额为14000元，凭赵公望的介绍，从银行借到5000元，仅够开支“布景费……其他所有开销如灯光、道具、化妆、宣传、搬运”等费用，仍无着落。连《野玫瑰》的演出都这样，其他剧就更可想而知了。但是，为了宣传抗战，有关人员知难而上，艰苦奋斗，任劳任怨。如1940年9月演出《阿Q正传》，服装大半从地摊上搜罗，“又破又脏，有的还有虱子，所以买回来第一件工作是煮和洗”；演阿Q的演员，因连续熬夜而吐了血。总之，在八年间，云南省有一批话剧工作者，埋头苦干，为话剧的演出作出了巨大的贡献！

# 附　录

## 云南抗战时期文学大事记

抗日战争时期，云南是这场民族解放战争的大后方，昆明是我国的文学重镇之一。由于战火的蔓延，西南联大等学校及机关、学术团体从京、沪等地迁入，外省的作家、学者、教授、文学青年的大量来滇，使云南的文化冲破了封闭的格局，文学事业也前所未有地繁荣起来。这份“文学大事记”，介绍文学家、学者及有关社团的活动（包括著述、事件、论争、评论等，话剧演出则只摘要记录），以期对云南抗战时期的文学勾勒一个简单的轮廓。关于“与抗战无关”的论争，关于《战国策》《野玫瑰》及其作者等的有关材料，因关心者众，故介绍较详。对代表某种思潮或倾向的作品，也酌情记录。各专县的史料本来比较缺乏，故从宽选录。

### 1937 年

**7 月**

7 日，卢沟桥事变爆发，开始了长达八年的抗日战争。

10 日，《云南日报》发表季生（杨弗）的简论《保卫我们的民族》，说：“到了这样已经屈服到不能再屈服的时候，他是必然以一战来完成他神圣的任务。”13、14、15 三日，该报又连续发表季生的《日本侵略卢沟桥》《我们应发动全民族的抗战》和《揭穿日帝国主义者的谬论》。

15 日，熊庆来回到昆明，于 8 月 1 日接任省立云南大学校长。

17日，针对卢沟桥事变，《云南日报》又发表了马碧波的诗歌《猫头鹰——我们的呼声》。20、22、23、26日，连续发表张子斋（署名秦越、吉梗、应蛟）的《从局部抗战到全民抗战》《日帝国主义的毒焰》《我们的生路在那里》和《宋哲元将军要走那条路》。

30日，“云南全省各界抗敌后援会”成立。

本月，聂耳逝世二周年时，《云南日报》本拟出一纪念专号，但因抗战爆发，在“民族存亡之际……只好权其轻重”，以大量篇幅刊登有关抗战的文字。该报只于17日发表新诗《英勇的号手》来纪念聂耳。

本月，周泳先校编的《唐宋金元词钩沉》由商务印书馆出版，分上下两册。

**8月**

3至4日，《云南日报》发表张子斋的救国弹词《大家听》，在25日晚的“防空扩大宣传会”上演唱时，“赢得听众的热烈的拍掌”。9至10日，该报还发表杨季生的弹词开篇《战卢沟》。

12日，张天虚参加十八集团军西北战地服务团成立大会，曾先后任该团通讯股副股长和股长。他于本月为战地服务团写独幕话剧《王老爷》。该剧曾在陕西、山西多次演出。

本月，艾思奇和周扬等由上海去延安。行前，楚图南等在锦江饭店为艾思奇饯行①。

本月，施章的《国防文学集》（又作《国防集》或《石达开与照世杯》）由中央大学艺林社出版，为“文学丛书”第五种。他的《古今中外民族文学特辑》和《新旧文学之批判》也于近期出版，但原书未见。

**9月**

18日，云南文艺工作者抗敌座谈会筹备会的《为“九一八”六周年纪念告同胞书》刊于《云南日报·南风》，20日续完。

9月末，金马话剧社开始第二届公演，演出《开演之前》《避难者》

① 据《一个哲学家的道路》第11页和《文学报》第465期艾芜文。

《血洒卢沟桥》。这次是“以新法演出”，除设“天幕”外，“经理和女演员 AC 的上场都由观众席中走上舞台来”。

本月，吴晗、林同济、施蛰存、李长之应熊庆来之聘，到云南任教。这是抗战发生以后第一批来云南的学者、作家。

**10 月**

1 日，《前哨》创刊，由揭腐主编，编辑委员会由杨佛庚（季生）等九人组成。

19 日，《南方》创刊，主张“以‘抗日’为第一”。该刊 1941 年 1 月停刊，共出 36 期。文艺稿件为该刊的重要内容之一，主要作者有张子斋、穆木天、天虚、彭桂萼等。该刊先后由李立贤、龙显寰、李剑秋等负责编辑。

19 至 20 日，《云南日报》刊出“鲁迅先生逝世一周年纪念特辑”，有张子斋、晓阳、寒曦、初明、海燕、醉秋的诗文。

本月，在腾越简师募捐游艺会上演出《雷雨》，“全场肃静无声，如像真地震骇在雷雨之下一样”（《晨暾》第一期：《雷雨在腾冲演出》）。

**11 月**

5 日，《云南日报》发表《关于“战地剧团”》。接着，有《抗战时期的艺术运动》（8 日）、《我们需要“街头文艺”》（17 日）、《把话剧搬到街头去》（18 日）、《艺师将演街头剧》（19 日）和《“街头剧团”的组织及其用语》（24 日）等文，都是研究文艺如何更好地为抗战服务这一问题的。

11 日，张子斋在《云南日报》发表《个人的私见》，说副刊《南风》“三分之二的篇幅，充满了抗战的呼声”，但作者视线褊狭，对许多实际问题弃置不谈；他强调要“采用游击式的战术……继承鲁迅的战斗的精神和方法”。

14 日，在陕甘宁特区文化协会成立大会上，艾思奇为主席团成员。柯仲平为文协负责人之一（据《延安文艺运动纪盛》，第 36、37 页）。

15 日，《文艺季刊》创刊，先后由李寒谷、周辂主编，共出版 4 期；

主要作者有施蛰存、沈从文、杨光洁等。

29日，云南大学教授林同济为妇女战地服务团作题为《第二度的英雄时代》的演讲，说自汉朝起为第一度的英雄时代，此时则为第二度；应该敢说、敢干、敢战、敢死等。

12月

13日，《民国日报》副刊《号角》创刊，《发刊词》说，文章“要有最明晰的最坚强的民族意识……方切合战时的需要”。同日，还发表梦良的《文化人动员的号角响了》。

23日，袁嘉谷卒。袁考清末经济特科第一，曾任云南留日学生监督、清学部编译图书局局长和云南大学教授。云南现代文学界不少知名之士曾是他的学生。1932年，他曾营救以“共产党人罪”被判刑的文学青年。

本月，文艺界的第一件大事是欢送“妇女战地服务团”（后易名为“云南学生军训练班”）。该团共60人，团长为徐汉君，于13日离昆出发。12日的《云南日报》刊登云南文艺工作者抗敌座谈会的《暴风雨里的海燕——欢送妇女战地服务团》。在这前后，还刊登了邱晓崧的《出征记》、季生的《桃罗斯，伊巴鲁意是我们最好的榜样》和秦越的《我要对你们这样歌唱》等。

本月，文艺界的第二件大事是讨论舞台语言问题。这是继1936年4月和1937年1月以后的第三次讨论。《云南日报》先后发表了云苍、王道、杨其庄、蔡司镜等人之文章。该报编者认为：讨论是“横扯直拉，量多质少”。

本月，陕甘宁特区文协负责人柯仲平兼任刚成立的延安“战歌社”的社长。

本年，马子华之历史叙事诗《骊山之夜》由每月诗歌社出版，写陈胜、吴广起义和失败，共134页。

# 1938 年

**1 月**

13 日，王一群的《向文艺工作者的一个建议》刊于《云南日报》，提倡编写新的唱本、大鼓弹词和改编旧的文艺并加入抗战意识。他还于 24 日的该报上发表鼓词短剧《休妻杀敌》。

28 日，国民党云南省党部召开会议，说阴谋捣乱、危害民族的反动分子所出版的《红旗下的中国》等应严禁售卖。

29 日，范启新的《“象征主义”与〈九一八以来〉》发表于《云南日报》。

本月，省教育厅令昆明各高级中学利用寒假时间，前往各县宣传。除演说、贴标语、出壁报等外，还演出戏剧。各校先后出发，前往呈贡、晋宁、昆阳、玉溪、河西、通海、华宁、澄江等县。

约本月，《富春年刊》出版，收入学生创作的短剧《叛徒》《中秋节》和《只知有国不知有家的人》。

**2 月**

6 日，王秉心的《从动员乡土艺术说到花灯剧》刊于《云南日报》，强调要“动员民间诸艺术，一齐努力救亡”。

同日，丁玲给征子、寒曦、沸沁三人的回信，以《答三个未见面的女同志》为题发表于《新华日报·星期文艺》上。（按：征子等乃云南文学青年李莹、邓炳贞、黄振勋的笔名。她们的信由《七月》转给丁玲。发信时她们正随云南妇女战地服务团滞留于长沙。后三人辗转进入临汾民族革命大学并奔向延安。）

12 日，《云南日报》发表社论《动员文化人与加强文化战线》，指出文化界“还没有真正的动员起来”，目前还“呈现出‘疲惫’的现象”。

15 日，《民国日报》刊出《号角》新一期。

21日，柯仲平主持由陕甘宁边区文协召开的关于《血祭上海》一剧的座谈会。

同日，《民国日报》登载周铬的《战时文艺论》，22日续完。

3月

6日，高寒在《云南日报》上发表《铁塔之什》，含《铁塔》《灰土》两题。

18日，全国戏剧界抗敌协会云南分会成立。

20日，张天虚的报告文学《两个俘虏》由上海杂志公司在粤刊行，为“战地生活丛书”第二种，共62页。茅盾在《文艺阵地》上对它作了评论。该书以及《二十世纪的爬虫》《火网里》和《饿》均被选入“中国抗日战争时期大后方文学书系”。

23日，《云南日报》发表社论《论文化抗战》，强调要组成联合战线。

31日，《云南日报》发表社论《为外来同胞进一言》，对外来的人士和本省的民众均提出要求。

本月，陈方、张子斋、邱晓崧等六人动身前往延安；李乔也随同出发，他到武汉后即往鸡公山参加滇军一八四师。

本月，艾思奇的《文艺创作的三要素》发表于《战地》创刊号。茅盾对此文“很表欣赏，认为它把‘现实的形象’‘思想’‘情感’这三者的作用和相互关系，解释得又浅显又透彻”。

本月，张天虚的《行进在西线》由汉口大众出版社刊行，记述他在西北战地服务团期间，从太原到临汾的情况。

约本月，安娥在武汉为《六十军军歌》写词，说：“我们来自云南起义伟大的地方，横穿过贵州湖南，开赴抗敌的战场。”

4月

1日，《时代轮》月刊创刊，社长唐康轩，编辑杨瑜如。据《战时知识》创刊号介绍，它的前身是《新蕊》（纯文艺刊物），但《时代轮》为综合性的。

10日、17日，《云南日报》刊出君羊的《〈略谈抗战文学〉质疑》，针对施蛰存的文章进行论争，说有人把“抗战文学”当成是下流作品，“当成是文学中的一种恶劣倾向，就如他们的贱视救亡工作那样”。

22 日，救亡花灯团改组为农民救亡灯剧团，于 5 月间公演的新编剧本《茶山配》，被誉为“通俗化的宝贵收获”。

24 日，陈铨的短篇小说《蓝蛱蝶》刊于《云南日报》。作品中被日本人杀死的薛玉屏生前对妻子说：“如我早死，我会变成蓝蛱蝶在坟上飞来飞去——”这点，和话剧《蓝蝴蝶》有相似之处。

28 日，“国立西南大学慰劳湘黔滇旅行团”于中午步行到昆明，总行程 3500 里。

30 日，柯仲平写完《边区自卫军》，共四章。后来连载于《解放》周刊第 41、42 期。

约本月末，《怒江》由腾冲学术研究会出版，有木刻、血汗语、论文、学术介绍、文艺诸栏目。《发刊词》说：我们办刊物“不要名，也不要利，只在铁蹄冷箭下寻求所以报国之道”①。

**5 月**

1 日，云南文艺工作者抗敌座谈会易名为中华全国文艺界抗敌协会云南分会。（按：1939 年 1 月 8 日，更名为“文协”昆明分会。1945 年 10 月，又改名为中华全国文艺协会昆明分会。）

同日，由李生庄编辑的《晨暾》创刊，省立腾越简易师范学校出版。它属学术文化刊物，较注重文艺稿件，共出版 5 期。

8 日，楚图南的《文艺工作者怎样充实和武装自己》刊于《云南日报》，15 日续完。它是 1 日在云南文艺工作者抗敌座谈会上的讲演稿，从人生态度、创作态度，说到深入地观察、认识社会以及在表现技术上要注意通俗等。

29 日，陆侃如的《抗战与文学》刊于《云南日报》。它指出有些学生认为文学是永久的，抗战只三年、五年或十年，乃是暂时的，因而永久的文学不必迁就暂时的抗战。陆认为这些“疑虑是不正确的”，说：“我们希

① 据 1938 年 4 月 27 日《腾越日报》。

望（并不是勒令）文学者们在动笔时首先记取这正在演进中的伟大的抗战。”

本月，李长之的《昆明杂记》发表于《宇宙风》第67期，从昆明的牛说到昆明的人，认为“这里的人很笃厚”“可爱”，而其缺点则是比较麻木和懒散。从19日开始，《民国日报》《云南日报》发表了《李长之隽语警人》《闲话昆明的牛》《代表滇牛向李长之致谢》《结束“牛”的问题并略贡拙见》《昆明人与“牛”》《“天才批评家”的矛盾》等文批判李长之，李被迫出走重庆。上海的《文艺》旬刊曾就此事说：《昆明杂记》“只是杂记而已，却震怒了云南朝野，云大校长下谕，嘱李立即自动辞职，并着即离滇”。（按：云大校长“下谕”一事显然是被迫的。《民国日报》代表官方讲话，教训李长之“暂时避开大学教授的地位”；同时又“正告云大当局”：“以后援引人材，要特别慎重……万不宜容许轻薄小儿，溷迹其间。”）

约本月，西南联大学生向长清、刘兆吉等在蒙自组织南湖诗社，请闻一多、朱自清指导，以研究新诗、写新诗为主要方向。

**6月**

10日，《战时知识》创刊，冯素陶编辑（1940年2月20日发行了第三卷第一期以后停刊）。它比较重视文艺理论、文艺创作，主要作者有徐嘉瑞、高寒、马子华、张天虚等。

11日，张天虚的《征途上》由上海杂志公司在汉口发行，共92页；为“战地生活丛刊”第五种。

13日，云南农民救亡灯剧团从昆明出发往滇南公演，历经曲靖、建水、蒙自等地，为期半年。该团由苏义任领队，王秉心任指导。

15日，《新动向》创刊（1940年1月15日第三卷第七、第八期合刊出版后停刊）。它的主要作者有楚图南、杨季生、沈从文、冯友兰、林同济、陈铨（后两人在第八期以前为编委会成员）。在创刊号上，有陈铨的独幕剧《王铁生》（收入《婚后》一书时易名为《自卫》），描写腾冲郊区的团练长王铁生和地主夏三爷的抗日斗争。作者说这是“初期试验的作品”。

同日，楚图南的《云南文化的新阶段与对人的尊重和学术的宽容》在《新动向》上发表。这是和《昆明杂记》风波有密切关系的一篇文章。关于这一风波，楚还写了《学术辩难应有的态度》《云南教育界应当怎样应付当前的事态》和《抗战建国过程中云南的新使命》等文。此外，《云南日报》还刊出社论《文化人团结起来》和江溯的《云南文化人团结起来》。楚图南等认为，对“真实的批评，至诚的谏诤”，“需要伟大气度的接受和包容的扶植”。他们均强调本省人和外来者团结的重要。

20日，张天虚的小说《王疤脸和小朱》刊于《自由中国》第一卷第三期。

**7月**

1日，艺师开始公演曹禺的《雷雨》。

4日，柯仲平任陕甘宁边区民众剧团团长。

7日，白平阶的《跨过横断山脉》发表于香港《大公报》，描写修筑滇缅公路的人们。此文多次被收入文学选集中，并于1940年被译为英文，在伦敦《NEW WRITING》上发表。

10日，《云南日报》刊出春谷、伊凡、萧乾、沈从文的文章，给《雷雨》公演以好评。

13日，“文协”云南分会的会刊《文化岗位》创刊（1940年2月出了第二卷第二期后停刊）。

17日，昆明文化界往西山聂耳墓（6月21日落葬）致祭，《云南日报》刊出“聂耳逝世三周年纪念特辑”。

23日，据《民国日报》载，金马剧社聘方于、〔法〕罗个伯夫人、陈铨、楚图南等为名誉顾问。

25日，《丽江旅省学会会刊》创刊，内有李寒谷的《献诗》和《中国现阶段文学之路》等文。

31日，立明的《谈谈“抗战八股”》一文发表于《云南日报》。它反对以冷眼旁观的态度对待抗战，反对把“抗战读物”看成“抗战八股”。

本月，云南省教育厅责令昆明各校学生组成暑期宣传队到专县和农村进行抗日宣传，并划分了昆华中学、昆华女中、昆华师范、昆华女师等校的宣传区域（见《云南教育通讯》第三期）。

约于夏天，陈赓雅（巍山人）代表香港《申报》由桂林经西安往陕北采访。

8 月

14 日，陆侃如的《论文学上所表现的云南精神》在《云南日报》上刊出，文章认为这精神的特点是：大胆解放，不受古人约束和无矫揉造作、虚伪雕琢的毛病。

21 日，“文协”云南分会召开第三次会员大会，进行自我检讨并补推理事及候补理事穆木天、彭慧等八人。

28 日，陈铨的《中国文坛的新气象》发表于《云南日报》。他认为这新气象是：抗战前文坛上的激烈打倒派、闲散颓废派、幽默讽刺派的衰落，从而说明文坛新时代的降临。

本月，滇缅公路中国段全线通车。

本月，《战歌》（诗刊）创刊，由徐嘉瑞、雷溅波、罗铁鹰编辑。第一卷为月刊，共 6 期，以后为不定期刊（1941 年 1 月出版第二卷第三期后停刊）。《战歌》曾被茅盾誉之为“闪耀在西南天角的诗星”。

9 月

1 日，云南省图书杂志审查委员会成立，有常务委员三人，由“甘汝棠代表对外，统筹全局”。

7 日，《文艺季刊》第一卷第三期发表工人迎风（周寿明）的生活纪录《开炉》，“描写工人生活，淳朴中显出劳动的神圣”。

同日，腾冲举行振坤女子游艺会，演出歌德的剧本《史维拉》（又译《克拉维哥》）。

11 日，艾思奇主持边区文艺界抗敌联合会成立大会，柯仲平被推选为执委。

28 日，日机首次轰炸昆明，死伤甚众，敌机被我方击落三架。

本月，《战歌》第二期出版，有“九一八特辑”栏，刊出徐嘉瑞的《九一八后中国新诗运动的路标》等。

10 月

23 日，《云南日报》刊出一组纪念鲁迅的诗、文、木刻等，如穆木天的《学习鲁迅先生》和高寒的《学习鲁迅的战斗精神》。另外，本月出版的《南方》第十二期，也发表了沈沉、海燕纪念鲁迅的文字。

31 日，《文化岗位》第三、第四期合刊出版，内有"九月文艺竞赛特辑"。这次参赛的稿件由穆木天、高寒、彭慧三人评阅，由穆木天作总归纳。入选作品有苦力的《九二八在铁工厂》和欧阳震铎的小说《赵教官》等。

本月，柯仲平的《边区自卫军》由战时知识社出版，包括《前记》《边区自卫军》和《游击队像猫头鹰》三部分，共 53 页。

本月，《西南边疆》于昆明创刊，从第十三期起，迁往成都，为研究西南的民族、经济和风土人情的刊物。名为月刊，实不定期。

11 月

10 日，马子华的小说《福地》刊于《战时知识》第十一期。

20 日，《云南日报》载《在斗争中成长的〈文化岗位〉》，介绍它注意培养新作者等三个特点。

29 日，艾思奇写《一封家信》（后刊于 1939 年 6 月出版的《和顺图书馆十周年纪念刊》）。他说自己为了革命而远走他乡，只能"拿别方面的成绩来赎不得尽责于家乡的过尤"。

12 月

18 日，和顺图书馆举行开幕仪式。它是全国最大的乡村图书馆。在该馆的厅堂上，悬挂着艾思奇从延安寄回的毛泽东主席和朱德总司令的照片。

26 日，《云南日报》开始连载毛泽东的《论新阶段》，至 1939 年 1 月 5 日载完。

28 日，云南农民灯剧团向滇西出发，经富民、禄劝、武定等县而赴大理。王旦东在《从本省话剧运动说到灯剧运动》中谈到，灯剧团被人"以手枪炸弹暗杀相威骇，叫我们解散”。（按：该剧团多次被怀疑、监视、禁止，甚至有署“中央密令暗杀组组长熊彪”者，诬告他们“与河内私通电报”“出卖祖国”和“贪污捐款”等，因而该组“早想在外暗杀”。王旦东奉命查复说，这些“全系无稽之谈”。）

同日，茅盾乘火车到达昆明。晚，“文协”云南分会为之接风。楚图南、沈从文、朱自清等出席宴会。

29日，“文协”云南分会又举行茶话会，楚图南致欢迎词，茅盾发表《统一战线与基本工作》的演说，指出云南现阶段的文艺是“起步慢，进步快”。

本月，《警钟》创刊于缅宁（临沧），为偏重于文艺的综合性刊物，16开本，彭桂萼主编（该刊于1945年春出版第六期以后停刊）。

本月，《战时市教》创刊，昆明市政府教育科编印，分“论著”和“文艺”两大栏目。

本年，雷溅波的诗集《战火》出版，为“战歌丛书”第一集，连《诗序》共32题。穆木天有题为《青春的气息》的序言。

本年，柯仲平写《平汉路工人破坏大队》，原拟写五章，但只写完第一章。他说：“用长诗来表现工人集团行动的作品，在今天的中国，也许是第一次。”①



## 1939年

### 1月

1日，冯素陶、楚图南、穆木天和茅盾、吴晗等游览西山并泛舟滇池，同时交换关于开展昆明文化界抗日民主运动的意见。

同日，《今日评论》创刊（1941年4月13日出版第五卷第十四期后停刊）。该刊的主要作者为钱钟书、冯至、朱自清、沈从文、方龄贵等。

① 柯仲平：《平汉路工人破坏大队》，重庆读书生活出版社1940年6月。

3 日，茅盾在西南联大参加座谈会。

4 日，省文化界开会欢迎出席国际反侵略大会代表王礼锡归来。下午，茅盾应云南大学文史学研究会邀请，讲《抗战文艺的创作与现实》。5 日晨离昆飞兰州。

8 日，“文协”昆明分会召开全体会员大会，改选第二届职员：除全国“文协”总会在滇理事穆木天、朱自清、施蛰存、沈从文为当然理事外，共选出理事 27 人，候补理事 13 人。

15 日，《青年公论》半月刊创刊（同年 11 月停刊）。创刊号上有毛泽东的短信和题词。（按：题词写于 1938 年 12 月 18 日，全文为：“全国青年团结起来为驱除日寇建设三民主义的新中华民国而斗争！敬颂青年公论社”。）

17 日，西南联大《大学论坛》创刊。

25 日，茅盾的《文化上的分工合作》刊于《战时知识》第二卷第一期，它从加强“统一战线”说起，强调文化界的联合、团结。

27 日，马子华的《迎天虚》发表于《云南日报》，欢迎他从湖北经桂林回滇。

28 日，《新云南》创刊，上有穆木天的《一年来的新云南文艺工作》、杨东明的《一年来云南抗战文化的检讨》和茅盾的《谈“深入民间”》等。

本月，刘尧民的《废墟诗词》由云南省财政厅印刷厂代印，其中含新诗 7 篇、古近体诗 143 首、词 104 调。

本月，天津《益世报》迁昆明出版（11 月迁往重庆），副刊《烽火圈中》发表通讯、报告文学等，出版了近 40 期。

**2 月**

6 日，沈从文的《昆明冬景》刊载于香港《大公报》。9 月间，连同《真俗人和假道学》《谈朗诵诗》《谈保守》《一般或特殊》收入以《昆明冬景》为名的集子中，由上海文化生活出版社出版。

10 日，罗铁鹰的《原野之歌》出版，由茅盾签署书名，穆木天作序。

16 日，彭慧的《在前方的山国姑娘们——云南妇女战地服务团战地工作杂写》发表于《文艺阵地》第二卷第九期。

3 月

1—4 日，杨亚宁的《昆明的笔垒》刊于《云南日报》，介绍《南方》《战时知识》《新动向》《文艺季刊》《战歌》等。

18 日，吴瞿安（江苏人，1884 年生，戏曲理论家）在大姚病逝。

本月，《忆天山》（张天虚一名天山）一文收入丁玲的文集《一年》中。它介绍了张天虚在西北战地服务团的一些情况和作者对天虚的看法。

本月，萧乾写成《血肉筑成的滇缅路》。

本月，孙毓棠写《谈抗战诗》（后收入《传记与文学》第一集），说“我不承认诗能大众化”，认为抗战诗“没有好作品”。（按：在 11 月 15 日出版的《新动向》第三卷第五期上，季生著文批评孙的观点。）

4 月

10 日，施蛰存在《民国日报》上发表《客座臆谈》，对“再抗战下去”，“抗战文学作品会得愈加低劣下去”的观点表示赞同。（按：从 13 日开始，报刊上先后发表了丁溟、何首、俞德冈、马子华、刘仁、丁卒、李荣生等人的文章，就抗战文学会不会低劣下去的问题展开讨论。）

11 日，《云南日报》载《祝文艺界抗敌协会》一文说：在云南文化界的一部分人中，“或表现出荒淫与无耻的行动，或有形无形地尽了‘文化汉奸’的作用”。

16 日，昆明戏剧界举行茶话会，由李朴园、陈豫源、王秉心、冯素陶出面邀约，出席者有闻一多、楚图南、陈铨等 40 余人。

同日，香港《大公报》文艺编辑萧乾举行茶会，招待昆明文艺界人士；会上讨论创作问题，并征求对该报文艺副刊的意见。

31 日，王旦东的《一年来云南戏剧工作的检讨》和朱自清的《蒙自杂记》刊于《新云南》半月刊第三期。

本月，杨鸿烈的《史学通论》（属“大学丛书”）由商务印书馆出版。书中论及与历史有关系的文学。

5 月

1 日，“文协”昆明分会为纪念成立周年举行集会，由徐梦麟任主席，出席者有穆木天等 50 余人。

4 日，康白情在澄江的中山大学谈自己参加“五四”的经过。

5 日，“国防剧社成立公演凤凰城特刊”载《益世报》。

9 日，闻一多应云南大学文史学研究会之邀，讲《从〈离骚〉谈到先秦思想》。

14 日，艾思奇、柯仲平分别任中华全国文艺界抗敌协会延安分会的主任、副主任。

15 日，昆明版《中央日报》（以后提及《中央日报》，除另有标示者外，均指其昆明版）创刊，有文艺副刊《平明》等。

16 日，《云南日报》发起征文运动，题目为《我们怎样开筑滇缅公路?》。7 月 23 日、24 日，该报刊出征文特辑，有获秋的《一个尝试的收获——写在征文特辑前面》和凤盈的《小风波》、王平的《修路》。

19 日，《益世报》刊出“益世剧社公演特刊”，载有李朴园、陈铨等人的文章。

26 日，顾颉刚在“文协”座谈会上讲通俗文学，着重谈文学为什么应当通俗。

本月，玉溪旅省青年会编印的《玉溪青年》创刊，为综合性刊物，载文（含文艺作品）24 篇。

6 月

4 日，白平阶的《金坛子》刊于《今日评论》第一卷第二十三期。该刊说，作者“多就西南边境取材，因之别具风格，为西南作家最值得注意者”。该小说被译为英文，发表于香港的《南华早报》。

本月，张天虚的报告文学《运河的血流》出版。该书记述作者所参加的鲁南大会战的情况。27 日，他在《云南日报》上发表《关于〈运河的血流〉》，说该书曾在广州付排，但因广州失陷而流产，现改在桂林印行。

本月，《山城诗帖》（由中山大学的一些学生编写）在澄江贴出第六期，有诗五首。杨亚宁于28日在《云南日报》上发表《诗人，海燕，牛角尖——〈山城诗帖〉读后感》，说这“五首诗……荡漾在他们字里行间的则都是：愁怅，哀怨，悲观，颓废的色彩”。

7月

1日，《益世报》以整版刊出“云大剧团公演血火特刊”，内有潘世徵的《发刊词》和高寒的《〈血火〉的创作和演出》等。

7日，澄江中山大学演出《最后一滴血》和《凤凰城》，并由马思聪演奏《绥远思乡曲》（8月13日再一次演出）。

14日，曹禺应邀从重庆来昆明，主持国防剧社第三届公演，并导演《原野》。（按：16日和8月25日，分别由国防剧社和戏剧俱乐部举行茶话会欢迎曹禺来昆。曹禺还在“文协”昆明分会办的暑期文艺讲习班上讲“戏剧”这一专题。）

17日，《云南日报》刊出“聂耳逝世四周年纪念特辑”，云南歌咏协会本日晚举行聂耳纪念大会，马子华发表了演说。

24日，曹禺在大鹏剧社的欢迎茶话会上发表讲演。他说：“在抗战时期中对主题的描写，当然得加强抗战的意识，以后抗战得到了最后的胜利，我们还是写最真实的人生，才是最永久最有价值的。”（《十期》第六期，第66页）

25日至8月14日间，“文协”分会举办暑期文艺讲习班，共设12讲，每次讲授两小时。讲题有小说、报告文学、戏剧、作品讲读等，由朱自清、马子华、张天虚、杨东明等讲授。

8月

7日，剑川暑期青年话剧团曾尝试用民家话演出《凤凰城》，因效果不理想，从本日起停止试验。除此之外，该团还在近期演出《塞上曲》《夜光杯》和《全民抗战》。

18日，《原野》开始上演，由凤子、孙毓棠主演，曹禺任导演，闻一多等任舞台设计。

本月，马子华的《飞鹰旗》由读书生活出版社出版，收入小说、报告文学、散文 13 篇。

**9 月**

4 日，天艺（张天虚）的诗歌《我是放出了一星燃烧世界的火种——送菲行》发表于《云南日报》。

6 日，欧小牧的长篇历史叙事诗《黄天荡》在《民国日报》上连载，但未登完。作者后来“依据草稿，补写后半五百余行”。全诗刊于《滇海求珠集》第二集第 247—270 页。

10 日，《云南日报》刊出立群的《洗去喷在鲁迅身上的狗血》，指出鲁迅被咒骂，是因为“他的杂文刺伤了有些真正以谩骂抹煞了真理”的人。

11 日，杨亚宁在《云南日报》发表《优美的地方色彩》一文，给《耳朵》《贩烟土的一群》和《石碑山的火》以好评。

23 日，《民国日报》载：云南世界语学会主持人张镜秋，因“常由同巷十四号代收国外寄来信件”而于近日被捕（11 月 17 日释放）。

**10 月**

7 日，中国青年写作协会昆明分会筹备会举行昆明市青年作者茶话会，《中央日报》的社长、副刊编辑和冯友兰、朱自清等出席，致词者有封禾子、冯素陶等。

10 日，杨亚宁的《消毒，加油，戏剧节》发表于《云南日报》，说《雷雨》《日出》《原野》等是“与抗战建国漠不相关的所谓‘为艺术而艺术’”。

19 日，昆明第一次举行纪念鲁迅的集会，由“文协”昆明分会组织、主持。此外，还举办鲁迅遗著展览和木刻展览，出版《鲁迅先生逝世三周年纪念特刊》，收入楚图南、穆木天、徐嘉瑞、马子华、张天虚等的文章。《民国日报》《云南日报》还分别刊出纪念鲁迅特辑、特刊。

20 日，孙伏园受西南联大乐群社之邀，讲演《鲁迅先生之作品及其生平》。

27 日，卢静的新诗《呜咽的扬子江》刊于《中央日报》。

11 月

2 日，《云南日报》发表《关于文字和生命》，批评《时空》一文说：“抛开身边琐事，为人类社会着想着想，那也许上官碧先生不致如此的寂寞和幻灭。”

9 日，《民国日报》载《需要革命的浪漫主义》一文，说“将抗战以来文艺作品‘公式主义’化这一恶果归咎于浪漫主义，是不妥的”。

22 日，《民国日报》发表《“文协”与“同业公会”》，说“‘文协’诸公……都是文坛宿霸”；“抗战文学……名利双收”。

12 月

3—5 日，《西南联大壁报巡礼》刊于《民国日报》，在介绍《群声壁报》时，引述该壁报上的《给沈从文先生》的话：希望他“不再打起消沉的旗子”。

15 日，张天虚的新诗《恋战场》刊于《云南日报》。

本年末，路南成立鹿阜剧社，决定翌年元旦公演《凤凰城》。

## 1940 年



1 月

10 日，《暹华日报》创刊于昆明。它由旅居暹罗（泰国的旧称）而被迫返国的记者与国内文化人合办。（按：3 月 1 日起改名为《侨光报》，有文艺副刊《火炬》。）

12 日，《云南日报·南风》出“诗歌专号”，刊有罗铁鹰的《中华我们的母亲》等。

2 月

1 日，张天虚的《致力文艺者的新性格》刊于重庆《新华日报》。该文包含着作者的人生态度和文艺思想。

本月，《文化新闻》由昆明市文化新闻社创刊。

**3 月**

2 日，陈起鋆的《十个月来昆明话剧运动概述（1939.4—1940.1）》刊载于《侨光报》。

4 日、19 日，《侨光报》刊出《战歌》（诗页），有白痕、雷石榆、罗铁鹰等人之作。

12—13 日，罗铁鹰的《〈解放交响曲〉自序》刊于《侨光报·火炬》。

18 日，《曙光日报》（又称《个旧曙光报》）创刊（后曾出油印版）。

23 日，重庆《中央日报》载《教育部征求抗战剧本揭晓》，范启新（火传薪）的独幕剧《风狂海啸》获备取第一名，多幕剧《锄奸记》获备取第二名。

28 日，《侨光报》刊出《中国诗坛》昆明版第一期，刊有徐嘉瑞的《大盈江》、彭桂萼的《通过了严冬》、王亚平的《我爱这琥珀色的湘江》、雷石榆的《几重奏》和罗铁鹰的《他埋下一粒种子》等。

**4 月**

1 日，《战国策》创刊，为半月刊（1941 年 7 月间停刊，共发行 17 期。第十八期已编好并送审，但没有出版）；主要作者为林同济、陈铨、沈从文等。

**5 月**

3 日，《民国日报》刊出《生产建设与文艺》，说文艺应反映生产建设，不能脱离实际。作者认为这是云南文艺工作的方向道路问题。

10 日，《建国学术》创刊，由侯曙苍编辑。该刊于 1942 年 10 月出版之第三期曾载《冰心词稿：〈洞仙歌〉》。

**6 月**

13 日，朱枋的《前进病》发表于《民国日报》，说“两年来一律公式化的抗战文章就充分表现了文坛被关了门”等。这引起了戈戈、王乾、尖兵等的批评。朱枋也写了反批评文章。

16日，西南联大《国文月刊》创刊，由浦江清主编。（按：从第三期起，主编为余冠英。1946年1月第四十期出版后因西南联大结束而结束。从第四十一期起，改由开明书店于重庆、上海出版。）该刊的“宗旨是促进国文教学及补充青年学子自修国文的材料”；也刊登文艺论文和创作分析等稿件。

本月，《云南青年》创刊。它曾发表李寒谷、马子华的文章和雷溅波的诗。

本月，国民党云南省党部议决将云南省图书杂志审查委员会改组为主任委员制，推执行委员赵澍为主任委员。

**7月**

1日，《民国日报》副刊《驼铃》刊出末一期。

22日，《云南日报》副刊《南风》出终刊号。登岷的《殒灭和希望》一文说：《南风》《学生》《妇女》《儿童》副刊，均“因报社经费困难的原故”而停刊。有人针对副刊和刊物大量停刊等现象说：“昆明的文艺界，一般地显得沉寂和贫乏”，像进入了冬眠时期似的。

**8月**

1日，《诗与散文》创刊，有高寒的《天堂、地狱和人》，它为纯文艺刊物。（按：1946年10月出了第三卷第五期后似即被迫停刊。1950年8月1日复刊，易名为《诗歌与散文》。）

3日，沈从文在西南联大师范学院讲《小说作者与读者》。

10日，沈从文、孙毓棠约集了20多位学生，在西南联大开会欢迎7月间到昆的巴金。巴金说，他“写作的时候，多半在苦闷的时候，有时半夜三点钟写起，一直写到天亮”。

25日，“文协”昆明分会召开全体会员大会，由徐嘉瑞任主席，改选第三届理事，当选者为楚图南、雷石榆、马子华等13人。接着开会欢迎巴金，他报告上海文艺界的近况和自己的创作经验。

9 月

1 日，《筧桥》月刊创刊，内有反映空军生活的文艺作品。

15 日，《荡寇志》创刊，发行人陈志竞、编辑王治平均为西南联大学生。（按：该刊共出四期，于 1941 年 2 月 25 日后停刊。曾多次发表文章批判《战国策》所宣传的“英雄崇拜”“大政治”以及从尼采思想出发的妇女观等。）

22 日，学生救济会演出田汉改编的话剧《阿 Q 正传》以招待新闻界（正式公演则为 9 月 25 日至 10 月 1 日）。

本月，高寒的《悲剧及其他》作为“诗与散文社丛书之一”出版，内含“悲剧及其他”“流矢之歌”“铁塔之什”和“三礼赞”四辑。

本月，徐嘉瑞的《无声的炸弹》由战歌社出版，为“战歌丛书”第三集。

10 月

10 日，《综合艺术》半月刊（四开四版）创刊，发行人马子华。

19 日，“文协”昆明分会召开鲁迅逝世四周年纪念会，由郑婴作报告。西南联大冬青文艺社也召开纪念晚会，由冯至作讲演。

11 月

1 日，刘御的《边区工人曲》刊于《新诗歌》（延安版）第三期。这首歌曲以及他的《陕北情歌》（1939）、《让我们尽情的高歌》（1941）和《喜雨》（1942），均被选入《延安文艺丛书 · 诗歌卷》。

20 日，战国策社为范长江举行晚餐会，林同济、何永佶、陈铨、沈从文等在会上阐述各自的观点。范为此而写了《昆明教授群中的一支“战国策派”之思想》一文，发表于 1941 年 1 月 9 日湖南的《开明日报》。

27 日，《云南日报》载：省教育厅将剧歌巡教队第一、二两队合并，委陈豫源为队长，王秉心、萧锡荃为副队长。

本月，西南联大青年文艺社的《西南文艺》以“汉奸宣传品”的罪名被查封（据《中国现代出版史料》丙编第 193 页）。

12 月

8 日，沈从文的《云南的云》发表于《今日评论》第四卷第二十三期。

28 日，柏希文逝世。柏氏 1864 年生，1913 年来云南，对教育事业颇有贡献。

12 月，陈碧笙的《边政论丛》（属“战国丛书”）由战国策社出版。

本年，据云南省图书杂志审查委员会调查，昆明共有书店 37 家，印刷所 20 所，其中官营及报社经营者各一，商营者 18 所。

约本年，《怒江旬刊》出版，刊名由李根源题签。刊有《野火》《怒江》《读到书壳外》等诗文和有关话剧运动的通讯。

本年，卞之琳的《慰劳信集》由昆明明日社出版，是对“为抗战作出贡献者而写的慰劳信（诗）”，共 20 题。

本年，彭桂萼的《澜沧江畔的歌声》出版，为“战歌丛书”第四集；穆木天为之写序诗《赠澜沧江畔的歌者》。

## 1941 年



1 月

2 日，惠之的《一年来的昆明文化界》刊于《朝报》，说在 1940 年“表现的是一幅冷清的景象”。

6 日，国民党军队围攻北移的新四军，爆发了震惊中外的“皖南事变”。

2 月

25 日，张尔慈的新诗《流水》刊于《荡寇志》第四期。

本月，“文协”昆明分会主编的《西南文艺》创刊，有微音的《云南文艺运动的后顾与前瞻》、巴金的《火》（第五章）和马子华的《施郎》等。

**3 月**

10 日，张子斋的《从尼采主义谈到英雄崇拜与优生学》发表于重庆《学习生活》第二卷第三、第四期合刊。它从尼采哲学的本质、英雄崇拜和“力人”这三个方面批判“战国策派”。

23 日，云南省图书杂志审查委员会奉命改组为审查处，陈保泰任处长。

**4 月**

本月，战国策社负责人“林同济，由昆赴渝，对《战国策》印刷费有所筹措，惟无甚结果”（据《云南省图书杂志审查委员会工作报告》）。

本月，保山大众书店被国民党云南省党部批示查封，罪名为“主办人员为异党分子利用，贩卖违禁书刊”。

**5 月**

5 日，鹳音剧社在沾益上演剑尘所编的《伪君子》。

21 日，西南联大聘李广田为中国文学系助教（据《国立西南联合大学校史资料》第 37 页）。他约于年中从四川叙永西南联大分校来昆明任教。在昆期间，他出版了《灌木集》《回声》《日边随笔》《欢喜团》《金坛子》《诗的艺术》，并完成了长篇小说《引力》。

31 日，云南省图书杂志审查处以“发售违禁书刊，屡戒不悛”为由，呈龙云批准，查封昆明的生活书店、读书生活出版社和新知书店。

本月，国民剧社成立，社长翟国瑾。国民党中央党部组织部总干事周慕文和云南省党部书记长赵公望出席；决定于 8 月初演出《野玫瑰》，由富滇银行借支 5000 元作演出经费。（按：7 月 1 日，该社在国民党云南省党部正式召开成立大会。）

**6 月**

23 日，《民国日报》载：施章前“因故被宪部押究，昨已请保候案”。

25 日，佛海“抗敌歌剧团”成立，于 7 月 7 日至 9 日，演出话剧《黎明》《张家店》《血洒卢沟桥》和三幕傣剧《岩香救国》（据《边荒》一书）。

7 月

本月，巴金从重庆到昆明，后住于呈贡，他在滇期间编定散文集《龙·虎·狗》。

8 月

10 日，张天虚因肺结核病逝世，年仅 29 岁。郭沫若后作《墓志铭》，把张天虚和聂耳并称为“西南二士”，说“虽未永年，业且不朽”。

12 日，《朝报》刊出《昆明文坛竹枝词三首》，其二针对《战国策》杂志，词为：“战国从来不世勋。书生挟策复能文。神龙变化谁能测。踪迹于今久不闻。”

26 日，老舍应西南联大中文系之请，到达昆明。（按：他从 9 月 8 日到 11 日，在联大讲《抗战以来文艺发展的情况》；9 月 12 日，出席“文协”昆明分会的欢迎会；又应游国恩之邀，游大理、喜洲并在华中大学作《谈抗战文艺》的报告；还写完了三幕六景话剧《大地龙蛇》。他在滇共 77 天，于 11 月 10 日回到重庆。）

9 月

本月，《战国策》第十八期送审，当中有《尼采与红楼梦》《文艺的欣赏和批评》《改造民族之管见》《传统观念与英国前途》《战国时代的怨女旷夫》《论工业化》《猪肉文化》《吏治重于民治》等文。后两文被查扣。该期后未出版，部分文章移重庆《大公报·战国》发表。

本月，李公朴在路南县向云南大学附中师生介绍晋察冀、陕甘宁边区的情况。（按：12 月 22 日，他在《个旧曙光报》召开的时事座谈会上作关于十日来太平洋战事情况的报告，说“苏联最近予德的打击，于全世界人士精神上观感上有重大的影响”。）

10 月

10 日，彭桂萼的《边塞的军笳》由缅宁警钟社出版。(按：该诗集出版后，云南省图书杂志审查处说作者“对于审查机关，妄加讽刺，且(《尾声》)未经送审，擅自印行”。于是，“将所发审查证注销并没收在昆销售之成书”。)

11 月

1 日，空军军官学校政治部的《大鹏月刊》创刊，刘天行主编。(按：1944 年 4 月 15 日改为季刊，另编卷、期。该刊也发表文艺创作，作者有沈沉、华蒂等。)

21 日，宪兵司令部区党部政训处的《怒涛》半月刊复刊，“内容专载论著文艺”。

12 月

1 日，《云南日报》副刊《读者园地》创刊。

3 日，重庆《大公报》出副刊《战国》(1942 年 7 月 1 日出了第三十一期后停刊)。作者主要有林同济、陈铨、沈从文、雷海宗等，均为《战国策》的主要作者。

19—20 日，滇缅路剧团在楚雄公演三幕剧《夜深沉》，慰劳全路司机、护路部队等。

本月，云南省图书杂志审查处处长陈保泰约见昆明华侨书店经理马扬生，就《集体创作》稿件送审事“加以劝诫，盼其早知觉悟，步入正轨”。

本年，陈碧笙的《滇边散忆》出版。以后台湾东方文化书局曾复印此书。

本年底至翌年 2 月，徐悲鸿在新加坡、印度举办救济我国难民筹款画展后归至保山，并在那里举行画展。

# 1942年

## 1月

17日，《云南日报》副刊《文化堡垒》创刊，每周一期，内容偏重于文艺。

26日，《云南日报》刊出《敬悼茅盾先生》。（按：据讹传，茅盾等于日军攻占香港时遇难。2月3日和9日，《云南日报·读者园地》刊出两期“茅盾怀念特辑”。）

本月，白平阶的《驿运》由重庆文化生活出版社发行。

本月，缪崇群的《石屏随笔》由上海文化生活出版社出版，收入作者在石屏教书时所写的散文《叶笛》等。

## 2月

16日，纯文艺的《文聚》创刊，由林元、马尔俄编辑，作者多为西南联大的师生。

## 3月

25日，西南联大国文学会请朱自清讲《诗的语言》。

28日，昆明广播电台请西南联大剧团，从本晚开始播送话剧《野玫瑰》。

## 4月

10日，省教育厅发出训令，说据行政院院长蒋之电：“无论任何团体及学校学生与一般民众概不得假借任何名义集会游行……”

20日，辛代（方龄贵）的《红豆》、沈从文的《王嫂》刊于《文聚》第二期。

22日，徐悲鸿抵昆（5月9日至11日，举行劳军画展，6月19日离昆赴渝）。

本月，陈铨的《野玫瑰》由商务印书馆出版，属“文史杂志社丛书”之一。（按：该书刚写出初稿，国民剧社即印出油印本，并于1941年8月间在昆明公演。该剧获教育部的“学术研究及奖励著作发明”奖中的“文学”类三等奖。重庆戏剧界于5月间对此提出抗议，说《野玫瑰》“在思想内容方面，尤多曲解人生哲理，为汉奸叛逆制造理论根据之嫌”。昆明戏剧界五十余人响应重庆的抗议，请当局饬令缓演《野玫瑰》。6月3日，即该剧公演的前一天，陈保泰处长发表谈话，认为“缓演”请求不当，因为“该剧意识正确、剧情生动……自应准予演出”。）

**5月**

2日、23日，毛泽东在延安文艺座谈会上作了《引言》和《结论》的报告。

2日，沈从文在西南联大国文学会讲《短篇小说》，讲演稿登在《国文月刊》第十八期。

5日，中国军队被迫将惠通大桥炸断以阻日军，滇缅公路中断。

**6月**

约于本月，光未然从中缅边境步行二十余日到达昆明，在云南大学附中任教。

**7月**

1日，罗常培在昆明广播电台播讲《中国文学的新陈代谢》。

7日，《中央日报》的《中央副刊》创刊，征求“反映抗战之文艺创作及漫画木刻”。

16日，老舍的演讲稿《抗战以来文艺发展的情况》刊于《国文月刊》第十四期（第十五期续完），内容分三个部分：文艺界的动态、抗战以来文艺发展概况、文艺各部门发展情况。

**8月**

1日，郑一斋被吉普车撞伤致死。他对云南的文化、文学事业曾给予经济方面的支持和精神方面的鼓励。

7 日，《云南日报》的《读者园地》刊出第二十四期以后停刊。10 月 19 日，“《读者园地》……把它的地盘让给”《文化堡垒》革新号第一期。

13 日，《滇西日报》在大理创刊（据大理档案馆档案）。

17 日，《云南教育》周报刊登《省府训令》，说“‘五四纪念’非法定纪念，勿庸举行”。

21 日，《昆明周报》创刊，为四开四版小报。文艺版有高寒的《抗战文艺的战斗性和地方性》。创刊号“三千份已于出版之日销售一空”。

30 日，由西南联大冬青文艺社集稿的《冬青》第十一期刊登于《贵州日报》上。《联大冬青文社启事》说：“冬青文社诗刊出到这一期”即终刊了。（按：从第一期到第十期，刊头为《革命军·诗刊》，第十一期才标《冬青》。大约从第二期开始，才由冬青文艺社集稿。）

**9 月**

9 日，《朝报晚刊》出版。

24—25 日，李广田的《抗战文艺之发展观》刊于《云南日报》，内容分五部分：从散漫的到一致的、从热烈的赞颂到比较冷静的批判、从前方的到后方的、从短篇的到长篇的、由相当粗疏的制作到比较精细完整的创造。

本月，《西南周刊》问世，由彭舜吾、马子华编辑。

本月，穆木天的《新的旅途》（诗集）由重庆的文座出版社出版，其中约有一半是在昆明的作品。

**10 月**

10 日、12 日、13 日，楚图南的《抗战第六年代文艺的检讨》刊于《云南日报》，着重谈文艺的民族形式问题。

19 日，滇军第一旅第二团第三营于小龙潭召开纪念鲁迅逝世六周年晚会，由朱家璧、刘思慕演讲。

23 日，《云南日报》刊出《鲁迅式杂文的时代意义》和新诗《颂歌——记一个人》。

本月，马梦良编著的《滇南杂记》出版，由云南通讯社发行。

11 月

2 日，《中央日报》载：省图书杂志审查处规定，上演剧本之前需领准演证。

6 日，西南联大文史学会开始举办文史学十四讲。（按：其中有闻一多的《伏羲的传说》〔6 日〕；汤用彤的《魏晋的思想与文学》〔11 日〕；朱自清的《宋诗里的思想》〔17 日〕；罗庸的《诗的欣赏》〔12 月 29 日〕；金岳霖的《小说与哲学》〔1943 年 1 月 8 日〕；杨振声的《历史与小说》〔12 日〕；罗常培的《语言与文化》〔2 月 16 日〕等。）

13 日，《生活导报》周刊创刊，为四开四版报纸，主要作者有沈从文、林同济、王了一、冯至等。

15 日，彭慧的《巧凤家妈》刊于《文艺生活》第三卷第二期。

22 日，沈从文的中篇小说《新摘星录》开始在《当代评论》上连载（至 12 月 20 日该刊第三卷第六期止）。

本月，《诗风》创刊号在昆明出版，为纯新诗刊物（据 11 月 12 日《中央日报》）。

12 月

15 日，孟田的《春雨濛濛中的黎明》刊于桂林《文艺生活》第三卷第三期。该刊主编司马文森在文前介绍了作者在桂林悲惨死亡的情况。（按：孟田，原名刘现龙、刘振兴，石屏人；在皖南事变中被俘，囚于上饶集中营，后逃出，因贫病和被折磨而殁于桂林。）

19 日，《中央日报》发表社论《昆明文化的低潮》，说：“抹视抗战而去迎合一般人的生活享受上的低级趣味，即就是今天昆明文化低潮的出现的理论根据。”

本月，综合性的《金碧旬刊》出版，由罗铁鹰主编，内容有诗歌、小说等。

# 1943年

## 1月

10日，综合性的《大观楼》旬刊创刊。《发刊词》说，刊物既“不采取极端严肃的‘扳面孔主义’”，也“决不采取所谓低级趣味的作风”。（按：该刊1946年2月10日改名为《大观报》。）

18日，楚图南在省教育厅戏剧训练班讲《文艺的民族形式》。

本月，《文林》半月刊创刊，为四开四版的综合性报纸，有文艺版面，由董家禄、朱应庚主编，共出12期。

## 2月

15日，综合性月刊《自由论坛》创刊，刊有文艺作品。后改为四开四版的报纸，名《自由周报》，由熊剑英、熊锡元等编辑。

本月，《黎明》半月刊创刊，后改为月刊，是文艺理论与创作并重的四开小报，由李何林等编辑。据《云南日报》载：创刊号“五千份，三日内销售一空”。

本月，徐嘉瑞的五幕剧《台湾》由文通书局印行，共58页。

## 3月

22日，《中央日报》载：“省图书审查处取缔刊物登载软性文字”，说若干刊物“竞以风花雪月婚姻恋爱之文字……招徕读者”。

30日，《略谈昆明文化》一文刊于《云南日报》，说滇缅公路断了以后，“活动于滇缅路上的人，现在活动的范围缩小了……风尘劳碌的心身，需要用适应其需要的文化享受来驱除过去的枯涩”。在这样的情况下，文化活动有些回升，但应该注意不要“过份地迎合小市民心理……”。

31日，《中南报》创刊，为四开四版的三日刊，后改为周刊。它有副刊《夜光》《中南文艺》等。

本月，《生活导报》的第17期、18期和下月的第19期，为《狂想专号》，不少文章以“狂”的形式表现内心的想法。

**4月**

8日，刘澍德写反映朝鲜革命者活动的《被遗忘的人》，后刊于“白鸥文丛”第二辑《未完的梦》。

15—16日，省立思茅师范学校利用春假到倚象乡演出该校创作的话剧《巴利巴村》《噼哩啦啦酒店》和文明剧《木头人》《一步登天》等。

**5月**

28日，《云南日报》载：张天虚墓已经落成，“青年文艺工作者张天虚墓”为张云鹏将军所题。

30日，罗铁鹰的诗集《火之歌》由战歌出版社出版，为“战歌丛书”等七种。

本月，费孝通的《鸡足朝山记》由生活导报社出版，为“生活导报文丛”之一，共48页。

本月，原野剧社成立，孟立人任社长，范启新、马金良为正副总干事。

**6月**

10日，西南联大外文系西洋戏剧课于国民党云南省党部礼堂公演英文喜剧《鞋匠的节日》[①]。

13日，文艺月刊《新地文丛》创刊，由翟晴原编辑，强调反映“此时此地”的现实。光未然（署名华山）在该刊提出“描写云南”的口号。

本月，沈从文的《云南看云集》由重庆国民图书出版社印行。

本月，被称为“沦陷区消息总汇”的《乡音》出版，有《血泪话上海》《缅甸怎样了》等。

① 据赵诏熊：《戏剧课堂内外》，该文收入《云南文史资料选辑（34）》。

7 月

3 日，《群报》创刊，为评论周报，内容包括“时论和文艺方面”，由杜震东主编。

16 日，“枫林文艺丛刊”第一辑《辽阔的歌》出版。该丛刊后来还出版五辑，即《生活与苦杯》《云的童话》《浪子谣》《灯及希望》和《致波多尔莱》，由邱晓崧、魏荒弩编辑。

17 日，聂耳逝世八周年，文化界人士往西山扫墓；晚间举行纪念会，李公朴等作报告。

本月，徐梦麟的《云南农村戏曲史》由国立云南大学西南文化研究室印行。属“西南研究丛书”之三，有游国恩序。

8 月

23 日，《云南日报》载：经主管机关统计，昆明出版的周报、周刊、旬刊、日刊及不定期刊等共有 49 种。

9 月

8 日，西南联大吴宓在省训团第 68 次学术演讲会上讲《红楼梦》。

11 日、18 日，冰心的《默庐试笔》刊于《昆明周报》第 55、56 期。

19 日，省立昆华民众教育馆的民众剧社举行成立茶会，由何少诚兼社长，范启新为总干事。

本月，罗庸的《鸭池十讲》由桂林开明书店出版。内容多半是作者在昆明（元代称昆明的滇池为鸭池）关于文学、文化等的讲演稿。

本月，冯至的《山水》于重庆出版，属“文艺丛书”。第 35 页以后所收为在昆明所写的文章，有《放牛的老人》《人的高歌》等。

10 月

8 日，云南省图书杂志审查处根据国民党中图委和中宣部的指示，寄出我省作家调查表，汇报 90 人的情况；把作家的思想倾向，分别纳入正常、“左”倾和混乱三类中。

10 日，《正义报》发刊，先后设副刊《文艺》《大千》等。（按：该报于 1949 年 9 月 10 日被迫停刊，12 月 12 日复刊，直至 1953 年 7 月 31 日止。）

20 日，徐嘉瑞在省训团讲《云南的文艺》。

**11 月**

1 日，《扫荡报》出昆明版（以后提及《扫荡报》，均指其昆明版），有《扫荡副刊》《现代文艺》等副刊。（按：1945 年 11 月 12 日改名为《和平日报》，有副刊《鸽铃》等。）

26 日，中法大学法文系的“诗的九讲”由闻一多开讲《什么是诗》，以后的主讲者有闻家驷、冯至、吴达元等。

本月，“白鸥文丛”第一辑《人的工匠》出版。内容有翻译、诗歌、小说（如刘北汜的《昏暗里》、石镔的《王教头》），散文（如彭燕郊的《人的工匠》）和戏剧。

本月，高寒的《刁斗集》出版，分报纸本和土纸本，由天野社发行，共 168 页。

**12 月**

5 日，田汉的《忠孝节义及其他》刊于《云南日报》。

8 日，西南联大社会学会请石凌鹤讲《中国话剧与中国社会》。

15 日，《建国导报》创刊，侯用一（曙苍）主编。从第十九期起，由黄天石主编，设“文艺作品”“书报评介”等栏目。

18 日，袁羽的《少见多怪录》刊于《春秋导报》第二十五期。其中介绍了孟哲的《〈野玫瑰〉与〈这不过是春天〉》。孟文说：“《野玫瑰》是抄袭了《这不过是春天》，说客气点，‘重大影响’。”

19 日，林语堂抵昆；21 日，在圣约翰大学同学会昆明分会谈美国战时动态。22 日，在西南联大讲《精神文明与物质文明》，说联大在“物质上，不得了；精神上，了不得”。沈从文（署名上官碧）写了《欢迎林语堂先生》一文，说盼望林在中国应有“做一个真正公民的应有的素朴态度”。

29日，思慕的《昆明文化界今日的课题》刊于《扫荡报》，说当时有两股逆流，“一股是远溯尼采，近接希特勒”；另一股是“称颂所谓‘国粹’”，“与法西斯的民族自大狂也不无相似”。

30日，中法大学请吴宓演讲，题为《漫谈中国旧小说》。

本月，《文学评论》创刊，由雷破空主编，昆明和桂林的华侨书店发行。它“注重理论，但也不忽视创作”。

本年，“天野社”成立，杨绍廷为社长。该社曾出版《诗与散文》《建国导报》《建国学术》三种杂志和文学书籍《刁斗集》《千针万线草》等。

从皖南事变至本年，据《民主周刊》第二卷第十四期的《八年来的联大》一文说：“大多数文法学院的同学，都到线装书里钻来钻去，同学们所嗜好的是尼采，叔本华，佛学，老庄哲学，理学，乃至于《新理学》，《新世训》。”

## 1944年

### 1月

1日，《中央日报》出“文学专页”，有朱自清的《论诗韵——新诗杂话之一》、王了一的《文学和艺术的武断性》、冯至的新诗《时代的诗》。

2日，楚图南的论文《今后的文化运动》刊于《正义报》。文章指出：“文化运动，在患着十分可怕的萎黄病，或瘫痪病的了。我们的学术和文艺，也正在走着超现实，和反现实的路子。”作者预言：“转捩点似乎已经来到了。”

4日，石凌鹤的四幕剧《梦的微笑》开始在《扫荡报》连载，至5月17日载完。

6日，沙浮白的《一年来云南的文艺动态》和李昌庆的《一年来的昆明剧运》刊于《民国日报》。

2月

1日，“高原文丛”第一册《云南生活》由北门书屋出版，郑明轩编辑；收入光未然（华山）的《云南生活》《镇魂曲》和《阿细的先鸡》等。

13日，《尼采哲学与纳粹主义》刊于《云南日报》，指出宣扬尼采是为了“掩盖他们的野蛮的兽性”。

17—18日，范启新的《云南戏剧运动述评——从民初到现阶段的演剧》刊于《云南日报》。

本月，雷石榆的小说散文集《婚变》由昆明崇文印书馆出版。

3月

1日，《云南日报》昭通版发行，至1945年9月3日止，由马仲明负责。据说，它曾连载张天虚的创作《五月的麦浪》。

6日，昆明华山剧社的李昌庆在桂林的“西南第一届戏剧展览会”上报告“云南剧运”①。

23日，《未完的梦》（“白鸥文丛”第二辑）由白鸥出版社编辑发行，以张冬宇的散文题名为辑名。

本月，黄丽生、葛墨盦编著的《昆明导游》印行。该书第十三章“文化教育”对文艺情况有所介绍。

4月

15日，《大鹏季刊》（其前身为《大鹏月刊》）创刊，内含文艺创作、小品文等。

16日，昆明文艺界开会祝贺老舍创作二十周年。由罗常培任主席并报告老舍求学的经过及其性格，石凌鹤讲《老舍的戏剧》，常任侠讲《老舍的风格》，李广田讲《老舍的哲学》等。同日，《扫荡报》刊出“老舍创作廿周年专页”。

29日，范启新的《剧场艺术概论》开始在《扫荡报》上连载。

① 《西南剧展》上册，漓江出版社1984年2月版，第123页。

本月，沈从文的《新的文学运动与新的文学观》由云南省经济委员会印刷厂印行。

5 月

4 日，西南联大原拟开会纪念“五四”，请教师讲“五四运动与新文学运动”，但因故改在 8 日晚。

5 日，闻一多在云南大学文史学会讲《庄子的思想背景》。

7 日，《云南日报》副刊《南风》出新一号，刊出林士诒的《更结实些更成熟些——祝（南风）的复活》。

8 日，西南联大纪念“五四”晚会由罗常培、闻一多共同主持，参加者达 3000 人以上。由罗常培讲《五四前后新旧文体的辩争》，冯至讲《新文艺中诗歌的收获》，朱自清讲《新文艺中散文的收获》，孙毓棠讲《谈中国戏剧》，沈从文讲《五四以来，创作小说的发展和社会的关系》，闻家驷讲《中国新诗与法国象征主义的关系》，李广田讲《新文艺中杂文的收获》，闻一多讲《新文艺与中国文学遗产》，杨振声讲《新文艺的前途》。这是“会串式”的演讲，每人讲二十分钟。晚会历时五小时。

11 日，《民国日报》的《文艺》周刊创刊，共出版 16 期。

14 日，《中央日报》出《星期增刊》革新号，主编人为王了一（编至当年年底）。

20 日，据《扫荡报》载，《生活导报》自第六十九期起，每期附刊半张《生活文艺》。

本月，马子华的《丛莽中》由华侨书店出版，收入作品 10 篇。

6 月

约 1 日，《笔部队》旬刊出版，由昆明行营政治部政治大队主编，作者有马子华、梅绍农等。

2 日，彭桂萼的《边疆文艺工作的路标》刊于《正义报》，强调应“将抗战中的边地风光，涂上时代的色彩”。

25 日，闻一多的《可怕的冷静》刊于《云南日报》。他在云南期间写的重要文章还有：《家族主义与民族主义》《关于儒・道・土匪》《五四断想》《人·兽·鬼》《时代的鼓手》《艾青与田间》等。

同日，昆明文艺界举行纪念诗人节茶会，有常任侠、光未然等二十余人出席。《云南日报》和《扫荡报》分别为诗人节出版“特辑”或“特刊”。

本月，光未然的《雷》由北门出版社出版。

**7 月**

7 日，《云南晚报》（即《云南日报晚刊》）出版，为四开四版（11 月 24 日改为日出八开一张）。

同日，《真报》创刊，是“批判的报道的学术的文艺的”周刊。

16—18 日，为了纪念聂耳逝世九周年，《真报》第二期和《正义报》《扫荡报》先后出版“特辑”“特刊”，载有白浪（王子近）的《如果真是爱聂耳》等文。

本月，宣伯超的《云岭牧歌》由昆明黎明社发行。

**8 月**

3 日，滇西战场我军收复腾冲城。

16 日，《评论报》创刊，为四开四版的周报，由杜宣编辑。该报第三期曾出援助贫病作家特辑。

25 日，《云南日报》为“援助贫病作家筹募基金运动”发表社论《一个紧急的呼吁》。

30 日，罗家一（举之）病逝。他是《昆潮》杂志等报刊的主要撰稿者。

31 日，臧克家的《擂鼓的诗人——寄一多先生》刊于《扫荡报》。

**9 月**

3 日，高寒的散文《记棕树营》开始在《云南日报》上连载。

9 日，《清宫外史》（第一部《光绪亲政记》）由射日剧团演出，共 17 天。有人认为：它和《原野》《孔雀胆》的演出，“是昆明戏剧运动史上的三个划时代的里程碑”。另有人认为：演出《清宫外史》这类古装话剧是“没出息”。

17 日，“文协”昆明分会召开第四届全体会员大会，选出理事闻一多、高寒等 15 人以及候补理事、监事、候补监事等。在改选以前，讨论响应总会的募集援助贫病作家基金等议案。会后，筹集基金的活动有组织地展开。(按：云南的募集活动至 12 月 10 日结束，共募到捐款 406 万元。)

22 日，《孩子们》丛刊第一集出版，由北门出版社编印。该丛刊共出 8 期，先后由王吟青、夏风主编。

23 日，臧克家的《彭桂萼作诗集〈后方的岗卫〉序》和罗铁鹰的《〈海滨夜歌〉自序》发表于《扫荡报》。

24 日，文学评论社召开座谈会，讨论“文艺的民主问题”。出席者有楚图南、李何林、李公朴等，由光未然任主席。发言记录刊于《文艺的民主问题》(“民主文艺丛刊”之一)中。

本月，力扬的《我底竖琴》和曾卓的《门》由昆明诗文学社出版，均属“诗文学丛书”。

本月，包白痕的《无花果》、葛白晚的《海底的路》均由百合出版社出版，分别为“百合文艺丛书”之一、之三。两书均以集子中一首诗的题目为书名。

**10 月**

1 日，《真报》第十三期披露，拟把第四版“编成一个精悍泼辣的文艺副刊，特别注重反映现实的短小尖锐的杂文随笔与散文速写……”

8 日，西南联大新诗社所编《诗叶》刊于《扫荡报》，以纪念该社成立六周月。

10 日，昆明各界召开双十节纪念会，出席者有 6000 人，由闻一多、吴晗、楚图南等任主席团成员，闻一多作《保卫大西南》的演讲。

19 日，云南大学学生自治会和西南联大各壁报联合会共同在云大召开纪念鲁迅晚会。

25 日，大鹏剧社开始上演郭沫若的《孔雀胆》，演至 11 月 8 日，共演出“十五日三十场，场场客满，观众达三万余人，造成抗战后戏剧公演之最高卖座记录”。《扫荡报》也于当日出“《孔雀胆》公演特辑”。

本月，罗铁鹰的《海滨夜歌》由缅宁警钟书店出版，为“警钟丛书”之二。

本月，汪铭竹的《纪德与蝶》由昆明诗文学社出版，为“诗文学丛书”之三。

约本月，北门出版社刊行“新艺丛”之一《五月之歌》，由赵沨、白澄主编。

约本月，常醒元的《蒙古调》出版，为“百合文艺丛书”之四，收入诗5首，共21页。作者写的序文长达67页，记述了他与蒙古族姑娘的真挚爱情以及悲剧结局。（按：“百合丛书”之三、之五分别出版于9月和11月。《蒙古调》无出版时间，现姑系之于10月。）

**11月**

1日，文艺双月刊《集体创作》（新第一卷第一期）由昆明、重庆两地的华侨书店发行。（按：该刊于1940年夏创刊，1942年9月出革新第一号《谁先看见太阳》，也就是该刊的第四期。）

5日，楚图南的《防护精神或道德上的国土》刊于《真报》第十八期。

同日，《山滚动了》刊于《云南日报》，未署名，后被闻一多选入《现代诗抄》中，作者署沈季平。

6日，《云南日报》社社长张克诚、副刊编辑李何林辞职。

本月，薛沉之的《三盘鼓》出版，为“百合文艺丛书”之五，有闻一多的《序》。

本月，罗铁鹰的《诗论集》由缅宁警钟书店出版，为“警钟丛书”之三，共117页。

**12月**

1日，《观察报》创刊，先后有文艺副刊（或含文艺内容的副刊）《生活风》《小观察》《新希望》《昆明湖》等。

9日，《云南日报》载：昆明市第一中华职业补习学校请闻一多、楚图南、李何林、李广田、尚钺、章泯等开设文艺讲座。

10日，综合性刊物《民主周刊》创刊，闻一多、楚图南曾任该刊主编。(按：该刊1946年8月被迫停刊。)

本月，《从军乐》由中央日报社印刷，为非卖品，用以“赠给志愿从军的男女知识青年”。

本年，《走向边疆》出版，为“缅云师范辅导丛刊”之三。

本年，出版的文学译作有魏荒弩的《希望》，由百合出版社出版，收译诗10首。还有高寒译的《枫叶集》，由北门出版社印行。又，光未然翻译（彝译汉）的《阿细的先鸡》已完成（《代跋》写于1944年11月29日，但出版当在1945年)，由北门出版社出版，是云南最先翻译为汉文的少数民族史诗。

约本年，《建学》创刊，由建水旅省学会编印，载有文艺稿件。

## 1945年

### 1月

9日，史劲的《借镜与忌镜》刊于《扫荡报》。

16日，西南联大文艺社编辑的《文艺新报》半月刊创刊。

21日，卢穆涛的《怀巴金先生》登载于《云南日报》，记1940年秋在昆明听巴金演说，并引用了巴金回信中的一段话。

27日，费孝通的《人情与邦交》（旅美寄言）出版，为“自由丛书”之一。

本月，穆旦的诗集《探险队》和沈从文的小说《长河》由文聚社出版，均属“文聚丛书”。

### 2月

1日，中印公路通车，一线经腾冲到保山；另一线由缅甸到畹町，接滇缅公路中国段。

15日，石屏民众剧团为欢送青年从军开始上演《孔雀胆》。

同日，雷溅波的诗集《前进！中国兵》由昆明华南书店发行，收入《喇叭篇》（八首）、《彼岸篇》（五首）和《乡村篇》（九首）。

本月，由邱晓崧、魏荒弩主编的《诗文学》丛刊第一辑《诗人与诗》在重庆出版，内有邱晓崧的《弃婴》和李广田的《诗人的声音》等。

**3 月**

24 日，田汉抵昆，晚上观看《离离草》演出。31 日，他在省文化运动委员会为推广戏剧而举行的晚会上发表演讲，说：昆明之戏剧运动有生气，但也颇有商业化的倾向。

30 日，《离离草》从剧院移往各工厂巡回演出。

31 日，据报载，《进修月刊》已创刊，发起人为孙起孟。创刊号上有李广田的《文学与思想》等文。

同日，《文艺的民主问题》（“民主文艺丛刊”之一）由北门出版社印行。含“特辑”“论文”“小说”“诗”“介绍与批评”等栏目，共 145 页。

同日，“文协”昆明分会及银行界同仁福利会主办的文艺讲习班开讲，由闻家驷讲《战时法国文学之特点》。其他各讲为：李广田的《介绍几种不同的文学观》（4 月 1 日），常任侠的《中国戏剧的回忆与前瞻》（4 月 7 日），光未然的《文学的新道路》（4 月 8 日），楚图南的《中国社会与中国文艺》（4 月 14 日），田汉的《新阶段与新剧运》（4 月 15 日），周钢鸣的《论诗歌创作上的几个问题》（5 月 19 日），尚钺的《文艺批评》（5 月 20 日），闻一多的《怎样接受文艺遗产》（5 月 26 日）和李何林的《苏联文学》（5 月 27 日）。

本月，潘世征的《战怒江》（远征军滇西反攻战）由扫荡报社出版，有李诚毅序和费孝通序，共 170 页。

约本月，彭桂萼的《后方的岗卫》（诗集）由缅宁长城书店出版，臧克家题签。

**4 月**

6 日，西南联大国文学会和外国语文学会联合主办文学晚会。总讲题为“诗”，由闻一多、朱自清、冯至、李广田等分题主讲。

21 日，“文协”昆明分会、西南联大新诗社联合举行马雅可夫斯基逝世十五周年纪念会，出席者有常任侠、李何林、吕剑等三百多人。

22 日，“文协”昆明分会等召开追悼罗曼·罗兰及阿·托尔斯泰大会，由楚图南等演讲。

26 日，《联大通讯》创刊，内容有文艺社团介绍和文艺活动的报道等。

5 月

2 日，在联大新诗社举办的诗歌朗诵晚会上，光未然朗诵其上月创作的长诗《民主在欧洲旅行》。

4 日，省文化运动委员会为纪念“五四”召开座谈会，请伍纯武、查良钊、姜亮夫、汪懋祖等讲《五四运动的面面观》。

4 日，昆明四所大学发起的“五四”纪念会在云南大学举行，通过了组织“昆明学联”的决议。

5 日，昆明文艺界及西南联大等单位在联大举行第一届“五四”文艺节纪念大会。徐嘉瑞任主席，由闻一多讲《艾青及田间》，尚钺讲《鲁迅与新文艺》，楚图南讲《抗战以来文艺的二三问题》等。

18 日，《中央日报》载，《扫荡报》记者江丹枫所撰的《缅战回忆录》（一作《缅战随军回忆录》）已出版，共七章，凡十余万字。

23 日，田汉在昆华师范讲《戏剧的教育性》。

26 日，《海鸥周刊》创刊。（按：该刊中间曾停刊，1949 年“九九”整肃时被封闭。）刊有文艺随笔、诗歌、通讯等。

本月，包白痕的《春天》刊于《孩子们》第六集。

本月，由邱晓崧等主编的“诗文学丛刊”第二辑《为了面包与自由》在重庆出版，其中有李广田的诗《山色及其他》等。

6 月

9 日，郭沫若从重庆飞抵昆明。10 日，会见闻一多、吴晗、光未然等；夜飞印度，转往苏联参加其科学院二百二十周年纪念大会。（按：8 月 19 日，他从苏联回来时路过昆明。又，同年一月，郭沫若等的书画曾在昆明展出。)

11日，《观察报》副刊《小观察》改名《新希望》，由沈从文主编。

14日，"文协"昆明分会及各大学的15个文艺团体在云南大学举行诗人节晚会。徐梦麟任主席，姜亮夫、闻一多、尚钺、田汉、楚图南等演讲。又，《中央日报》(下午版)出版"诗人节纪念专号"。

18日，文艺界在西南联大举行高尔基逝世九周年纪念大会，由闻一多、李何林演讲。

25日，昆明文艺界庆祝茅盾五十寿辰，到会者有闻一多、朱自清、李何林、李广田等。

**7月**

7日，昆明文化界举行文化检讨会，出席者有田汉、冯素陶、闻一多、李公朴等三十余人。发言记录刊于昆明的《人民周报》，题为《抗战八年来文化运动的检讨》。

17日，田汉、吕剑等于聂耳忌日往西山扫墓。当晚，在演唱聂耳遗作的晚会上，田汉发表演说。

**8月**

10日，日本政府表示接受中、美、英三国促令其投降的《波茨坦公告》。14日，日本天皇裕仁向全世界宣布日本无条件投降。9月2日，日本政府签署向联合国无条件投降的条约。

11日，李广田在呈贡写完了长篇小说《引力》。1946年，由《文艺复兴》连载。1947年，由晨光出版公司出版。作者在该书《后记》中说：写完草稿时，"正好传来了日本无条件投降的消息，我的工作实在是和这来得太快的'胜利'作了一次竞赛"。

# 后　记

我涉足云南抗战时期文学的研究，始于1987年。那年的10月间，中国现代文学研究会第四届年会暨抗战文学学术讨论会在成都召开，我为会议撰写的论文是《“战国派”及其和尼采思想的关系》。当时选这题目，就有意地和云南抗战时期文学挂起钩来。

研究云南抗战时期的文学情况，有必要从查阅资料入手。在省、校图书馆和省档案馆，我翻阅了大量的旧报、旧刊、旧书和历史资料；还先后到北京、上海、南京、成都、重庆、贵阳以及石屏、大理、腾冲等地去参阅旧藏。抗战时期离现在虽然不很遥远，但因为当时的出版物多为土纸本，保存不易；而且历年来人为的散失也很严重，不少出版物，查找起来已经很不容易了。

进入《云南抗战时期文学史》这一专题之初，在1994年的上半年，我的工作以收集和分析资料为主。因为这一工作，过去没有人系统地做过，在资料上并没有太多的依傍。我抄录了大量笔记，并且做了不少卡片。我把人们对云南抗战时期文学的回忆，作为深入查找的线索，尽可能地予以核实。在这样的基础上，写出了全书的章节目录和进行写作构思。1994年6月至1995年7月，写出全部初稿。1995年7月至10月，修改并定稿。1996年3月和9月，又先后复阅了两次。这个时间表自然是大体情况，因为有些工作是交叉进行的。

本书以文学体裁为纲来分章。作家在哪一章立节，主要是看他哪种文体的作品成就最高。（也有例外情况。如徐嘉瑞，是一位学者型的作家，因为书中没有学术论著专章，就把他放在“话剧及其他”这一章里面。一方面，因为这一章内容比较少；同时，也因为他的《台湾》，乃是抗战时期云南籍作家所出版的惟一的话剧创作的缘故。）第二至第五这四章的“概况”，是对不列入该章专节的作家、作品进行综合介绍，谈的是面上的情况。如果某一作家已列了专节，而他的其他文体的创作成就也较高的话，在该专节中也可能论及（如李广田等），但一般则放在其他文体的“概况”中予以介绍。

如今，书稿已经完成。回想近年来在研究上的颠连步伐，颇以为苦，但终于也蹒跚地走了过来，自然也就颇以为慰了。

本书在选题时，云南省教委同意立项并给予研究资助；在写作过程中，承张文勋同志审阅写作大纲，以后又审阅书稿，承严家炎等同志提供意见；书稿的部分章节，蒙《楚雄师专学报》《昭通师专学报》《思茅师专学报》《云南文史丛刊》《云南师范大学学报》《云南教育学院学报》予以刊载。

1996 年 12 月 19 日

于云南大学中文系

# 学术年表

**1948 年**

《冬》，载香港《星岛日报》1 月 18 日。这是我现存的在公开出版物上发表的最早文字，是靠近文学区域的第一步。

**1950 年**

《评〈母亲和孩子〉》，载《光明日报》12 月 23 日。

**1951 年**

《对〈圈套的分析〉》，载《光明日报》3 月 10 日。

《从人物转变说起》，载《光明日报》4 月 7 日。

《评〈火车头〉》，载《光明日报》6 月 3 日。本文被知识产权出版社 2009 年 4 月版的《草明研究资料》所收录。

按：本年在《北京新民报日刊》和《天津日报》发表新诗四首，从略。

**1956 年**

《鲁迅小说中的妇女群像》，载《边疆文艺》第 10 期。本文被云南人民出版社 1957 年版的《鲁迅先生为什么要写"阿 Q 正传"?》一书所收录。

**1958 年**

《关于〈狂人日记〉》，载《云南大学学报》第 1 期。

**1959 年**

《读〈傣家人之歌〉》，载《边疆文艺》第 10 期。《读书》1959 年第 23 期加以摘录。

**1976 年**

《关于鲁迅致山本初枝的一封信的写作时间》，载《鲁迅逝世四十周年纪念特刊》。从此以后，刊发了大量有关鲁迅史实的研究的文字。《当代鲁迅研究史》第 543 页：鲁研界出现了“一批中年史料专家……蒙树宏等也逐渐获得了社会的公认”。

**1980 年**

《论鲁迅与尼采的本质区别》，载《鲁迅研究文丛（一）》，3 月。《鲁迅是哪个单位保送去日本留学的?》，载《上海师范大学学报》第 3 期。被中国人民大学《鲁迅研究》（第五期）和《鲁迅生平史料汇编》第一辑加以转载。

**1981 年**

《关于鲁迅购读〈天演论〉的时间》，载《云南社会科学》第 3 期。

《鲁迅在一九二二年》，载《华东师范大学学报》，8 月。

《关于〈故事新编〉研究的一些问题》，载《昆明师院学报》第 3 期。

按：上三文均由中国人民大学《鲁迅研究》加以转载。

《说“她”》，载《辞书研究》1981 年第 4 期。后由上海辞书出版社 1986 年版的《疑难字词辨析集》收入。

**1982 年**

《在日本留学时的鲁迅》，载《云南社会科学》第 6 期，人大《鲁迅研究》第 12 期转载。

**1983 年**

《文学创作技巧漫谈》，载《边疆文艺》8 月号。

《鲁迅生平史实探微》，载《思想战线》第4期。人大《鲁迅研究》第9期转载。

**1984年**

《鲁迅研究三题》，载《思想战线》第3期。

《“关于鲁迅”在昆明》，载《鲁迅研究》第5期。由黄山书社2008年版的《刘文典全集补编》收入。

**1985年**

《鲁迅与北新书局的版税纠葛》，载《昆明师专学报》第1期。人大《鲁迅研究》第5期和河北教育出版社2001年版的《鲁迅史料考证》一书均予转载。

《谈鲁迅研究的史料学》，载《思想战线》第2期。获云南大学1984—1986年优秀科研成果论文二等奖。人大《鲁迅研究》第5期转载。

《鲁迅旧式婚姻史实探微》，载《思想战线》第6期。人大《鲁迅研究》1986年第1期转载。

**1986年**

《论〈呐喊〉〈彷徨〉和鲁迅思想的关系》，载《中国现代文学论文集》，北京大学出版社10月出版。

**1988年**

《简论“战国派”及它和尼采思想的关系》，载《思想战线》第1期。

《鲁迅年谱稿》，广西师范大学出版社8月出版。本书获云南省1979—1989年社会科学优秀成果二等奖。

**1989年**

《云南现代文学书刊谈丛》，载《楚雄师专学报》第1期。

《从南京盛传鲁迅“转变”说起》，载《鲁迅研究动态》第3期。

《鲁迅和周作人关系述评》，载《比较文学论集》，云南民族出版社12

月出版。

《鲁迅史实研究》，云南教育出版社 8 月出版。

**1990 年**

《简谈“左联”和三十年代云南文学》，载《思茅师专学报》第 2 期。

《云南现代文学札记三题》，载《思想战线》第 3 期。

《云南现代诗歌谈丛》，载《楚雄师专学报》第 2 期。

《张天虚文学年表初编》，载《学术论丛》第 2 辑，云南大学出版社 10 月出版。

**1991 年**

《谈鲁迅的个性解放思想及其发展》，载《楚雄师专学报》第 2 期；人大《鲁迅研究》第 2 期和中国和平出版社的《鲁迅研究年刊》（1991—1992 年合刊）均加以收录。

《云南现代文学史料钩沉》，载《思茅师专学报》第 2 期。

**1992 年**

《云南现代文学史话四题》，载《昭通师专学报》第 2 期。

《关于云南现代文学》，载《思茅师专学报》第 2 期。

《鲁迅札记二题》，载《中国现代文学研究丛刊》第 2 期。

《云南现代文学大事记初编》，载《楚雄师专学报》第 2、4 期，1993 年第 1、2、4 期继续连载，全编约 74000 字。

**1993 年**

《1919—1937 年云南文学界的思潮和活动》，载《云南文史丛刊》第 2 期。

《鲁迅论丛》，云南大学出版社 12 月出版。

**1994 年**

《云南现代文学作者笔名闻见录》，载《昭通师专学报》第 1 期。

《“战国策派”三题》，载《云南文史丛刊》第4期。

**1995年**

《李广田在云南》，载《思茅师专学报》第1期。

《沈从文在云南》，载《楚雄师专学报》第2期。天津人民出版社2006年6月出版的《沈从文研究资料（下）》收录。

《谈西南联大的小说作者群》，载《思茅师专学报》第2期。

《云南抗战时期诗三家述评》，载《昭通师专学报》第2期。

《云南抗战时期散文三家试论》，载《云南教育学院学报》第6期。

**1996年**

《云南抗战时期文学概览》，载《云南文史丛刊》第1期。

《云南现代文学五题（陆万美等）》，载《昭通师专学报》第4期。

《云南作家（者）与红军长征》，载《云南政协报》10月18日。

**1997年**

《义无反顾奔延安（原题为：“娜拉”出走以后）》，载《云南政协报》2月5日。

《三迤儿女奔延安》，载《思茅师专学报》第1期。

《读〈桂林抗战文学史〉札记》，载《桂林抗战文化研究文集（五）》，广西师范大学出版社11月出版。

**1998年**

《冰心在云南》，载《云南政协报》4月4日。

《云南抗战时期文学史》，云南教育出版社4月出版，获第七届云南图书奖二等奖。

《〈文坛忆旧录〉校读记》，载《云南文史丛刊（2）》。

《郭沫若、沈从文佚信六封（辑注）》，载《昭通师专学报》第3、4期合刊。

### 1999 年

《读〈楚图南集〉》，载《中国文化报》9 月 28 日。

1923 年版《中古文学概论》，载《书窗》（上海）第 4 期。

### 2000 年

《五十四年集》，云南大学出版社 2 月出版。

《（统稿）后记》，《云南大学志（十）人物志·人物卷（一）》，云南大学出版社 5 月出版。

《幽默谈丛》，载北美之《金山时报》，在 7 月间多日连载。

《漫谈爱情与婚姻》，载《金山时报》，在 7、8 月间多日连载。

《赌城掠影》，载《金山时报》，10 月 27、28 日。

《云南现代文学四题（桂涛声、孟田等）》，载《楚雄师专学报》第 4 期。

### 2001 年

《旅美探亲一族》，载《云南老年报》10 月 29 日。

《被骂的鲁迅》，载《春城晚报》11 月 28 日。

### 2002 年

《光未然在昆明》，载《抗战时期文化名人在昆明（二）》，云南人民出版社 1 月出版。

《游抚仙湖札记：抗浪鱼》，载北美之《世界日报》11 月 1 日。

### 2003 年

《麻将小议》，载北美之《星岛日报》3 月 8 日。

《李乔文学简谱（1908—1949）》，载《云南文史》总第 75 期。

### 2004 年

《建水文化之旅三记》，载《云南政协报》1 月 14 日。

**图书在版编目（CIP）数据**

云南抗战时期文学史 / 蒙树宏著. —昆明：云南人民出版社，2013.8（2015.9 重印）
（云南文库·学术名家文丛）
ISBN 978 - 7 - 222 - 10516 - 4
Ⅰ. ①云… Ⅱ. ①蒙… Ⅲ. ①文学史 - 云南 - 1937 ~ 1945 Ⅳ. ①I209. 974

中国版本图书馆 CIP 数据核字（2012）第 318728 号

**出 品 人：刘大伟**
**统筹编辑：马维聪**
**责任编辑：陈艳芳**
**责任校对：方　芳**
**封面设计：郑　治**

书名　**云南抗战时期文学史**
作者　蒙树宏　著
出版　云南人民出版社　云南大学出版社
发行　云南人民出版社　云南大学出版社
社址　昆明市环城西路 609 号
邮编　650034
网址　http：//ynpress. yunshow. com
E-mail　rmszbs@ public. km. yn. cn
开本　787mm × 1092mm　1/16
印张　14. 25
字数　220 千
版次　2013 年 8 月第 1 版　2015 年 9 月第 2 次印刷
印刷　云南商奥印务有限公司
书号　ISBN 978 - 7 - 222 - 10516 - 4
定价　48. 00 元